Dieter Maier

Burgen und Schlösser in Deutschland

Dieter Maier

Burgen und Schlösser in Deutschland

DÖRFLER
BILDBÄNDE

Von der Burg zum Schloß

Was eine Burg, was ein Schloß sei – wer wüßte darauf keine Antwort? Seit Mundwasserfabrikanten wie Extrem-Bergsteiger die Burgenromantik für sich wiederentdeckt haben, seit sich demokratische Regierungen in den Schlössern einstmals absolutistischer Herrscher wohnlich eingerichtet haben, gehören Burgen und Schlösser wieder zu unserem alltäglichen, vertrauten Umgang. Vielfältigste Restaurierungsbemühungen sind ebenso selbstverständlich wie der Einbezug der alten Gemäuer in unser modernes Leben.

Dabei war es vor noch nicht einmal hundert Jahren keineswegs ausgemacht, daß überhaupt einer der alten Feudalsitze die Säkularisation, die Revolution und die noch junge Demokratie überdauern würde. Reihenweise wurden schließlich im vorigen Jahrhundert die Schlösser geplündert und die Burgen als bequeme Steinbrüche feilgeboten – das Ganze als Manifestation der einfachen Tatsache, daß eine vielhundertjährige Entwicklung ihr natürliches Ende gefunden hatte.

Angefangen hatte diese Entwicklung während der Regierungszeit Karls des Großen (768–814), als Adel und Ritterschaft damit begannen, ihre Herrensitze als Wehrbauten auf schwer zugänglichen Plätzen auszubauen. Die eigentliche Absicht verrät dabei der Name Burg selbst. Er nämlich stammt aus dem Griechischen, wo *purgos* befestigter Turm hieß. Bei den Römern wurden daraus die *burgi*, womit die Wachttürme in den Grenzanlagen wie etwa dem *Limes* bezeichnet wurden. Daß das Mittelalter diesen Begriff der Antike unverändert übernahm, liefert sogar den sprachlichen Beweis, daß wichtigster Punkt beim Burgenbau eben ihre Wehrhaftigkeit war.

Wie notwendig diese Wehrhaftigkeit war, ist nur vor dem Hintergrund der Entwicklung des Rittertums ab den Tagen der Karolinger zu verstehen. Damals nämlich entstand parallel zur Entwicklung des karolingischen Reiches der zum Waffendienst verpflichtete Dienstadel, der über das Lehenswesen in das Reich eingebunden wurde. Bereits bei den Ottonen und erst recht dann bei den Hohenstaufern wurden diese Reichsministerialen die eigentlichen Stützen der kaiserlichen Politik, ihre Burgen die wahren Stützpunkte des Reiches. Nach und nach wurde aus den Reichsministerialen und dem ohnehin schon vorhandenen Erbadel das Rittertum als neuer Stand mit genau umschriebenen Rechten und Pflichten.

Zum Aufgabenkatalog des edlen Ritters gehörte es als Lehens- und Herrschaftsträger, den von ihm abhängigen Grundholden Schutz vor Feinden zu garantieren, kirchliche Rechte zu schützen und als Gerichtsherr Streitigkeiten in seinem Lehen zu schlichten. Im Gegenzug hatten die Grundholden aus der Bebauung der ihnen verliehenen Höfe genau festgelegte Abgaben in Naturalien oder Geld zu leisten. Der Ritter seinerseits hatte dafür seine Burg als ausreichende Zufluchtsstätte auszubauen, Angriffs- und Verteidigungswaffen bereitzuhalten und ausreichende Vorratslager anzulegen.

Die möglichst weitgehende Autonomie einer Burg war vor allem deswegen so notwendig, weil Adel und Ritterschaft das Recht zur eigenverantwortlichen Gewaltanwendung für sich ganz selbstverständlich in Anspruch nahmen. Wo aber jeder «Herrschaftsträger» sich sein Recht mit der «eigenen Faust» verschaffen konnte, war vom Streit mit dem Nachbarn bis zur Dauerfehde im größeren Rahmen die militärische Auseinandersetzung stets dann vorprogrammiert, wenn es um wirtschaftliche oder politische Vorteile ging oder gar die Ehre verteidigt werden mußte.

Aus der Not der Selbstverteidigung wurde so die Tugend der Übung im Kriegshandwerk. Da der Ritter gar keine andere Möglichkeit hatte, als sein Recht in der Fehde zu suchen, mußte er danach trachten, sein Durchsetzungsvermögen durch Steigerung seiner militärischen Fähigkeit zu fördern. Permanente Waffenübungen, groß angelegte Turniere und planmäßige Befestigungsbauten an den Burgen waren Mittel zu diesem Zweck.

Wie alle militärischen Anlagen waren auch die Burgen nicht unbedingt bequeme Wohnplätze. Durchaus zweifelhafte Berühmtheit haben die zahlreichen Stellen in Minneliedern, wo über das harte Leben in der Kälte und Enge zwischen den meterdicken Mauern geklagt wird. Wo die Fenster eher Schießscharten waren und die «Heizung» allenfalls aus einem offenen Kamin bestand,

Frontispiz:
Die Bayreuther Eremitage ist das Werk einer Schwester Friedrichs d. Großen, der Markgräfin Wilhelmine von Brandenburg-Bayreuth. Sie ließ ab 1735 auf über 50 ha einen großzügigen Landschaftsgarten nach englischem Vorbild anlegen.

Die Wasserburg Eutin geht auf einen alten Bischofssitz zurück, den Graf Adolf II. 1156 durch eine großzügige Schenkung gesichert hatte. Die Fürstbischöfe aus dem Hause Gottorf machten aus der alten Burg eine kleine Barockresidenz.

Folgende Doppelseite:
Daß ein schwäbischer Herzog das zweitgrößte Barockschloß Europas baute und seine Residenz von Stuttgart nach Ludwigsburg verlegte, war das Werk einer Dame aus Mecklenburg: Christiane Wilhelmine von Grävenitz und ihres Zeichens Mätresse des Herzogs Eberhard Ludwig. Die Gartenfront von Schloß Ludwigsburg zeigt nur einen kleinen Teil der riesigen Anlage.

hatten vor allem die hauptsächlich auf die inneren Räume angewiesenen edlen Damen alles andere als ein angenehmes Leben. Jede noch so kleine Abwechslung, sei es durch einen Gaukler, sei es durch einen Sänger, war deshalb vor allem in den langen Wintern ein hochwillkommenes Ereignis, dessen Bedeutung uns heute kaum noch nachvollziehbar erscheint. Immerhin aber ermöglichten gerade diese Verhältnisse im Minnesang die erste Blüte deutscher Dichtung.

Die relativ wenigen, heute noch erhaltenen Burgen erwecken nur allzuleicht eine falsche Vorstellung von den ursprünglichen Gegebenheiten. Allein im deutschen Sprachgebiet lassen sich etwa zwanzigtausend solcher Anlagen nachweisen. Von rund einem Drittel sind mehr oder weniger umfangreiche Reste erhalten, ein weiteres Drittel ging in späteren Schloßbauten auf und nur das letzte Drittel ist heute völlig verschwunden. Kaum anders sah es in unseren Nachbarländern aus. So gab es allein in Frankreich im Mittelalter zwischen dreißig- und vierzigtausend Burgen, von denen allerdings weit weniger als bei uns erhalten sind. Sogar als «Exportartikel» diente die Burg. Allein über hundert ließen die Kreuzfahrer im Heiligen Land errichten.

Das Ende der großen Zeit der Burgen kam mit dem Ende des Mittelalters. Mit dem Wandel der politischen und militärischen Voraussetzungen vor allem durch die Landfriedensbewegung (1495 war die Fehde generell verboten worden), entfiel die Gewaltanwendung als legales Rechtsmittel. Statt des eigenen Faustrechtes konnte man sich nun auf ein obrigkeitliches Gerichts- und Vergleichsverfahren verlassen und benötigte deshalb keine Verbarrikadierungsmöglichkeit in der eigenen Wehrburg mehr.

Waren zuvor Wall, Graben, Mauer und Turm das eigentliche Anliegen des Bauherrn, so konnte er sich nun ganz der Ausgestaltung des Hauses widmen. Viele Adlige und Ritter verließen nun nach und nach ihre unbequemen Burgen und bezogen bequeme Schloßbauten in angenehmer Umgebung. Geräumig und repräsentativ hießen nun die Vorgaben für die Baumeister, Vermögen wurde nun statt in Mauerstärken in prachtvoller Ausstattung ausgedrückt.

Das augenfälligste Beispiel für diesen Neubeginn gab der Habsburger Kaiser Ferdinand I., als er 1535 den Auftrag für den Bau des «Lusthauses» gegenüber dem Prager *Hradschin* gab. Dabei war es keineswegs zufällig, daß als Baumeister die Italiener Giovanni di Spatio und Paolo della Stella de Meleto verpflichtet wurden. Sie durften erstmals deutschen Fürsten zeigen, wozu Künstler der italienischen Renaissance inzwischen bereits in der Lage waren.

Nur zwei Jahre später folgte der bayerische Herzog Ludwig X. dem Beispiel des Habsburgers, nachdem er in Mantua den *Palazzo del Te* kennen- und schätzengelernt hatte. Er berief den italienischen Meister Sigismondo und ließ sich in Landshut den ersten richtigen Renaissancepalast als Zentrum einer Stadtresidenz errichten, in der die Humanisten einflußreicher als die Waffenträger waren.

Wie gewaltig die Verschiebungen des Weltbildes und der Lebensbedingungen bereits waren, zeigen zwei weitere Bauten, 1564 in Tirol und 1569 in München in Auftrag gegeben. Schloß Ambras bei Innsbruck zeigt zum einen beispielhaft die Umwandlung einer Burg in ein herrschaftliches Schloß, zum anderen ist dem Kunstsinn von Erzherzog Ferdinand von Tirol der wohl schönste Renaissancesaal nördlich der Alpen zu verdanken.

Noch einen Schritt weiter ging der bayerische Herzog Albrecht V., als er seiner Münchner Residenz das Antiquarium als Festsaal anbauen ließ. Außer zur Repräsentation sollte dieser Saal zugleich als erstes «Museum» nördlich der Alpen dienen. Entsprechend den Idealen der Humanisten sollten erlesene Kunstwerke den Ruhm des Herrschers unterstreichen. Mit den Portraits römischer Kaiser wollte sich der bayerische Herzog auf deren Ebene stellen (und gleichzeitig den Anspruch der Wittelsbacher auf die Kaiserkrone anmelden).

Analog zur Wiederentdeckung der Eigenständigkeit des Individuums durch die Humanisten der Renaissance differenzierte der Adel seine Stellung in Staat und Gesellschaft. Bis in die letzte Verästelung hinein wurde versucht, die eigene Bedeutung der Umwelt gegenüber per Bauwerk bildhaft auszudrücken. Die Architektur der Schloßbauten geriet damit auch zu einem Spiel um den politischen Stellenwert des Auftraggebers.

Entscheidend war dabei weniger die individuelle Finanzkraft als die Stellung in der Hierarchie. Was Königen und Kaisern ziemte, durfte sich ein Graf nie und nimmer zu bauen anmaßen. Wenn Prinz Eugen von Savoyen sein Schloß Belvedere mit den Emblemen des Kaiserhauses schmücken durfte, so verrät dies keineswegs einen eigenen Machtanspruch, sondern die großzügig verliehene Gnade des Kaiserhauses. Gleiches gilt für die Kaisersuiten in den Schlössern geistlicher oder weltlicher Reichsfürsten. Auch sie versuchten damit keineswegs, kaiserliche Rechte in Anspruch zu nehmen, sondern dokumentierten lediglich ihre rückhaltlose Unterstützung der kaiserlichen Politik.

Daß man die von der Hierarchie vorgegebene Rangordnung peinlich genau einhielt, bedeutete jedoch keineswegs einen Verzicht auf irgendwelche Machtansprüche. War im Mittelalter noch die

Formel «Wir von Gottes Gnaden» als Ausdruck der Demut gegenüber Gott verstanden worden, so wurde nun daraus die Begründung dafür, daß der Fürst unmittelbar von Gott in sein Amt berufen sei und deshalb auch niemandem Rechenschaft für seine Entscheidungen schulde. Aus dem Ersten unter Gleichen wurde so der Erste über allen anderen – und das selbst dann, wenn «alle anderen» einen noch so kleinen Kreis bedeuteten.

Der absolute, von der Rücksichtnahme auf andere losgelöste Fürst fühlte sich als oberster Herr seines Landes und gleichzeitig als verlängerter Arm Gottes. Der geringste Widerstand dagegen war ein Widerstand gegen Gott und damit ein verdammungswürdiges Sakrileg. Wie weit dieser Anspruch gehen konnte, bewies am augenfälligsten Herzog Eberhard Ludwig von Württemberg, dessen absolutistischem Machtanspruch keineswegs ohnmächtige Landstände entgegenstanden. Um sich ihnen gegenüber demonstrativ durchzusetzen, verließ der Herzog kurzerhand seine Residenz in Stuttgart und ließ nach dem Versailler Vorbild des französischen Sonnenkönigs in Ludwigsburg eine riesige, neue Schloßanlage aus dem Boden stampfen.

Adäquater Ausdruck des absoluten Herrschaftsanspruches eines Fürsten wurde sein Barockschloß. Während die Renaissance noch den geometrischen Gesetzen eines in sich geschlossenen und statisch geordneten Universums gehorchte, brach sich nun eine dynamische Vielfalt Bahn. Die riesigen Schloß- und Gartenanlagen hatten dabei nicht zuletzt den Beweis dafür zu erbringen, daß ihr Erbauer sogar in der Lage war, die Natur seinem Willen unterzuordnen. Das Schloß wurde zum politischen, kulturellen und gesellschaftlichen Mittelpunkt, der einerseits auf das gesamte Land ausstrahlte und andererseits alles anzog, wie das Licht die Motten.

In diesem «Sonnensystem», in dem sich der Fürst als Mittelpunkt seines jeweiligen Universums fühlte, war natürlich nichts dem Zufall überlassen. In die planmäßig gestaltete Landschaft hatten Architektur, Plastik und Malerei die Vielfalt der Einzelbausteine so zu gestalten, daß daraus eine dynamische Einheit wurde. Wohl bestes Beispiel, wie aus einem ganzen Ensemble von hierarchisch gestaffelten Pavillons, Flügelanlagen und geschickt drapierten Nebengebäuden eine in sich höchst stimmige Anlage geschaffen wurde, ist das Schloß Nymphenburg in München.

Den Bauten weltlicher Fürsten standen die der geistlichen Herren keineswegs nach. Nach den Erschütterungen der Reformation drückten sie in diesen Bauten ihr wiedergewonnenes Selbstbewußtsein und den damit verbundenen Machtanspruch aus. So ist es alles andere als ein Zufall, daß Schloß Weißenstein in Pommersfelden im Auftrag des Bamberger Fürstbischofs Lothar Franz von Johann Dientzenhofer ein barockes Treppenhaus erhielt, das zu den aufwendigsten Europas zählt.

Schloß Augustusburg in Brühl entstand im Auftrag des Kurfürsten und Kölner Erzbischofs Clemens August. Auch hier ließ sich der Fürstbischof in seinem geistlichen und weltlichen Herrschaftsanspruch nach den Entwürfen von keinem Geringeren als Balthasar Neumann verklären. Unter der Gesamtleitung desselben Meisters entstand schließlich auch die Würzburger Residenz als der wohl bedeutendste, im Auftrag eines Fürstbischofs errichtete Schloßbau.

Die letzten großen Schloßbauten waren bei weitem noch nicht vollendet, als die beginnende Aufklärung auch schon das Ende der Epoche andeutete. Wohl entdeckte die Architektur auf der einen Seite das Mittelalter neu, begann der Klassizismus das Rokoko zurückzudrängen und sich auf die Formen der klassischen Antike zurückzubesinnen. Auf der anderen Seite jedoch war es endgültig vorbei mit dem absolutistischen Anspruch eines Herrschers, der sich nun bereits vielfältigsten Einflüssen beugen mußte. Die klassizistischen Bauten von König Ludwig I. in München dienten so bereits dem planmäßigen Ausbau der Stadt, nicht aber der Vergrößerung der Residenz. Sie verlor in dem Maße ihre Dominanz, wie sie als Faktor unter vielen in den Gesamtplan der Stadt integriert wurde.

Entstanden jetzt noch neue Schlösser, waren sie in der Regel Ausdruck ganz persönlicher Wunschvorstellungen des Bauherrn, der hier zusammen mit seiner Familie ein angenehmes Leben führen wollte. Die unterschiedlichsten Architekturen, die dabei zur Anwendung kamen, waren lediglich der äußere Rahmen des zu verwirklichenden Traumes.

Paradebeispiel dafür ist Bayerns König Ludwig II., der bei jedem seiner Schlösser einen anderen architektonischen Rahmen wählte: in Neuschwanstein die Neogotik, in Herrenchiemsee das Neobarock und in Linderhof das Neorokoko. In allen dreien träumte er noch einmal dem Vorbild Ludwigs XIV. nach, sah sich noch einmal als Sonnenkönig in seiner Welt, die sich bereits zum modernen Industriestaat zu wandeln begann.

Träume mit ähnlichem Hintergrund waren die neogotischen Neubauten von Burg Hohenzollern oder Schloß Sigmaringen, auch wenn deren Bauherren bereits etwas realistischer in der gewandelten Welt standen. Als schließlich am 8. November 1918 in München die Republik ausgerufen wurde, war die Zeit der Schloßbauten endgültig vorbei.

Holsteinische Wacht gegen Dänemark

Das herzogliche Stammschloß

Als «Schlüssel und Wacht des ganzen Dänemark» wurde Schloß Gottorf in Schleswig schon im Mittelalter genannt. In der Mitte des 17. Jahrhunderts hieß es dann: *Gottorf ist das fürnehmste Schloß und der eigentliche Sitz der Herzogen von Holstein, nahe bei der alten Stadt Schleswig an einem überaus lustigen Ort gelegen. Es hat sehr schöne Hügel, fröhliche Wälder, köstliche Gärten. Im übrigen halte ich davor, daß kein besser oder gelegener Platz für Künstler und Gelehrte, sonderlich aber für Poeten als eben dieser könnte gefunden werden.*

Als Johannes Rist diese Beschreibung von Schloß Gottorf gab, hatte das Stammschloß der Schleswiger Herzöge aus dem Hause Gottorf gerade seinen Zenit erreicht. Nach höchst wechselvollem Aufstieg sollte es von nun an nur noch bergab gehen.

Den Anfang hatte in der Mitte des 12. Jahrhunderts der Bischof von Schleswig gemacht, als er sich auf der kleinen Insel im westlichen Ausläufer des Schlei-Endes, dem heutigen «Burgsee», eine Wasserburg errichten ließ. Nur ein Jahrhundert später, im Jahre 1268, mußten die Bischöfe dann allerdings ihre Burg bereits an die Schleswiger Herzöge abtreten, die daraus ihren Hauptsitz für den Südteil des Herzogtums machten.

Teile des heutigen Schlosses begannen Gestalt anzunehmen, als bei der Landesteilung 1490 Herzog Friedrich das Schloß erhielt und es auch, nachdem er 1523 König von Dänemark geworden war, als Nebenresidenz weiter benutzte. Zu «Hilfe» kam ihm dabei ein Brand im Jahre 1492, der ihn zwang, den Westflügel praktisch neu zu errichten und den Südflügel auszubauen.

Eine weitere Brandkatastrophe in der Neujahrsnacht 1564/65 – das Schloß war inzwischen Hauptresidenz der Herzöge von Holstein-Gottorf geworden – zwang Herzog Adolf zu neuer Bautätigkeit. Er ließ den vollständig abgebrannten Nordflügel neu errichten und bei dieser Gelegenheit die vier Flügel zu einem einheitlichen Komplex als Renaissanceschloß gestalten. Er selbst erlebte die Fertigstellung zwar nicht mehr, doch führten seine Söhne, Philipp und Johann Adolf, das Werk in seinem Sinne und unter der Leitung von Hercules Oberberg zu einem guten Ende.

Für wenige Jahre war Schloß Gottorf kulturelles und politisches Zentrum mit bedeutsamem Einfluß im gesamten nordeuropäischen Raum. Unter diesen Umständen konnte es eigentlich nur weiter bergauf gehen, als Herzog Friedrich IV. 1697 mit einer völligen Neugestaltung des Schlosses begann. Bis zu seinem Tod im Jahre 1703 schaffte er dann aber gerade den Südflügel, danach ruhte der Bau. Alle Träume von einem großen Barockschloß waren endgültig ausgeträumt, als der dänische König 1713 den schleswigschen Anteil des Gottorfer Staates besetzte und alles Wertvolle aus Schloß Gottorf nach Kopenhagen bringen ließ.

Bis 1846 war das Schloß Sitz des dänischen Statthalters von Schleswig-Holstein. Da der weder Geld noch Lust hatte, sich um den Bestand der Anlage zu kümmern, verfielen die berühmten Gartenanlagen auf der Nordseite des Schlosses, die alten Bastionen wurden geschleift und verfallene Nebengebäude abgebrochen. 1848 diente das Schloß erst dänischen, danach deutschen Truppen als Garnison. Einen Neuanfang gab es erst 1948, als das schleswig-holsteinische Landesmuseum und das Landesmuseum für Vor- und Frühgeschichte in das Schloß einzogen und umfangreiche Sanierungsmaßnahmen in Angriff genommen wurden.

Heute geben wenigstens einige Räume wieder eine gute Vorstellung von der alten Glanzzeit des Schlosses. So strahlt der den ganzen Nordflügel quer durchmessende Hirschsaal mit einem Jagdfries aus halbplastischen Hirschen vor gemalten Landschaften wieder in alter Frische. Auch die beiden Staatsgemächer von Friedrich III., der Weiße und der Blaue Saal, mit ihren zwischen 1635 und 1645 entstandenen Gewölbestukkaturen im Knorpelstil, sind wieder hervorragend restauriert.

Glanzstück und einziger, mit der alten Ausstattung erhaltener Raum im Schloß ist die ab 1590 ausgestattete Kapelle. Ihr ebenfalls quer in den Nordflügel gebauter und über zwei Geschosse reichender Raum ist auf drei Seiten mit einer hölzernen Empore auf ionischen Säulen ausgekleidet.

Schloß Gottorf in Schlesweig war zunächst eine Wasserburg der Bischöfe von Schleswig, bis 1268 daraus der Hauptsitz der Schleswiger Herzöge und damit "Schlüssel und Wacht des ganzen Dänemark" wurde. Das heutige Renaissanceschloß entstand in der 2. Hälfte des 16. Jh. unter Herzog Adolf. Herzog Friedrich IV. unternahm 1697 noch einmal einen Anlauf zu einer völligen Neugestaltung des Schlosses, schaffte bis zu seinem Tode aber gerade den Südflügel. Als der dänische König 1713 Gottorf besetzte und alles Wertvolle aus dem Schloß nach Kopenhagen transportieren ließ, war der Traum von einem großen Barockschloß endgültig ausgeträumt.

Bemalt wurde diese Galerie von Marten van Achten, die Schnitzereien lieferte Hans Kremberg. Die von 1609–1613 ausgestattete herzogliche Loge, direkt über dem Altar angeordnet, enthält eine kostbare Renaissancevertäfelung, reich verziert mit Schnitzereien und Intarsien. Der als *Betstuhl der Herzogin* bezeichnete Raum hat damit den Charakter eines prunkvollen Wohnraumes.

Die reichhaltigen Sammlungen der beiden Museen werten heute das Schloß zusätzlich auf. Das schleswig-holsteinische Landesmuseum bietet einen hervorragenden Überblick über die Kunst und Kulturgeschichte des Landes, die Sammlung für Vor- und Frühgeschichte zeigt bedeutende Funde von der Altsteinzeit bis zur Wikingerzeit.

Die herzogliche Glücksburg

«Gott gebe Glück mit Frieden» lautete der Wahlspruch von Herzog Johann von Sonderburg. Glücksburg wurde folgerichtig die Burg genannt, die der Herzog anstelle der 1553 abgebrochenen Gebäude eines alten Klosters durch Nikolaus Karies bis 1587 errichten ließ. Weil bekanntlich *nomen est omen* gilt, kehrte das Glück tatsächlich in die Wasserburg ein, bescherte dem Herzog nicht weniger als 22 Kinder und ließ ihn zum Stammvater des herzoglichen Hauses Schleswig-Holstein und damit letztlich auch der Königshäuser von Dänemark, Norwegen und Griechenland werden.

All das aber war der Wasserburg beim Bau noch nicht gesungen. Errichtet wurde deshalb auch kein Schloß, sondern eher ein besseres Herrenhaus aus drei gleichartigen, zu einem Block zusammengefaßten Giebelhäusern mit drei dicken, achteckigen und spitz behelmten Türmen an den Ecken. Die Mitte markiert ein zierliches Barocktürmchen, das aber erst 1768 als Ersatz für einen vom Blitz zerstörten Renaissanceturm eingebaut wurde. Auch die ursprünglich vorhandenen, geschweiften Sandsteingiebel fehlen heute, dennoch gehört Schloß Glücksburg zu den Hauptwerken norddeutscher Renaissance.

Im Inneren folgt die Einteilung der Grundform der drei Paralleltrakte. Der mittlere Trakt enthält die Säle, die seitlichen und die Ecktürme die Wohnräume. Die Räume sind weitgehend mit Stichkappen-, Tonnen-, Kreuzgrat- und Sternkappengewölben ausgestattet. Die barocke Einrichtung der Kapelle erfolgte 1717 mit einem Altar und einer Taufe im Knorpelstil, beides geschaffen vom Flensburger Schnitzer Claus Gabriel. Ursprünglich war die Kapelle mit Fresken bemalt, Reste davon konnten bei der Restaurierung 1973 freigelegt werden. Besterhaltenes Detail ist die *Heilung des blinden Tobias,* die um 1560 entstandene Arbeit eines niederländischen Malers.

Die gesamte Innenausstattung von Schloß Glücksburg ist nicht mehr original. Als die Glücksburger Linie des Hauses Schleswig-Holstein 1779 ausstarb, wurde das Inventar teils versteigert, teils geraubt. Umgekehrt kamen dann wertvolle Stücke aus den Schlössern Gottorf und Ballenstedt. Kostbarste Ausstattungsstücke sind heute eine um 1700 gearbeitete Gobelinfolge mit Szenen aus Ovids *Metamorphosen.* Die Fabelbilder des römischen Dichters sind hier in weite Landschaften gelegt, in denen höfisch-barock gekleidete Gestalten die Szenen darstellen. Die zweite Gobelinfolge – gestaltet nach Gemälden von Tenier – umfaßt neun Stücke und zeigt die Menschen auf dem Markt, beim Tanz und bei der Arbeit. Jagd- und Reiterszenen sind dagegen auf den aus der zweiten Hälfte des 17. Jahrhunderts stammenden und ursprünglich in Schloß Gottorf eingebauten Ledertapeten dargestellt. Insgesamt bietet die Ausstattung heute wieder einen hervorragenden Eindruck vom höfischen Leben zu Glücksburgs Glanzzeit.

Die fürstbischöfliche Wasserburg

Zentrum der «holsteinischen Schweiz» ist das idyllische Eutin, einst Hauptort eines Wendengaus. Mitte des 12. Jahrhunderts wurde hier unter Graf Adolf II. und mit Hilfe holländischer Ansiedler eifrig kolonisiert. Um auch einen Bischof zu bekommen, schenkte der Graf 1156 Bischof Gerold das Gebiet. Der nutzte die Gelegenheit sofort zum Bau einer Burg und zur Anlage einer Siedlung, die 1257 Stadtrecht erhielt.

Zwar wurde der Bischofssitz 1163 nach Lübeck verlegt, seine Residenz aber behielt der Bischof in Eutin. Zum einen fühlte er sich hier sicherer vor den Wenden, zum anderen konnte er so Bedrohungen durch die Freie Reichsstadt leichter ausweichen. Selbst die Reformation konnte der Idylle dieser Residenz nichts anhaben, gab es doch einen nahtlosen Übergang zum protestantischen Fürstbistum Lübeck. Seine Fürstbischöfe aus dem Hause Gottorf behielten die langsam gewachsene Burg als Nebenresidenz bei. Die Fürstbischöfe Christian August und der 1751 zum schwedischen König avancierte Adolf Friedrich machten schließlich sogar eine kleine Barockresidenz daraus.

Schloß Glücksburg wurde von Herzog Johann von Sonderburg ab 1553 anstelle eines alten Klosters errichtet. Die Wasserburg besteht aus drei gleichen, zu einem Block zusammengefaßten Giebelhäusern mit drei dicken, achteckigen und spitz behelmten Türmen an den Ecken. Das zierliche Barocktürmchen in der Mitte ersetzt einen vom Blitz zerstörten Renaissanceturm. Auch wenn heute die ursprünglich vorhandenen, geschweiften Sandsteingiebel fehlen, gehört Schloß Glücksburg doch zu den Hauptwerken norddeutscher Renaissance.

Noch heute läßt sich an dem dreistöckigen Vierflügelbau die ganze Baugeschichte ablesen. Teile des Kellers, der innere Bogen der Tordurchfahrt und Partien der Außenwände, wahrscheinlich auch der runde Eckturm im Südwesten, stammen noch von der alten Bischofsburg. Im Schloßhof markieren die verschiedenen Portale unterschiedliche Baumaßnahmen. Das Portal aus rotem Kalkstein kennzeichnet den von Bischof Johann Friedrich 1615 initiierten Umbau, zwei Knorpelbarockportale erinnern an den Umbau durch Bischof Hans (bis 1655) und ein ganz schlichtes Portal stammt vom Endausbau unter Bischof Christian August (bis 1726). In dieser Zeit entstand auch das einzige Schmuckelement des Hauses, der von Hofbaumeister Dallin um 1720 errichtete Mittelturm.

Ein Brand im Jahre 1682 sorgte dafür, daß das Schloß im Inneren völlig neu ausgestaltet werden mußte. Begonnen wurde dabei mit der Schloßkirche, einem zweigeschossigen Raum mit Empore. Ihre vom Protestantismus eigentlich gebotene Strenge ist gemildert vom überaus kunstreich geschnitzten und vergoldeten Rahmen des Altarbildes. Ihn schuf Theodor Allers, einer der Hauptmeister des schleswig-holsteinischen Akanthus-Barocks. Die Orgel baute kein Geringerer als Arp Schnitger.

Dem Übergang vom Barock zum Rokoko sind die meisten Stukkaturen im Schloß zuzuordnen, wobei eindeutig das Bandelwerk dominiert.

Ein Glücksfall für Schloß Eutin war es, daß Heinrich Wilhelm Tischbein 21 Jahre lang (bis 1829) hier Hofmaler war. Er nutzte seine Zeit dazu, nicht nur Szenen aus der griechischen Mythologie, sondern vor allem die weitläufige Verwandtschaft des Hauses Gottorf zu portraitieren. So birgt das Schloß heute weit und breit die wohl umfangreichste Sammlung von Fürstenportraits. Außer Mitgliedern des Hauses Gottorf sind hier sächsische und preußische Fürsten ebenso zu finden wie dänische und schwedische oder gar russische. Kostbare Gobelins sind ebenso zu entdecken wie etwa fünf große, bis ins letzte Detail gearbeitete Schiffsmodelle aus dem frühen 18. Jahrhundert, ein Geschenk der Zarin Elisabeth an ihren Neffen, Herzog Peter von Holstein-Gottorf.

Das weiße Schloß

Schloß Ahrensburg vor den Toren Hamburgs sei *mit unbeschreiblichen Kosten errichtet* und die Räume seien *mit Gold und Silber bekleidet* schrieb Heinrich von Rantzau in seiner *Cimbrischen Landesbeschreibung* Anfang des 17. Jahrhunderts. Die Übertreibung sei ihm verziehen, war er doch der Vetter des Bauherrn von Schloß Ahrensburg, Graf Peter von Rantzau. Der hatte sich ab 1595 nach dem Vorbild von Schloß Glücksburg ein Herrenhaus *zur ruhmreichen Ehre seines Geschlechts und des Vaterlandes* errichten lassen.

Auf den ersten Blick könnte Schloß Ahrensburg als Zwilling zur Glücksburg durchgehen, achtet man nur auf das Baukonzept. Wie dort gibt es in Ahrensburg drei zum Block zusammengefaßte Einzelhäuser mit langen Satteldächern und die Markierung der Ecken durch polygonale Türme. Wie dort gibt es auch hier einen Teich, und doch, welche Unterschiede: wo immer es in Glücksburg etwas Plumpes gibt, wurde es in Ahrensburg vermieden. So steigen die Mauern nicht unmittelbar aus dem Wasser, sondern stehen auf einem sanften Wiesenhügel. Statt glatter Kegeldächer haben die achtseitigen Ecktürme welsche Hauben mit zierlichen Laternen. Statt glatter Giebel gibt es grazile Verspieltheit. Dennoch gilt auch hier: von außen gibt es keinen übermäßigen Schmuck, die glatten, weißen Wände sind lediglich mit rechteckigen Sprossenfenstern gegliedert.

Dem für norddeutsche Verhältnisse durchaus anspruchsvollen Bau schien zunächst keine allzu große Zukunft beschieden. Mit der Familie von Rantzau ging es bergab, im frühen 18. Jahrhundert begann das Anwesen herunterzukommen. Da traf es sich gut, daß Freiherr Heinrich Carl von Schimmelmann, der es immerhin vom «Handlungs»-Lehrling zum königlich-dänischen Schatzmeister gebracht hatte, eine repräsentative Sommerresidenz suchte. Mit sicherem Blick erkannte er die in Schloß Ahrensburg steckenden Möglichkeiten, kaufte 1759 das Anwesen und ließ es von Grund auf neu ausstatten. Außer einem neuen, prachtvollen Treppenhaus erhielten die wichtigsten Räume Stuckdecken in schönstem Rokoko sowie feinste Tapeten und Vertäfelungen. Die Möbel wurden von den Spitzenwerkstätten aus ganz Europa bezogen.

Mancherlei Glücksfälle sorgten dafür, daß die von Schimmelmann geschaffene Einrichtung der Räume mit nahezu allem Inventar vollständig erhalten blieb. Das heute als Museum zugängliche Schloß vermittelt daher wie kaum ein anderes einen Eindruck davon, wie in der zweiten Hälfte des 18. Jahrhunderts ein «Emporkömmling» mit allen Mitteln versuchte, den Anschluß an die «vornehme Welt» zu finden.

Die Wasserburg Eutin im Zentrum der Holsteinischen Schweiz geht auf einen alten Bischofssitz zurück, für den Graf Adolf II. 1156 durch eine großzügige Schenkung gesorgt hatte. Auch nach der Verlegung der bischöflichen Residenz nach Lübeck blieb die Burg Ausweichquartier der Bischöfe. Die Fürstbischöfe aus dem Hause Gottorf machten schließlich aus der alten Burg eine kleine Barockresidenz. Weil Heinrich Wilhelm Tischbein 21 lange Jahre Hofmaler in Eutin war und gerne die weitläufige Verwandtschaft des Hauses Gottorf portraitierte, birgt das Schloß heute die wohl umfangreichste Sammlung von Fürstenportraits in ganz Deutschland.

Folgende Doppelseite:
Schloß Ahrensburg bei Hamburg entstand ab 1595 nach dem Vorbild von Schloß Glücksburg. Wie dort sind auch hier drei Einzelhäuser mit langen Satteldächern zum Block zusammengefaßt, wie dort sind die Ecken durch polygonale Türme markiert. Dem Geiste der Zeit entsprechend haben die Ecktürme aber welsche Hauben, die Giebel zeigen verspielte Verzierungen, und die Fenster haben feingliedrige Sprossen. Weil der Schutz durch das Wasser nicht mehr notwendig war, entstand das Schloß auch nicht mehr unmittelbar im Wasser, das nur noch als Dekorelement des Parkes dient.

Im Land der Häuptlinge

Die Trutzburg Edo Wiemkens

Glaubt man dem *Gudrunlied,* dann stand die Burg des Horant von Tememarke zu «Gifers uf dem Sande». Das aber, so vermuten Historiker, ist nichts anderes als das heutige Jever, ein schon zur Römerzeit wichtiger Siedlungsplatz und bis ins Mittelalter hinein bedeutender Hafen der Friesen. Bis ins 12. Jahrhundert hinein herrschten hier die Herzöge von Sachsen, danach stritten sich Oldenburg und Ostfriesland um den Besitz. 1360 schließlich machte der Friesenhäuptling Edo Wiemkens, nachdem er als Häuptling «angenommen» worden war, dem Gerangel dadurch ein Ende, daß er den Marktflecken befestigte. Gleichzeitig legte er damit den Grundstein zum heutigen Schloß Jever.

Edo Wiemkens Sohn, Edo der Jüngere, erkannte die strategische Bedeutung der Burg und befestigte sie deshalb 1417 zusätzlich durch eine Vorburg. 1428 kam dann der gewaltige, runde Bergfried dazu, der heute noch steht. Zum Schloß wurde die Burg aber erst Mitte des 16. Jahrhunderts vom letzten Mitglied der Familie Wiemkens, dem Fräulein Maria von Jever, ausgebaut. Zwar war das Gebäude selbst samt seinem inzwischen erhöhten Turm bereits um 1505 fertiggestellt, doch fehlte offensichtlich die Innenausstattung noch weitgehend. Auch der große Audienzsaal, heute das Prachtstück des Schlosses, entstand erst im Auftrag von Fräulein Maria. Seine schwere, in allen Einzelheiten hervorragend gearbeitete Kassettendecke aus Eichenholz entstand von 1560 bis 1564 in der Werkstatt von Cornelis Floris aus Antwerpen. Die knapp achtzig Quadratmeter große Decke setzt sich aus 28 geschnitzten Kassetten zusammen, jede einzelne davon ist reich mit den für die niederländische Renaissance typischen Ornamenten geschmückt.

Mit dem Tod von Fräulein Maria im Jahre 1575 kam Schloß Jever als Erbe an Oldenburg. Bis 1667 regierten die Oldenburger Grafen selbst, bis 1793 die Fürsten von Anhalt-Zerbst. Ebenfalls wieder durch Erbschaft fiel Jever dann an die Kaiserin Katharina II. von Rußland, bis 1806 Jevers holländische Zeit anbrach. Nur vier Jahre später kamen die Franzosen, von 1813–1818 gehörte das Schloß noch einmal den Russen, danach kam es bis 1946 an den Freistaat Oldenburg.

Heute birgt das Schloß ein sehenswertes Heimatmuseum, das einen guten Überblick über die Frühgeschichte und den historischen Alltag der Friesen bietet. Fräulein Marias Kunstsinn jedoch ist am besten nicht in ihrem Schloß, sondern in der Stadtkirche zu erleben. Dort ließ sie ihrem Vater, Edo Wiemkens dem Jüngeren, von Cornelis Floris ein Grabmal errichten, das zu den kunsthistorisch wertvollsten Denkmälern der ganzen Gegend zählt und den zur Grabkapelle umfunktionierten Chor völlig beherrscht. Der Sarkophag des toten Häuptlings steht hier inmitten eines großen, achteckigen und zweigeschossigen Baldachins aus Holz, am Kopf und an den Füßen bewacht von je einer weiblichen Schildwache. Getragen wird das Ganze von zahlreichen Karyatiden.

Das Schlößchen Jever geht auf den Friesenhäuptling Edo Wiemkens zurück, der den Marktflekken 1360 befestigen ließ. Anfang des 15. Jh. kamen eine Vorburg und der gewaltige, runde Bergfried hinzu. Zum Schloß ausgebaut wurde die Burg schließlich Mitte des 16. Jh. von Fräulein Maria von Jever, dem letzten Mitglied der Familie Wiemkens.

Die Trutzburg Heero Attenas

Ähnlich wie Schloß Jever geht auch das Dornumer Schloß auf eine im 14. Jahrhundert erbaute Häuptlingsburg zurück. Um 1400 gab es dann gleich drei Burgen in Dornum: die Westerburg, die Norderburg und die Osterburg. Alle drei gehörten der Familie Attena, deren Oberhaupt damals Heero hieß, auf der Norderburg saß und die Gerichtsbarkeit inne hatte. Alle drei Burgen gingen 1544 in Flammen auf, als der Ostfriesenherzog Edzar Cirksena 24 aufständische Häuptlinge und Grafen niederschlug. Die wiederaufgebaute Norderburg kam schließlich durch Heirat an den niederländischen Adeligen Gerhard I. von Closter. Er ließ die heutige, auf allen Seiten von Wasser umgebene Vierflügelanlage errichten. Bis 1717 machten seine Nachfolger daraus die heutige Barockanlage.

Folgende Doppelseite: Schloß Dornum geht ähnlich wie das Schloß Jever auf eine alte Häuptlingsburg zurück, die Heero Attena um 1400 errichtet hatte. Das heutige, vierflüglige Wasserschloß wurde bis 1717 fertiggestellt. Bauherren waren Haro Joachim von Closter und seine Gemahlin Anna Zoete de Lake de Villers, wie eine Inschrift über dem inneren Torbogen belegt. Der mit üppigem Relief verzierte Dreieckgiebel ist das wichtigste Zierelement der Hauptfassade.

PORTA HÆC EXTRUCTA A PERILLUSTRI AC GENEROSISSIMO DOMINO D. HARO JOACHIM A CLOSTER IN DORNUM
ET PETKUM BARONE, JEVERENSI SATRAPE, EIUSQUE CHARISSIMA CONIUGE PERILLUSTRI DOMINA D. SOPHIA LOUISA
CHARLOTTA EX INCLYTA BARONALI DANKELMANNORUM PROGENIE ORTA A M R MDCCVI

Den Eingang markiert ein schlanker, 1678 erbauter Barockturm mit doppelter Laterne und einem Umgang unterhalb der unteren Laterne. Die örtlichen Gegebenheiten verhinderten einen geraden Zugang zum Schloß, dessen Hauptfassade gegenüber der Achse des Torturms deshalb um neunzig Grad gedreht ist.

Wichtigstes Zierelement der Hauptfassade ist ein breiter, mit üppigem Relief verzierter Dreieckgiebel. Er zeigt zwischen zwei Putten *Pallas Athene* und am Fries des Gebälks das Allianzwappen der verschiedenen Besitzer. Eine Inschrift über dem inneren Torbogen weist Haro Joachim von Closter und seine Gemahlin, Anna Zoete de Lake de Villers, als Bauherren aus. Mit der dort ebenfalls genannten Jahreszahl 1698 ist der Beginn des Umbaus zum Barockschloß festgehalten. Heute dient das Schloß als Realschule.

Die gräfliche Aldenburg

Am westlichen Rand des Urstromtals der Weser biegt die von Süden kommende Hunte nach Osten zur Weser ab. In das Hunteknie mündet von Westen die Haaren, und zwar genau dort, wo sich die Ausläufer der oldenburgisch-ostfriesischen Geest mit einem schmalen Geestrücken südlich der Hunte treffen. Diese für eine Siedlung ungemein günstige Lage entdeckten die Strategen natürlich schnell, schufen mit einem Graben ein etwa gleichseitiges Dreieck aus Hunte und Haaren und bauten auf dieser *Werder* (Insel) eine Burg. Diese Wehranlage wählte ein sächsisches Grafengeschlecht, das im Gebiet des heutigen Ammerlandes eine «Grenzmark Sachsen-Friedland» regierte, im 12. Jahrhundert zu seiner Residenz. Nach der in einer Urkunde von 1108 belegten «Aldenburg» nannten sie sich Grafen von Oldenburg.

Die Aldenburg war eine ringförmig angelegte Wasserburg mit einem mächtigen Wohn- und Schutzturm. Die angeschlossene Marktsiedlung scheint trotz der günstigen Lage nicht allzu schnell gewachsen zu sein, denn erst am Dreikönigstag 1345 erhielt man bremisches Stadtrecht. Bereits damals war die Siedlung durch umfangreiche Befestigungsanlagen geschützt: zunächst durch Mauern, ab 1502 durch Wall, Wassergraben und befestigte Bastionen. Eines der letzten Zeugnisse dieser Festungszeit ist heute noch der «Pulverturm» am Schloßwall.

Ausgerechnet während des fast ganz Deutschland verheerenden Dreißigjährigen Krieges verlebte Oldenburg unter seinem Grafen Anton Günther eine außergewöhnliche Blütezeit. Durch geschickte Diplomatie gelang es dem Fürsten, sein kleines Land mit einem sehr wirksamen Mittel aus den Wirren des Krieges herauszuhalten: er verschenkte jeweils im richtigen Augenblick an einflußreiche Persönlichkeiten einige der schönsten Oldenburger Pferde, deren Zucht er begonnen hatte. Ein Pferd vom Grafen Anton Günther war damals ein Statussymbol, mindestens so begehrt wie heute ein Mercedes 600 – und von Bestechung sprach man nicht.

Im Auftrag von Graf Anton Günther begannen der Mecklenburger Baumeister Jürgen Reinhardt 1604 und ab 1608 der aus der Lombardei stammende Andreas Speza, aus der alten Wasserburg den Kernbau des heutigen Schlosses zu errichten. Von Jürgen Reinhardt stammt die Grundplanung mit der Gliederung der dreigeschossigen Front in fünf Fensterachsen und dem darüber gesetzten Uhrturm in der Mitte. Die reichen Fensterumrahmungen, an denen auch der bedeutendste Bildhauer des Oldenburger Raumes, Ludwig Münstermann, mitarbeitete, verraten den Einfluß der niederländischen Spätrenaissance. Neuere Zutat ist das um 1740 geschaffene und die Horizontale aller drei Geschosse durchbrechende Mittelmotiv mit den etwas zu wuchtig gewählten Pilastern auf beiden Seiten.

Mit dem Tod des Grafen Anton Günther erlosch 1667 die gräflich-oldenburgische Linie, das Erbe kam an Dänemark und ein dänischer Statthalter wurde Chef der Verwaltung. Einer dieser Statthalter ließ denn auch im Süden einen Kanzleiflügel, den sogenannten dänischen Flügel, in Anlehnung an den vorgegebenen Renaissancestil errichten.

Die Jahre dänischer Beschaulichkeit endeten abrupt, als Oldenburg 1773 wieder selbständiger Staat wurde und die Herzöge von Holstein-Gottorp hier ihre Residenz begründeten. Sie begannen sofort zielstrebig, die alten Befestigungsanlagen zu einer Promenade auszubauen, das Schloß zu erweitern, einen Englischen Park anzulegen und Repräsentationsbauten im klassizistischen Stil zu errichten. Gleich der erste Oldenburger Herzog, Friedrich August, beauftragte seinen Eutiner Baumeister, Georg Gregenhöfer, einen weiteren Flügel mit Repräsentationsräumen anzubauen. Dieser, nach dem zuständigen Minister benannte Holmersche Flügel, wurde 1778 fertiggestellt und noch durchaus pompös ausgestattet. Auch der Nachfolger, Herzog Peter Friedrich Ludwig, setzte die Bautätigkeit noch einmal fort. Er ließ zu Beginn des 19. Jahrhunderts von Carl Heinrich Slevogt und Heinrich Strack den Galerieflügel anbauen, nachdem der Plan zu einer symmetrischen Anlage endgültig aufgegeben worden war.

23 Seit 1923 birgt das Oldenburger Schloß das Landesmuseum für Kunst und Kulturgeschichte. Es enthält im Erdgeschoß eine umfangreiche Sammlung mittelalterlicher Plastiken sowie das um 1800 nach pompejanischen Motiven ausgemalte «Antiquarium».

Im ersten Stock, der Bel Etage, sind noch mehrere klassizistische Festräume so erhalten, wie sie der Hofmaler Ludwig Philipp Strack bis 1818 gestaltet hatte. Die Gemäldesammlung besteht überwiegend aus Werken italienischer und niederländischer Meister aus dem 16. bis 18. Jahrhundert. Im zweiten Stock schließlich wird hauptsächlich Kunstgewerbe, darunter auch Werke Ludwig Münstermanns, gezeigt.

Im Stammland der Welfen

Die Wasserburg Wulferesbutle

Mit keinem deutschen Fürstensitz sind soviel illustre Namen verbunden wie mit Wolfenbüttel. Leibnitz und Lessing haben hier gewirkt, Till Eulenspiegel und der Lügenbaron Münchhausen haben hier ihre Spiele getrieben, der «tolle Christian von Halberstadt» hat hier ebenso gelebt wie die ungeliebte Gemahlin Friedrichs des Großen, Elisabeth Christine. Die Musiker Praetorius und Graun arbeiteten hier und der junge Goethe fand im jungen Jerusalem sein Vorbild für *Die Leiden des jungen Werther.* Wilhelm Raabe und Wilhelm Busch schauten hier ihren Mitbürgern auf die Finger und ins Herz. Von den Fürsten selbst verewigte sich Herzog Heinrich Julius in der Literaturgeschichte dadurch, daß er die ersten deutschen Prosadramen schuf, und Herzog August der Jüngere sicherte sich seinen Platz in der Geschichte dadurch, daß er die erste Bibliothek in einem eigenen Gebäude seit der Antike schuf.

Natürlich kam dies alles nicht von ungefähr. Immerhin war Wolfenbüttel für fast ein halbes Jahrtausend (1283–1754) Residenz der Herzöge zu Braunschweig und Lüneburg, bis 1432 war die herzogliche Wasserburg in der Okerniederung sogar alleinige Residenz und Sitz der Regierung der braunschweigischen Herzöge gewesen. Und all das war natürlich auch nicht ohne Vorgänger: Schon im 11. Jahrhundert hatte es in den Sümpfen der Oker einen Herrensitz auf einer Wasserburg gegeben, die 1118 urkundlich erstmals als Wulferesbutle belegt ist. Ihre Herren waren schon damals Untertanen der welfischen Herzöge.

Eine erste kulturelle Blüte gab es in Wolfenbüttel unter Herzog Heinrich Julius, der nicht nur selber dichtete, sondern englische Komödianten für Dauer an seinen Hof holte und sie zu den ersten in Deutschland lebenden Berufsschauspielern machte. Michael Praetorius wurde sein Hofkapellmeister, und unter seiner schützenden Hand erschien 1609 der *Aviso,* die älteste deutsche Zeitung. Herzog August setzte diese Tradition mit der Gründung seiner Bibliothek fort, unter Herzog Anton Ulrich wurden wie nirgendwo sonst in Deutschland die Künste gepflegt. Daß Lessing in solch einer Umgebung Bibliothekar (1770–1781) sein konnte, 1772 *Emilia Galotti* und 1779 *Nathan der Weise* zu vollenden vermochte, gehört zu den seltenen Glücksfällen der Geschichte herrschaftlicher Residenzen.

Wer heute vom geräumigen Schloßplatz aus auf die Fassade von Schloß Wolfenbüttel blickt, glaubt ein großzügiges Barockschloß, überragt von einem der schönsten Türme der Renaissance, vor sich zu haben. Doch genau dieser Eindruck trügt. Hier wurde nämlich nie in einem Guß gebaut, schon gar nicht in der Barockzeit. Von der Romantik bis zum Spätbarock haben die Herren von Wolfenbüttel vielmehr am Ausbau ihrer Residenz gearbeitet und so nach und nach die alte Wasserburg ins Barockschloß verwandelt.

Den entscheidenden Anfang machte Herzog August, der zwischen 1640 und 1650 drei Seiten des Schloßhofes mit Arkaden umziehen ließ und damit erstmals eine gewisse Regelmäßigkeit der Anlage erreichte. Sein Nachfolger, Herzog Anton Ulrich, ließ diese Arkaden im ersten Obergeschoß schließen, ein zweites Obergeschoß mit Pilastern errichten und den sogenannten Redoutensaalflügel anfügen.

Das heutige Äußere des Schlosses entstand schließlich ab 1714, als Baumeister Hermann Korb im Auftrag von Herzog August Wilhelm dem Schloß eine neue, fast klassizistisch wirkende Fassade gab. Getreu der Tradition des Hauses wurde dabei nichts abgerissen, sondern einfach vorgebaut. Möglich war dies, weil man auch beim Baustoff der Tradition treu blieb und wie schon zuvor ausschließlich Holz verwandte. Lediglich der Sockel und das Portal des Schlosses sind aus Stein. Alles andere, selbst die scheinbaren «Quader» des Erdgeschosses wurden aus Holz gefertigt. Auch die Arkaden im Hof bestanden aus Holz, ihre Säulen wurden erst 1955 durch steinerne ersetzt.

Im Inneren wurde weit weniger gespart als am Äußeren. So enthält das Erdgeschoß einen zweischiffigen, um 1570 fertiggestellten Renaissancesaal mit Gratgewölben. Das um 1690 fertiggestell-

Den 48 m hohen Renaissanceturm des Schlosses Wolfenbüttel errichtete der herzogliche Baumeister Paul Francke im Jahre 1614. Die barocken Figuren vor dem Schloß stellen in allegorischer Form die Tugenden und Pflichten eines Landesfürsten dar. Das Zeughaus im Hintergrund wurde 1617 fertiggestellt, beherbergte einst die größten Geschütze Deutschlands und diente als Kaserne. Heute ist in dem alten Zeughaus eine Forschungsbibliothek untergebracht.

Folgende Doppelseite:
Schloß Wolfenbüttel geht auf eine schon im 11. Jh. bestehende Wasserburg Wulferesbutle zurück. Von der Romanik bis zum Spätbarock bauten die Herren von Wolfenbüttel stetig am Ausbau ihrer Residenz und schufen so nach und nach das heutige Barockschloß. In seinen verschiedenen Ausbaustufen war es immerhin für fast ein halbes Jahrtausend Residenz der Herzöge zu Braunschweig und Lüneburg und eines der wichtigsten kulturellen Zentren an einem deutschen Fürstenhof.

te, durch zwei Geschosse reichende Treppenhaus ist das älteste seiner Art in Niedersachsen. Die Wohnräume des Herzogs Anton Ulrich und seiner Gemahlin sind ganz im barocken Geist mit schweren Stuckdecken, Kaminen, Decken- und Wandmalereien ausgestattet und geben gut die höfische Wohnkultur im 17. Jahrhundert wieder. Stuck und Kaminumrahmungen sind das Werk von Jacopo Perinetti. In den ehemaligen Räumen der Herzogin finden sich in Norddeutschland seltene Nußbaumvertäfelungen mit kostbaren Intarsien.

Heute sind die herzoglichen Räume als «historische Schloßräume» wieder hergestellt und können ebenso besichtigt werden wie das im Schloß außerdem untergebrachte Stadt- und Kreisheimatmuseum.

Die Wasserburg von Otto dem Strengen

Man schrieb das Jahr 1292, als Herzog Otto der Strenge, ein Urenkel Heinrichs des Löwen, an den Stromschnellen der Aller eine neue Burg errichten ließ, weil seine alte abgebrannt war. Er legte damit gleichzeitig den Grund für Schloß und Stadt Celle. Von Anfang an sorgte er dafür, daß die im Osten sich anschließende Siedlung planmäßig angelegt wurde. Nicht zuletzt ist es ihm daher zu danken, wenn das heutige Celle mit seinem geschlossenen Altstadtbild noch immer den Eindruck eines Residenzstädtchens aus höfischer Zeit vermittelt.

Von 1371 bis 1705 war das Schloß zu Celle die herzogliche Residenz des lüneburgischen Welfenhauses, doch dauerte es bis in die erste Hälfte des 16. Jahrhunderts hinein, bis unter Herzog Ernst, dem Bekenner (1522–1546), ein erster richtiger Schloßbau in Form einer einen rechteckigen Innenhof umschließenden Vierflügelanlage errichtet werden konnte. Bis 1558 baute daran Michael Clare aus Gifhorn. Ihm ist die Fassade des dreigeschossigen Ostflügels ebenso zu verdanken wie die polygonale Ummauerung der im Kern noch mittelalterlichen, runden Ecktürme. Die Fassaden der drei anderen Flügel dagegen wurden zwischen 1660 und 1680 vom venezianischen Baumeister Bedogni neu gestaltet. Sein Werk ist auch der barocke Uhrturm als Bekrönung des Westflügels.

Als Herzog Ernst, der Bekenner, 1526 die Reformation in Celle einführte, sorgte er auch dafür, daß die um 1485 errichtete spätgotische Kapelle eine neue Innenausstattung im Stil der Renaissance erhielt. Außer großzügigen Emporen wurde eine prächtige Fürsten*prieche* (Loge) eingebaut. Kannelierte Säulen mit goldenen Kompositkapitellen tragen hier eine kassettierte, farbige Decke. Besonders sorgfältig gestaltet sind die Brüstungen der Emporen mit Bildnissen von Christus, den Aposteln, den Propheten und Engeln im Halbrelief. Das gesamte Chorgestühl ist mit gemalten biblischen und allegorischen Szenen ausgeschmückt. Auf den beiden Innenflügeln des Altares sind die Stifterfiguren, Herzog Wilhelm und seine Gemahlin, mit den Schlössern Celle und Gifhorn im Hintergrund verewigt. Die Altartafeln dürften um 1570 von Ludger tom Ring gemalt worden sein. Die übrigen Bilder sind ein Werk von Marten de Vos und seiner Schule. Insgesamt gehört die Schloßkapelle zu den schönsten und stimmungsvollsten Kirchenräumen deutscher Renaissance.

Ganz in barocker Pracht sind die herzoglichen Wohn- und Repräsentationsräume im Nordflügel gehalten. Stuckdecken, Türbekrönungen und Kamine sind hier ein Werk des Italieners Giovanni Battista Tornielli, die Entwürfe stammen von Guiseppe Arighini.

Nicht mehr original ist die gesamte bewegliche Ausstattung. Nach dem Ende des Ersten Weltkrieges war das Schloß praktisch leer geplündert. Das heutige Inventar kam in den dreißiger Jahren aus verschiedenen preußischen Schlössern hierher. Dennoch vermittelt die heutige Einrichtung einen guten Eindruck von fürstlicher Wohnkultur im 17. und 18. Jahrhundert.

Seine beste Zeit erlebte dieses Schloß zweifellos unter Herzog Georg Wilhelm und seiner hugenottischen Gemahlin Eleonore Desmier d'Olbreuse. Die feinsinnige Französin holte nicht nur die Architekten aus Italien, sondern auch Musiker und Schauspieler an ihren Hof. Ihrem Einfluß dürfte es auch zu verdanken sein, daß im Nordwestturm 1674/75 ein Theater eingerichtet wurde, das heute das älteste in Deutschland erhaltene ist.

Über allem Kunstsinn wurde die Realität keineswegs vergessen. Weil Herzog Georg Wilhelm und seine Hugenottin keinen männlichen Nachkommen hatten, wurden Prinzessin Sophie Dorothea als einziges Kind und Erbin des Herzogtums Celle mit ihrem Vetter Georg Ludwig, dem Erbprinzen von Hannover, verheiratet. Er sollte dann 1714 als Georg I. den Thron Großbritanniens besteigen und damit erster britischer König aus dem Hause Hannover werden – das aber alles ohne seine Sophie Dorothea. Die nicht Geliebte hatte sich dem Grafen Philipp von Königsmark zugewandt und wollte mit ihm fliehen. Der Plan wurde jedoch entdeckt, Königsmark verschwand unter mysteriösen Umständen und Sophie Dorothea wurde bis zu ihrem Tode 1726 auf Schloß Ahlden gefangen gesetzt. Weder ihren Sohn, den späteren König Georg II. von Großbritannien, noch ihre Tochter, die spätere Königin Sophie Dorothea von Preußen, Gemahlin Friedrich Wilhelms I. und Mutter von Friedrich dem Großen, sah sie jemals wieder.

Das Schloß zu Celle war von 1371 bis 1705 die herzogliche Residenz des lüneburgischen Welfenhauses. Ein erstes, standesgemäßes Schloß entstand jedoch erst in der 1. Hälfte des 16. Jh. unter Herzog Ernst, dem Bekenner. Die Süd- und Westfassade des Schlosses wurde zwischen 1660 und 1680 vom venezianischen Baumeister Bedogni in der heutigen Form neu gestaltet. Im Nordwestturm wurde 1675 von Eleonore Desmier d'Olbreuse, der hugenottischen Gemahlin Herzog Georg Wilhelms, ein Theater eingerichtet, das heute das älteste in Deutschland ist.

Renaissance an der oberen Weser

Die Residenz der Fürsten zu Lippe

Tho der Lippe wurden die beiden Brüder Hermann und Bernhard vom Hermelinghof am Oberlauf der Lippe in einer Urkunde aus dem Jahre 1123 genannt. Hermanns Sohn, Bernhard II., gelang es im Zuge der Kämpfe zwischen den Welfen und den Staufern, sein Herrschaftsgebiet abzurunden und Lippe, das spätere Lippstadt und Lemgo zu gründen. Zur gleichen Zeit gab es Detmold längst als Siedlung und Gerichtsstätte mit einer landesherrlichen Burg. Sie stand an der Stelle des heutigen Schlosses und wurde 1447 von böhmischen Söldnern im Dienst des Erzbischofs von Köln zerstört. Daß der damals herrschende Bernhard VII. an der Zerstörung selbst vielleicht nicht ganz unschuldig war, läßt zumindest sein Beiname «Bellicosus» vermuten.

Sein Sohn, Simon V., nahm nicht nur als erster lippischer Edelherr den Grafentitel an, sondern wählte auch die Burg in Detmold zu seiner ständigen Residenz. Um Niederlagen wie die seines Vaters zu vermeiden, ließ er die Burg mit Wall, Graben und vier Bastionen zur stärksten Festung des Landes ausbauen.

Erst die nächste Generation mit Bernhard VIII. wagte den Schritt von der Burg zum Renaissanceschloß, berief 1549 den Tübinger Baumeister Jörg Unkair und gab eine großzügige Vierflügelanlage um einen weiten Rechteckhof mit vier Treppentürmen in den Winkeln in Auftrag. Zwar starb Unkair nur vier Jahre später, doch blieb sein Entwurf richtungsgebend bis zur Vollendung des Renaissancebaus im Jahre 1621. Der frühbarocke Südwestflügel kam gar erst 1670 dazu.

Die schönsten Teile des heutigen Baus schuf der Hamelner Baumeister Cord Tönnis, der Nachfolger Jörg Unkairs. Von ihm stammen der linke Erker der Eingangsfront, das Hofportal und die Giebel des Nordostflügels. Das schönste Schaustück klassischer Frührenaissance jedoch, der reich geschmückte Steingang zwischen den beiden Treppentürmen an der Innenseite des Vorderflügels, stammt von einem unbekannten Künstler mit den Initialen I. R., der das Prachtstück 1557 vollendete. Um 1600 schließlich kam die charakteristische Haube des Schloßturmes mit ihren drei Reihen von Dacherkern übereinander auf den alten Bergfried.

Wohl gab es im Laufe der letzten Jahrhunderte so manche Veränderung im Detail im Schloß, größere Umbauten jedoch unterblieben aus Geldmangel. Dafür wurden nach und nach die Wassergräben vor der Hauptfassade zugeschüttet und die Wälle, die einst bis zur Höhe des Dachgesimses gereicht hatten, bis auf kümmerliche fünf Meter abgetragen.

Um so nachhaltiger zog im Inneren neuerer Zeitgeschmack ein. Königszimmer und Roter Salon erhielten ihre Einrichtung Anfang des 18. Jahrhunderts. Vor allem der Rote Salon glänzt mit spätbarocken Stukkaturen von M. Camminata und A. Rossi. In die barocke Muldendecke sind Gemälde des Hamburger Malers Hans Heinrich Rundt eingebaut. Dargestellt sind Szenen aus der antiken Mythologie.

Der größte Raum im Detmolder Schloß ist der alte Rittersaal aus dem 16. Jahrhundert. Ihn ließ Fürst Woldemar 1882 von Lorenz Gedon im historisierenden Stil der deutschen Spätrenaissance neu gestalten. Die ganz aus Holz gefertigte Einrichtung ist nur sparsam mit Schnitzereien verziert. Lediglich an den großen eichenen Türen zeigen geschnitzte Reliefs verschiedene Berufe. Der aus rötlichem Marmor gefertigte, offene Kamin trägt als Haube eine Nachbildung des Innsbrucker *Goldenen Dacherls*, das damals wie heute den Renaissance-Prunk-Erker von Kaiser Maximilians Tiroler Residenz ziert.

Sämtliche Wände des Ahnensaals sind mit Portraits der Herren zu Lippe geschmückt. Die nahtlose Reihe beginnt mit dem Edelherrn Bernhard VII., endet mit dem Fürsten Woldemar und gibt nicht nur einen Überblick über knapp ein halbes Jahrtausend der Geschichte des lippischen Hauses, sondern auch über den Wandel der Mode in diesem Zeitraum.

Die wertvollsten Ausstattungsstücke des Schlosses aber sind insgesamt zehn Gobelins aus dem 17. Jahrhundert. Zwei finden sich im Kleinen Gobelinzimmer. Sie wurden um 1700 nach dem

Das Detmolder Schloß war bereits in der 2. Hälfte des 15. Jh. unter Graf Simon V. zur stärksten Festung des Landes ausgebaut worden. Zwischen 1549 und 1670 wurde die zuvor mit Wall, Graben und vier Bastionen verstärkte Burg zum heutigen Renaissanceschloß ausgebaut. Die um 1600 gebaute Haube des Schloßturmes mit ihren drei Reihen von Dacherkern übereinander auf dem alten Bergfried ist bis heute Wahrzeichen der Stadt.

von Peter Paul Rubens 1617 gemalten *Decius-Mus-Zyklus* in Amsterdam gefertigt. Auf dem größeren Teppich ist die Weissagung des Haruspex dargestellt, der dem römischen Konsul Decius Mus die Zukunft aus den Eingeweiden eines Ochsens zu ergründen sucht. Auf dem kleineren Teppich ist der Abschied des Konsuls von seinem Sohn dargestellt.

Wertvoller noch sind die 1660 vom französischen Hofmaler Charles Lebrun für Ludwig XIV. entworfenen und um 1670 in Brüssel von Jan Frans van den Hecke gewobenen acht Gobelins in den Königszimmern. Dargestellt sind in der ganzen Farbigkeit barocker Pracht die Siege des Macedonierkönigs Alexander des Großen (356–323 vor Christus). Prachtstück des Zyklus ist der mit 4,50 mal 7,46 Metern größte Teppich mit dem triumphalen Einzug Alexanders in Babylon. Alexander nimmt hier auf einem goldenen Wagen stehend Geschenke, Huldigungen und Opfergaben entgegen. Den Hintergrund bilden die berühmten *hängenden Gärten* der Semiramis. Damit ist der Gobelin gleichzeitig ein Dokument dafür, wie sich das 17. Jahrhundert diese Sagenwelt vorstellte.

Das Schloß als Ruhesitz

Wenige Kilometer südlich von Hameln beherrscht Schloß Hämelschenburg das liebliche Emmertal. Wie schon sein Name verrät, geht das Schloß auf eine alte Lehensburg zurück, die die Welfen vergeben hatten. Um 1414 kam dieses Lehen, damals noch unter dem Namen Hemersenburg, in die Hände der Herren von Lügde. Nur 23 Jahre später, man schrieb das Jahr 1437, erhielt die Familie von Klencke die jetzt bereits Hämelschenburg genannte Anlage zum Lehen, und gelangte damit zu einem Besitz, der bis heute in der Familie geblieben ist.

Während der ersten hundert Jahre machte der Besitz den Klenckes offensichtlich mehr Kummer als Freude. 1485 etwa wurde die Burg von westfälischen Truppen besetzt und zwei Jahre später nutzte Herzog Wilhelm von Braunschweig einen angeblich von der Burg aus durchgeführten Straßenraub als Vorwand, die Burg zu zerstören und den Klenckes ihr Lehen zu nehmen. Erst 1493 konnte Wilken von Klencke das Lehen zurückgewinnen. 1544 schließlich zerstörte ein Großfeuer die Burg so stark, daß ein Wiederaufbau nicht mehr nützlich schien.

1556 wurde deshalb unmittelbar unterhalb des heutigen Schlosses der heute noch vorhandene Wirtschaftshof errichtet, der in seinem östlichen Teil zunächst auch als Wohnung der Familie Klencke diente. Zum Abschluß dieser Bauphase ließ Ludolf von Klencke 1563 die bei dem großen Brand ebenfalls zerstörte Schloßkapelle neu errichten. Er schuf damit einen der frühesten evangelischen Kirchenbauten Norddeutschlands, der heute als kostbaren Schatz eine spätgotische Darstellung des Paradiesgärtleins aus Lindenholz enthält. Das um 1480 entstandene Schnitzwerk zeigt die Gottesmutter mit dem Jesuskind im Kreis von sechs heiligen Frauen.

Vater des Schlosses Hämelschenburg sollte Jürgen von Klencke werden. Er hatte sich am Grafenhof zu Nienburg hochgedient und es zum Rittmeister gebracht. Die entscheidende Wendung aber sollte sich am Hof des Bischofs Eberhard von Holle in Verden ergeben. Dort lernte er die humanistisch gebildete Nichte des Bischofs, Anna von Holle, kennen und heiratete sie 1587. Ein Jahr später wurde mit dem Bau des heutigen Schlosses begonnen, das sicher nicht zu Unrecht als Hauptwerk der Weser-Renaissance gilt. Baumeister dürfte der Hamelner Cord Tönnis gewesen sein, von dem auch wesentliche Teile des Detmolder Schlosses stammen. Er begann mit dem Nordteil der Dreiflügelanlage, den Eberhad Wilkening aus Hameln fertiggestellt haben dürfte. Bis 1599 wurden der Südflügel und der westliche Verbindungstrakt, vermutlich von Johann Hundertossen aus Hameln, fertiggestellt. Inzwischen zu vierzehn Kindern gekommen, setzten sich Jürgen von Klencke und seine Frau Anna von Holle in ihrem neuen Schloß zur Ruhe.

Das Äußere des in Hufeisenform angelegten Herrensitzes wirkt trotz der drei nacheinander arbeitenden Architekten überraschend einheitlich. Der doppelgeschossige, älteste Teil auf der Nordseite hat an den Stirnseiten Giebel und zwei Zwerchhäuser an jeder Längsseite. Der etwas einfacher gegliederte Verbindungstrakt hat auf jeder Längsseite drei Zwerchhäuser. Der nicht ganz im rechten Winkel angesetzte Südflügel ist auf der Außenseite dreigeschossig und mit vier Zwerchhäusern bestückt. In jeder der beiden inneren Hofecken sorgt ein achteckiger Treppenturm mit welschem Glockenhelm für eine optimale Erschließung der drei Flügel.

Die mit reich ornamentierter Werksteingliederung geschmückten Bruchsteinmauern waren ursprünglich verputzt und, wie einzelne Reste beweisen, farbenfroh bemalt. Am reichsten gegliedert ist die Fassade des Südflügels. Hier überziehen Kerbschnitt-Bossenquader im Wechsel mit glatten Quaderschichten bandartig die Lisenen. In der Fensterzone werden die starken Horizontalgesimse und Fensterbrüstungen durch Streifen aus bossierten Steinen unterstrichen. Die Mittelachse ist durch einen reich verzierten Erker im Erdgeschoß betont.

Im Inneren war die Raumeinteilung einst wohl durchdacht. Der zweigeschossige Nordflügel enthielt im Erdgeschoß die Gerichtsstube, in der auch das Obergericht, bei dem es um Kopf und

Ein Hauptwerk der Weserrenaissance ist die Hämelschenburg bei Hameln. Sie ist in ihrer heutigen Gestalt das Werk Jürgen von Klenckes und seiner Gemahlin Anna von Holle, die das Schloß ab 1587 errichten ließ. Seine Südfassade ist mit Kerbschnittbossenquadern bandartig verziert, die Mittelachse ist durch einen Prunkerker im Erdgeschoß betont. Selbst das Dach ist mit vier überreich dekorierten Zwerchhäusern hervorragend gegliedert. Der Blick in den Innenhof der Hämelschenburg zeigt den ältesten Teil des Schlosses mit einem der beiden achteckigen Treppentürme mit welschem Glockenhelm. Die Mauern waren hier ursprünglich verputzt und farbenfroh bemalt. Im Erdgeschoß war einst die Gerichtsstube, im Obergeschoß der Rittersaal untergebracht.

Kragen ging, abgehalten wurde. Das Obergeschoß enthielt den Rittersaal. Der gesamte Südflügel diente der großen Familie als Wohnung. Der Mittelbau enthielt Ställe und Wirtschaftsräume. Dort ist noch heute die einst offene Pilgerhalle erhalten. Sie hatte eine direkte Verbindung zur Küche und diente zur Verpflegung von vorbeiziehenden Pilgern.

Heute sind Teile des Schlosses als Schauräume ausgestaltet. Zu besichtigen sind sowohl Räume aus der Bauzeit als auch Säle, die erst im vorigen Jahrhundert ausgestattet wurden. Insgesamt erhält der Besucher einen hervorragenden Eindruck, wie eine niedersächsische Adelsfamilie einst gelebt hat.

Die Wasserburg der Schaumburger Grafen

Selbst in absolutistischer Zeit war noch lange nicht mit jedem deutschen Fürstentum wirklich Staat zu machen. Manche waren so klein, daß sie kaum ihre Herren ernähren konnten, oder so strukturschwach, daß sie eigentlich Entwicklungshilfe benötigt hätten. Zu dieser Kategorie gehörte wohl auch die Grafschaft Schaumburg mit ihrer Residenz Bückeburg. Immerhin hieß es von den dortigen Verhältnissen lange, die Kegelbahnen müßten rund gebaut werden ...

Allzu großartig war schon der Beginn nicht. Eine erste bescheidene Wasserburg war erst um 1300 entstanden und Ende des 14. Jahrhunderts von Graf Otto I. von Schaumburg ausgebaut worden. Etwas großzügiger ging es erst unter Graf Otto IV. zu, der seine Residenz vom nahen Stadthagen nach Bückeburg verlegte und um 1560 unter Einbeziehung der noch brauchbaren Teile der alten Burg eine unregelmäßige Vierflügelanlage errichten ließ. Von diesem Bau sind heute der Nord- und der Westflügel mit dem Treppenturm und der Hofgalerie erhalten.

Zur standesgemäßen Residenz wurde Schloß Bückeburg unter Graf Ernst von Schaumburg, dessen Kunstverständnis mindestens ebenso außergewöhnlich war wie sein Geschäftssinn. Er verließ sich nicht auf die magere Finanzkraft seines Ländchens, sondern brachte es durch eigene Spekulation zu solchem Reichtum und Wohlstand, daß er nicht nur sein Schloß großzügig ausbauen, sondern auch noch mit der ganzen Pracht seiner Zeit ausstatten lassen konnte. Zur Abrundung fehlte dann nur noch der Fürstentitel, der auf dem üblichen Wege allerdings nicht zu erhalten war. Graf Ernst wäre wohl nicht Graf Ernst gewesen, hätte er nicht auch hier eine Lösung gefunden: er kaufte sich eben seinen Fürstentitel.

Noch einmal ein Jahrhundert später wurde unter Graf Wilhelm das kleine Bückeburg, ähnlich wie viele andere Höfe, ein – wenn auch kleines – Kulturzentrum. So wirkte hier etwa Johann Gottfried Herder als Oberprediger, bevor er nach Weimar abwanderte. Als Hofkapellmeister spielte der junge Johann Christian Friedrich Bach, der Sohn des Thomaskantors, auf.

Wer heute das Schloß Bückeburg besucht, sollte es keinesfalls isoliert betrachten. Nur allzu leicht nämlich würde dann sein eigentlicher Reiz verloren gehen. Dieser erschließt sich erst, wenn man die gesamte Umgebung miteinbezieht, denn Fürst Ernst von Schaumburg hatte bei all seinen Bauten stets die barocke Gesamtanlage im Sinn, mit der er darüber hinaus ein Vorreiter in Deutschland war.

Als weitläufiger Zugang zum Schloß wurde damals der südliche Teil der heutigen Bahnhofstraße ebenso neu geschaffen, wie an ihrem Ende links das ehemalige Renthaus mit seiner toskanischen Säulengliederung und rechts das Rathaus (leider nicht im Original erhalten). Über den ungefähr quadratischen Marktplatz hinweg öffnet sich das weit vorgezogene Schloßtor als barocker Triumphbogen mit repräsentativ vorgestellten und mit mythologischen Figuren bekrönten Säulen.

Das Tor geht links über in die Hofkammer, rechts in die Kammerkasse. Leicht ansteigend führt der Weg dann zu der mit Bronzegruppen geschmückten Brücke über den Wassergraben, wo sich zwischen zwei Kavaliersflügeln erst der unmittelbare Vorplatz des Schlosses mit dem steinernen Tugendbrunnen von 1552 öffnet.

So einheitlich die streng symmetrisch gestaltete Schloßfassade heute wirkt, so uneinheitlich sieht es unter dem Putz aus. Vom Umbau von Otto IV. bis zur Fassadengestaltung 1898 finden sich aus allen Zeiten Bauteile. Erst unter der Leitung des Architekten La Roche wurde daraus Ende des vorigen Jahrhunderts eine einheitliche Fassade. Alle älteren Bauteile samt der alten Vierflügelanlage wurden hinter die neue Fassade zurückgedrängt. Ihre Formen sind nur vom Schloßpark aus zu sehen. Besonders reizvoll ist von hier aus die Dachlandschaft mit ihren mit gestaffelten Rundgiebelchen verzierten Zwerchhäusern.

Noch am ursprünglichsten wirkt der Innenhof der alten Vierflügelanlage. Rohes Bruchsteinmauerwerk wird hier vom hellen Sandstein der Fensterumrahmungen ebenso angenehm unterbrochen wie von der umlaufenden offenen Galerie mit ihren reich verzierten Konsolen. Ihre Brüstung mit Muschelnischen und Hermenpilastern verrät die Renaissance.

Im Inneren sind von der aufwendigen Einrichtung durch Fürst Ernst nur zwei Räume erhalten: die vor 1396 erbaute spätgotische Kapelle und der Goldene Saal. Die Kapelle wurde bis 1604 bis auf den letzten Flecken aufs üppigste dekoriert. Die Wände ziert golden schimmerndes Schnitzwerk, das sich teilweise zu phantastischem Architekturschmuck ausweitet. Über der Vertäfelung beginnt gemaltes, das gesamte Gewölbe überziehendes Rankenwerk.

Der Goldene Saal wird beherrscht von der Götterpforte, eine nach italienischen Vorbildern mit geschnitzten Figuren und Ornamenten gestaltete, spätbarocke Prachttür. Dargestellt sind in menschlicher Lebensgröße Mars und Venus und in der Bekrönung Merkur. Minerva und Juno ergänzen zusammen mit Putten und Panisken die ganz in Weiß und Gold gehaltene Pracht. Allemal einen Besuch wert ist Schloß Bückeburg allein schon wegen seiner überreichen Gemäldegalerie mit Werken italienischer, niederländischer und deutscher Meister.

Die Wehrburg der Paderborner Bischöfe

Obwohl die Wewelsburg südwestlich von Paderborn keineswegs an der Weser liegt, gehört sie doch durch ihren Ausbau im Stil der Weser-Renaissance durch Fürstbischof Dietrich von Fürstenberg zu den wichtigsten Bauten dieser Epoche. Die wohl eindrucksvollste Höhenburg Westfalens verdankt ihre Anlage im ausgefallenen Grundriß – in Form eines gleichschenkligen Dreiecks mit drei gewaltigen Ecktürmen – diesem Paderborner Bischof, der im Zuge der Rekatholisierung seines Territoriums gleich mehrere feste Stützpunkte errichten ließ, um im Falle möglicher Rückschläge stets sichere Zuflucht finden zu können.

Der hohe geistliche Herr setzte damit eine Tradition fort, die auf der Wewelsburg bereits mit Heinrich I. begonnen hatte. Schon er ließ im 10. Jahrhundert im Bereich der Wewelsburg eine Fliehburg zum Schutz gegen die Ungarn anlegen, die seit 915 wiederholt Einfälle nach Ostwestfalen unternommen hatten. Im frühen 12. Jahrhundert setzte der Vogt der Paderborner Kirche, Graf Friedrich von Arnsberg, die Tradition fort und befestigte die Burg neu, um besser mit den aufsässigen Bauern der Umgebung fertig werden zu können. Bei der erstbesten Gelegenheit zerstörten deshalb die Bauern wenige Jahre später die Burg wieder, die sie vorher in mühsamer Fronarbeit hatten aufbauen müssen.

Doch: was sein muß, muß sein! Die gleichen Bauern hatten daraufhin die Burg wieder aufzubauen. 1301 verpflichtete sich der Paderborner Bischof Otto von Rietberg, die Burg zur Hälfte an die Edelherren von Büren zu Lehen zu geben. Offensichtlich chronischer Geldmangel zwang danach die Bischöfe, die Burg zu verpfänden, so daß Fürstbischof Dietrich von Fürstenberg 1589 immerhin 3535 Goldgulden zahlen mußte, um das Pfand zurückzuerhalten.

Fünfzehn Jahre später gab derselbe Bischof den Auftrag zum Ausbau der Burg an den Paderborner Baumeister Hermann Baumhauer. Dieser errichtete unter Einbeziehung von Teilen der mittelalterlichen Burg bis 1607 in Grundzügen das, was heute von der Wewelsburg wieder steht: eine trutzige Dreieckanlage mit dominierendem Südflügel, wohl proportioniertem West- und etwas schwach geratenem Ostflügel. Die Südwest- und die Südostecke bilden gleiche Rundtürme mit welschen Hauben, die Nordecke ist von einem Rundkoloß mit immerhin zwanzig Metern Durchmesser beherrscht.

Zwerchhausgiebel, Erker, Portale und Türleibungen verraten die Weser-Renaissance. So ist etwa das rundbogige Eingangsprotal mit Pilastern in Bossenquaderwerk eingefaßt. Der Erker darüber ist mit schlanken toskanischen Säulen als Fensterpfosten und einem Dreiecksgiebel mit Beschlagwerkkartuschen gestaltet. Die Erkerinschrift allerdings *multi quaerent intrare et non poterunt* (Viele werden eindringen wollen und es nicht können.) sollte nicht lange gelten. Schon 1646 schafften die Schweden das «poterunt», besetzten Burg und Bischofsstadt und setzten die Burg schließlich in Brand. Unter Fürstbischof Dietrich Adolf von der Recke wurden die Schäden bis 1666 repariert, danach diente die Burg bis zur Auflösung des Fürstbistums den Bischöfen zeitweilig als Nebenresidenz.

Eine ganz neue Bedeutung erhielt die Wewelsburg 1934, als der Reichsführer der SS, Heinrich Himmler, für seinen Orden unter dem Totenkopf die Burg mietete. Als «Reichsführerschule» sollte die Burg zum allmächtigen Machtinstrument und zum scheinreligiösen Kultzentrum der SS gemacht werden. Zu diesem Zweck wurde seit 1940 um den Nordturm der alten Burg herum eine völlig neue Burganlage geplant, mit Geldern einer «Gesellschaft zur Förderung und Pflege deutscher Denkmäler» finanziert und von Häftlingen des KZ Niederhagen gebaut. Kurz vor dem Zusammenbruch des Tausendjährigen Reiches sprengte dann ein Sonderkommando auf Befehl Himmlers am 31. März 1945 das Werk.

In der bis 1979 wieder aufgebauten Burg befindet sich heute das Landesgeschichtliche Museum des ehemaligen Hochstiftes Paderborn, eine Gedenkstätte für die Opfer des Konzentrationslagers und eine zeitgeschichtliche Dokumentation «Wewelsburg 1933–1945 Kult- und Terrorstätte der SS».

Folgende Doppelseite:
Schloß Bückeburg wurde zur standesgemäßen Residenz unter Graf Ernst von Schaumburg ausgebaut. Weil sein kleines Ländchen einen solchen Schloßbau nicht hätte finanzieren können, verließ sich Graf Ernst ganz auf seine eigenen Finanzierungskünste. Sie erlaubten ihm immerhin, sein Schloß mit der ganzen Pracht seiner Zeit auszustatten. Selbst zum Kauf eines Fürstentitels reichte das Geld schließlich noch.

Burgen am Rand des Revieres

Die Herrlichkeit Lembeck

Wo das Ruhrgebiet auf seiner Nordseite in den Naturpark «Hohe Mark» übergeht, haben gleich drei Burgen aus mittelalterlicher Zeit die Angriffe des Industriezeitalters überstanden. Nördlich von Recklinghausen ist es das Wasserschloß Lembeck, das bis 1803 nur die «Herrlichkeit Lembeck» hieß. Bis zu diesem Jahr nämlich lag bei der Burg eine damals schon knapp achthundert Jahre alte Untergerichtsbarkeit, die der ottonische Kaiser Heinrich II. schon im Jahre 1017 für den Ort Lembeck zugunsten des Paderborner Domes verfügt hatte. Wenig später bereits gab es die Herren von Lembeck als Ritter des Bischofs von Münster. Die enge Verbundenheit überdauerte sogar das Jahr 1528, als Johann von Lembeck als Letzter seines Geschlechts starb. Wohl nicht ohne bischöfliche Vermittlung nämlich heiratete daraufhin Bernhard von Westerholt, ein enger Vertrauter des Bischofs, die Tochter Berta von Ritter Johann und damit auch Burg und Gerichtsbarkeit.

Bauherren des heutigen Wasserschlosses waren die Herren von Westerholt-Hackfurt, ein holländischer Zweig der Familie. Dietrich Conrad Adolf, der Letzte dieser Linie, baute zusammen mit einem unbekannten Baumeister die ererbte, mittelalterliche Burg zum barocken Wasserschloß aus. Durch Heirat seiner Tochter ging das Schloß schließlich an die Familie von Merveldt, die es noch heute besitzt. Ihr entstammte unter anderem auch Reichsgraf Maximilian Friedrich, der sich in der Völkerschlacht von Leipzig als Feldherr auszeichnete und später als Staatsmann am österreichischen Hof diente.

Wie es sich für eine Barockanlage eigentlich gehört, liegen alle Bauten an einer rund fünfhundert Meter langen Ost-/Westachse, die mit einer etwa zweihundert Meter langen Allee beginnt. Spaziert man über sie auf das Schloß zu, sieht man durch Vorburg und Hauptburg hindurch bis in den anschließenden Park. Das Schloß selbst steht auf zwei Inseln inmitten eines 190 mal 160 Meter großen Teiches. Vorburg und Hauptburg sind über eine Brücke miteinander verbunden. Insgesamt ist diese großzügige Konzeption ohne vergleichbares Beispiel in Westfalen. Möglicherweise holte sich der Architekt die Anregung zu seiner Konzeption sogar in Wien, wo Fischer von Erlach 1692 Schloß Schönbrunn in ähnlicher Anlage entworfen hatte.

Den Zugang zur Vorburg öffnet eine Brücke über den ersten Arm des Teiches, die Vorburg selbst steigt trutzig mit einer 110 Meter breiten Fassade unmittelbar aus dem Wasser auf. Ursprünglich hatte die Vorburg außer dem klotzigen Torturm links und rechts je einen Eckturm. Sie bildeten den Übergang zu den rechtwinklig angesetzten Seitenflügeln, die jeweils ebenfalls wieder mit einem Eckturm endeten. Im vergangenen Jahrhundert brannte allerdings der nördliche Seitenflügel und mit ihm der rechte Eckturm der Vorburgfassade ab. Beide wurden nicht wieder aufgebaut.

Vom Garten der Vorburg führt der Weg axial weiter über die Schloßbrücke zum Portal des Herrenhauses. Es steigt wie die Vorburg ebenfalls unmittelbar aus dem Wasser auf und hat, wie sie, zwei mit welschen Hauben bekrönte, massige Ecktürme. Die heute schlicht wirkende, dreigeschossige Hauptfassade war einst mit einer auf Putz gemalten Quaderung verziert, wohl um die Spuren der verschiedenen Bauepochen zu kaschieren. Immerhin sind im Herrenhaus Teile der noch aus dem 14. Jahrhundert stammenden Turmhügelburg integriert worden. Sowohl Reste des Turmes als auch des anschließenden Zweikammerhauses sind im Norden des Herrenhauses nachweisbar. Vor diesem Hintergrund ist auch zu verstehen, daß das ebenfalls als Dreiflügelanlage konzipierte Herrenhaus zwar einen Nord-, aber noch immer keinen Südflügel hat. Dafür reichte das Geld nicht mehr.

Bei der Egalisierung der Fassade, der Gestaltung des Hauptportals und bei der Innenausstattung wirkte Johann Conrad Schlaun mit, den wenig später Kurfürst Clemens August beim Bau seines Schlosses Augustusburg in Brühl so Knall auf Fall ablösen sollte. Vor allem die Ausstattung des

Das Wasserschloß Lembeck hieß bis 1803 nur die "Herrlichkeit Lembeck". Bis zu diesem Jahre nämlich lag bei der Burg eine damals schon knapp 800 Jahre alte, vom ottonischen Kaiser Heinrich II. zugunsten des Paderborner Domes verliehene Untergerichtsbarkeit. Die Herren von Lembeck waren deshalb auch Ritter des Bischofs von Münster. Bis 1702 verwandelte Dietrich Conrad Adolf, der letzte seines Geschlechts, die alte Wasserburg in das heutige barocke Wasserschloß. Dazu wurden in einem 190 x 160 m großen Teich zwei Inseln aufgeschüttet, auf denen Vorburg und Hauptburg errichtet wurden. Beide Teile sind nur über eine Brücke miteinander verbunden. Unser Bild zeigt die Hauptburg mit ihren massigen, mit welschen Hauben bekrönten Ecktürmen.

Festsaales mit Holzvertäfelung, Marmorkaminen, Stuckdecke und gemalten Supraporten ist ganz ein Werk Schlauns.

Heute birgt die Herrlichkeit Lembeck ein der Wohnkultur des 16. bis 19. Jahrhunderts gewidmetes Schloßmuseum, dessen Prunkstücke flämische Wandteppiche, Bildtapeten und niederländische Gemälde sind. Ein angegliedertes Heimatmuseum enthält Zeugnisse bäuerlicher Kultur und vorgeschichtlicher Funde.

Eine Polizeistation für Ritter

Auch Burg Vischering, die zweite Burg am Nordrand des Reviers, ist eine Wasserburg. Von Anfang an war sie noch sehr viel enger als die Herrlichkeit Lembeck mit dem Bischof von Münster verbunden. Der nämlich hatte im 13. Jahrhundert seine Schwierigkeiten mit rebellierenden Rittern, allen voran den Herren von Lüdinghausen. Um denen besser auf die Finger sehen zu können, ließ der Münsteraner Bischof Gerhard von der Mark kurz vor 1271 auf dem Gelände einer etwa fünfzig Jahre alten Fliehburg eine Drostenburg errichten. Von ihr aus sollte unter den mit Vorliebe ihr eigenes Süppchen kochenden Rittern für Ordnung gesorgt werden und vor allem den Herren von Lüdinghausen gezeigt werden, wer Herr im Lande ist.

Bauherr der neuen Ringmantelburg wurde Albert von Wulfheim, der am Münsteraner Bischofssitz das Erbamt des Truchsessen oder Drosten innehatte. Zwar war bereits damals aus der ursprünglichen Funktion des «Speisenträgers» für die bischöfliche Tafel längst ein Ehrenamt geworden, doch zeigt auch dieses Ehrenamt die besonders enge Verbindung des Herrn von Wulfheim mit dem Bischof von Münster. Nur wenige Jahre später war es dann sogar so weit, daß der Name Droste den einstigen Familiennnamen Wulfheim verdrängt hatte. Bis heute ist die Familie Droste zu Vischering Eigentümerin der alten Burg.

Wie die Burg am Ausgang des Mittelalters ausgesehen hat, ist nicht exakt überliefert. In einer Urkunde von 1414 heißt es lediglich, daß auf dem Gelände der Hauptburg, dem *oversten plas ... dat olde steynhus to Vischerinck* und *dat nye steynhus mit dem berchvrede* stünden. Im Jahre 1521 zerstörte ein Großbrand neben dem im Rundbogen stehenden Palas auch weite Teile der restlichen Burg. Beim Wiederaufbau kamen natürlich auch Einflüsse der Zeit zur Geltung, so etwa beim Anbau des Treppenturms und des Renaissance-Erkers von 1619.

Bis heute unverändert erhalten blieb jedoch der Grundriß der Ringmantelburg. Ihr wichtigstes Element war ein gut 1,6 Meter dicker und etwa zehn Meter hoher, auf Eichen-, Buchen- und Eschenpfählen gegründeter Mantelmauerring. Der nahezu runde Mauerring war an rund einem Drittel der Innenseite als Wehrgang ausgebaut, die restlichen zwei Drittel sind mit den sich von innen an die Mantelmauer lehnenden Wohngebäuden gefüllt. Wo es einst in den zweiten Stock des Wehrganges ging, kann man noch heute an der in etwa acht Meter Höhe über dem Hof gelegenen Tür an einer der Ecken des Rittersaaltraktes sehen.

Den besseren Verteidigungsmöglichkeiten zuliebe war der Platz innerhalb des Mauerringes begrenzt. Ganze 38 Meter beträgt der Innendurchmesser an der weitesten Stelle. Zieht man die Gebäude ab, blieb ein innerer Hofplatz von weit weniger als zwanzig Meter im Quadrat. Selbst als die Burganlage nicht mehr zur Verteidigung benötigt wurde, reichte der Platz kaum für die reinen Wohnzwecke. Alle anderen Lebensbereiche mußten in der mit der Hauptburg über einen Steg mit eingebauter Zugbrücke verbundenen Vorburg angesiedelt werden.

Wichtigstes Element dieser Vorburg ist das 1584 errichtete «Bauhaus» neben den Wohngebäuden für die Knechtfamilien. Der für die damalige Zeit stattliche Bau auf 13,2 mal 26 Meter Grundfläche hatte bereits eine weitgehend freitragende Dachkonstruktion, die bei der Restaurierung in den siebziger Jahren trotz moderner Technik nicht wenig Kopfzerbrechen bereitete, wollte man die alte Holzkonstruktion nicht aufgeben. So mußten 13,2 Meter lange, 28 mal 28 Zentimeter starke Eichenbalken gefunden werden. Dies gelang nur über in Südfrankreich gekaufte Eichen, die in Holland auf einem Spezialgatter geschnitten werden mußten. Denkt man nun noch daran, daß die Originalbalken von Hand mit dem Beil gehauen wurden, läßt sich die Leistung der damaligen Zimmerleute erst richtig einschätzen.

Ähnlich aufwendig waren die Restaurationsarbeiten in den zwanziger Jahren an der Hauptburg. Ein besonders trockener Sommer im Jahre 1911 hatte den Wasserspiegel des Burgsees so absinken lassen, daß die Pfahlköpfe des Fundamentes Luft bekamen. Jahrhundertealte Pfähle aber beginnen sofort zu faulen und ihre Tragfähigkeit zu verlieren, wenn sie an die Luft kommen. Um das Auseinanderbrechen der Burg zu verhindern, mußte ein Ringanker aus Stahlbeton um die Hauptburg gelegt werden. Radialanker mit Ankerklötzen aus Stahlbeton unter dem Hof mußten zur Sicherung der Gebäude und Hofmauerfundamente eingebaut werden.

Burg Vischering bei Lüdinghausen entstand kurz vor 1271 als Drostenburg des Münsteraner Bischofs Gerhard von der Mark. Vor allem den Herren von Lüdinghausen sollte damit gezeigt werden, wer Herr im Lande ist. Wichtigstes Element der hervorragend erhaltenen Ringmantelburg ist ein gut 1,6 m dicker und etwa 10 m hoher, auf Eichen-, Buchen- und Eschenpfählen gegründeter Mantelmauerring. Der nahezu runde Mauerring war an rund einem Drittel der Innenseite als Wehrburg ausgebaut, die restlichen zwei Drittel sind mit den sich von innen an die Mantelmauer lehnenden Wohngebäuden gefüllt.

Weil die Familie Droste bereits 1681 ihren Hauptwohnsitz von Burg Vischering in das neu erworbene Schloß Darfeld verlegt hatte, gab es ab dieser Zeit außer Reparaturarbeiten kaum noch bauliche Veränderungen. Vor allem diesem Umstand ist es zu verdanken, daß die Burg heute noch weitgehend im Originalzustand erhalten ist.

Interessant sind im Wohngeschoß der Hauptburg vor allem der Große Saal mit seiner gemalten Balkendecke, der Kamin und Reste der um 1570 entstandenen Ornamentenmalereien um die Nischen der Steinkreuzfenster. Auch die Saalkammer, die meisten Kabinette und die Ausluchtstube haben noch ihre Originalbalkendecken. Heute dient die Burg als münsterländisches Kulturzentrum mit angegliedertem Münsterlandmuseum. Damit ist sichergestellt, daß die am besten erhaltene Wasserburg Westfalens auch künftig von mittelalterlichem Geist Zeugnis ablegen kann.

Die Turmburg des Rabodo

Auch die dritte Wasserburg im Naturschutzpark «Hohe Mark» am Rande des Ruhrgebiets geht auf das 12. Jahrhundert zurück und entstand als Lehensburg. Wo sich heute das Renaissanceschloß Raesfeld in seinem Teich spiegelt, ließ um 1170 Rabodo von dem Berge seine wassergeschützte Turmburg und eine Steinkirche errichten. Daß mit der Burg sehr bald auch eine Gerichtsbarkeit verbunden gewesen sein muß, zeigte sich 1259, als Ritter Simon von Gemen Burg, Boden und Gerichtsbarkeit käuflich erwarb. Von Stund an gab Ritter Simon seinen alten Namen auf und nannte sich nun von «Rasvelde».

Zu Reichtum kamen die Herren von Raesfeld im 14. Jahrhundert, als Bischöfe und Ritter am heftigsten um Macht und Besitz kämpften. Wer hier frech genug war, konnte sich relativ leicht Teile anderer Herrschaftsgebiete aneignen, konnte Lösegeld erpressen und seinen Einzugsbereich entsprechend erweitern. Zur Beruhigung des eigenen Gewissens stiftete man dann etwa einen Altar für die Kirche oder ein Haus für die Armen. Besonders deutlich wurde diese Form der versuchten Machterweiterung in der Münsterischen Stiftsfehde, als sieben Jahre lang um den Stuhl des Bischofs in Münster gerungen wurde. Wo die Großen mit ganzen Heeren in die Schlacht zogen, nutzten die Kleineren die Gunst der Stunde, um selbst ein Schnäppchen zu machen.

Dem Ritter von Raesfeld allerdings mißlang diesmal der Versuch, dafür wurden ihm seine Kirche und seine Burg angezündet. Erst um 1500 konnte versucht werden, wenigstens die Kirche über den Erlös von Ablaßbriefen neu zu errichten. Weither war es aber auch danach mit den Herren von Raesfeld nicht mehr. 1533 starb ihr Letzter, 1559 ging nach langen Streitereien die Burg in die Hände des Münsteraner Hofmarschalls Hermann von Velen über. Sein Enkel Alexander II. wurde im Dreißigjährigen Krieg kaiserlicher Heerführer, Reichsfreiherr und galt als «westfälischer Wallenstein». Ihm war das Glück des Stärkeren hold, so daß es zum Feldmarschall mit Sitz und Stimme im Reichstag reichte.

Entsprechend der neuen Stellung wurde Burg Raesfeld nun zum Schloß ausgebaut. Als Baumeister holte man dafür aus Holland den Kapuzinerpater Michael von Gent, der eine großzügige Vierflügelanlage errichten ließ. Heute ist von ihr allerdings nur noch der Westflügel mit dem eigenwilligen Vierkantturm erhalten. Mit seiner dreifach sich verjüngenden Haube und der niedlichen Zwiebelkuppel ist er das Wahrzeichen der Gegend. Zwischen ihm und dem Westflügel ragt – einem Bleistift nicht unähnlich – ein schlanker, äußerst grazil wirkender sechseckiger Treppenturm auf. Einziger Schmuck des Flügelbaus sind fein gezogene Simse und Reliefverzierungen der Fensterbedachungen. Die vornehme Eleganz niederländischer Renaissance vermittelt die harmonische Werksteingliederung.

Die langgestreckte Vorburg erhielt ihren Akzent durch einen mächtigen Eckturm auf der Südseite, den sogenannten Sterndeuterturm. Darin hatte sich der Bauherr ein Observatorium einrichten lassen.

1658 schließlich wurde auch die Schloßkapelle mit ihrer harmonischen Doppelturmfassade fertiggestellt. Ihre gedrungenen Türme sind mit lanzettförmig geschweiften Hauben gekrönt, dazwischen schließt ein Volutengiebel die Fassade nach oben ab. Wertvollstes Stück im Inneren ist die Tafel des Barockaltars, die vermutlich von einem Rubensschüler stammt.

Schloß Raesfeld geht auf eine im 12. Jh. errichtete Wasserburg zurück. Wo sich heute das Renaissanceschloß in seinem Teich spiegelt, wurden um 1170 eine wassergeschützte Lebensburg und eine Steinkirche errichtet. Als 1533 der letzte Ritter von Raesfeld starb, kam die Burg in die Hände des Münsteraner Hofmarschalls Hermann von Velen. Dessen Enkel brachte es nicht umsonst zum Beinamen "westfälischer Wallenstein" und zum Feldmarschall mit Sitz und Stimme im Reichstag. Seine Tatkraft reichte auch noch aus, eine großzügige Vierflügelanlage errichten zu lassen, von der heute allerdings nur noch der Westflügel mit dem eigenwilligen Vierkantturm erhalten ist.

Raubritterburgen am Niederrhein

Die karolingische Grenzfeste

Schloß Broich beherrscht noch heute den gesamten Höhenrücken am linken Ruhrufer gegenüber von Mühlheim. Auch wenn die strategische Bedeutung des Platzes uns heute nicht mehr so ohne weiteres einzuleuchten vermag: für die Verhältnisse der Karolingerzeit jedenfalls war sie zweifellos gegeben. Nicht umsonst hatten deshalb die Franken hier ein Königsgut angesiedelt, dessen Aufgabe es zum einen war, die Grenze gegen die feindlichen Sachsen zu sichern, und zum anderen Schutz gegen die im 9. Jahrhundert links und rechts des Rheins brandschatzend umherziehenden Normannen zu bieten. Darüber hinaus hatte die Burg auch noch den hier die Ruhr kreuzenden, wichtigen Handelsweg von Köln über Dortmund nach Paderborn zu schützen.

Auch wenn Broich erst 1093 urkundlich nachweisbar ist, geht der Bau selbst noch auf die Karolingerzeit zurück. Nachgewiesen werden konnten sowohl Fundamente der Burg selbst als auch von ihrem viereckigen Wehrturm. Zur Zeit der Staufer, etwa um 1200, bauten die Herren von Broich, die im 11. Jahrhundert in den Besitz der Karolingerburg gekommen waren, die Anlage massiv aus. Den alten Turm etwa umgaben sie mit einer rund zehn Meter hohen und 1,8 Meter dicken Wallmauer. Die leicht ovale Rundmauer umschließt einen Innenraum von 48 Metern Durchmesser und steht noch heute. Oben auf der Mauer und vermutlich etwa auf halber Höhe waren auf der Innenseite Wehrgänge eingebaut, Wohn- und Wirtschaftsbauten lehnten sich auf der Innenseite an. Daß die gewaltige Mauer noch heute steht, obwohl es damals schließlich noch keinen Zement gab, ist mit ein Beweis dafür, wie dauerhaft richtig behandelter Kalk sein kann.

Etwa zur gleichen Zeit wurde der alte, wohl nur zweigeschossige Viereckturm mit einem erheblich höheren Rundturm ummantelt. Dies scheint durchaus im Geist der Zeit gewesen zu sein, denn ein ähnliches Beispiel entstand 1244 in der Godesburg im heutigen Bad Godesberg, als Konrad von Hochstaden, der erste Bauherr des Kölner Domes, zur besseren Bewehrung der Burg einen 17 Meter hohen, mit spätromanischen Kragsteinen abgeschlossenen Rundbergfried errichten ließ. In Schloß Broich jedenfalls sind die Fundamente und die ersten Steinlagen sowohl des quadratischen wie des darumherum gebauten runden Bergfriedes noch wohl erhalten.

In der Folge stritten sich der Erzbischof von Köln, die Grafen von Altena, das Haus Limburg und das Haus Daun-Falkenstein um den Besitz von Burg Broich. Stets nämlich war die Anlage eine einträgliche Pfründe in unruhiger Gegend. Wann immer sich die Größeren stritten – und dies war hin und wieder der Fall –, konnten sich die Herren der Festung Broich als Dritte freuen und nicht selten die fetteste Beute davontragen.

Entsprechend der «Ertragskraft» wuchs denn auch die Burg stetig. Im 14. Jahrhundert entstand ein turmartiger Palas im Hof der Vorburg und um 1400 schließlich ein richtiger gotischer Palas als komplette Vorburg. Bauherren waren die Grafen von Limburg, die damit vielen Generationen nach ihnen den Anstoß gaben, an diesem Palas weiterzubauen. Noch im 17. Jahrhundert baute Graf Wilhelm Wirich daran, bis 1789 Marie Luise Albertine, Landgräfin von Hessen-Darmstadt, den Bau vollendete.

Da der außerhalb des eigentlichen Mauerschutzringes gelegene Palas arg angreifbar war, wurde er zumindest auf der Innenseite durch eine weitere Mauerspange geschützt. Sie entstand zusammen mit einem an den ursprünglichen Mauerring angelehnten Nordwestturm um das Jahr 1443.

Auch in unserer Zeit wechselten die Herren auf Schloß Broich kaum weniger selten. Hatte es in napoleonischer Zeit noch Herrn Murat, den Schwager des großen Korsen, angezogen, so war es später ein Industrieller, der seine spätklassizistischen Vorstellungen zu verwirklichen suchte. Heute dienen die alten Mauern nach fachgerechter Restaurierung der Mühlheimer Volkshochschule als stimmungsvoller Rahmen für ihre Veranstaltungen.

Die größte Wasserburg am Niederrhein

Wer heute von der Parkseite her Schloß Dyck besucht, mag in der großzügigen Anlage ein Barockschloß vermuten, bei dessen Anlage der Gartenarchitekt sehr viel Wasser zur Verfügung hatte; auf die Idee aber, daß es sich im Kern um eine Raubritterburg handelte, wird der Besucher sicher nicht kommen. Dabei stand gerade sie nachweislich schon vor dem Jahre 1094, als ein Hermann de Dicco urkundlich erwähnt wurde.

Zwar gab es in der Folge die Herren von Dyck immer wieder als Teilnehmer von Reichstagen, als Kanoniker an Kölner Kirchen und sogar als Lehensgeber, doch scheint die Größe ihrer Burg nicht unbedingt in der richtigen Relation zur Größe ihrer Herrschaft und damit ihres Einkommens gestanden haben. Wenn Konrad von Dyck 1349 Graf Reinold von Geldern Burg Dyck mit allen Vorwerken, Gräben und sonstigen Anlagen zu Lehen gab, so beweist das zweierlei: zum einen war die Burg unverhältnismäßig wehrkräftig, zum anderen scheint gerade diese Wehrkraft ihre Haupteinnahmequelle gewesen zu sein.

1383 jedenfalls scheint das Maß voll gewesen zu sein: Köln und Aachen hatten die ewigen Plündereien auf ihren Handelswegen satt und schlossen sich deshalb mit dem Herzog von Jülich zusammen, um das Raubritternest zu zerstören. Wie gut dort für diesen Fall vorgesorgt war, erwies sich, als die drückende Übermacht die Burg immerhin sechs Wochen lang belagern mußte, bevor die Kapitulation erzwungen und die Burg geschleift werden konnte.

Daß ein solcher Rückschlag einen echten Raubritter zwar erschüttern, nicht aber besiegen kann, bewies Gerhard von Dyck, der letzte seines Namens, als er nur neun Jahre später den Kölnern erneut den Kampf ansagte. Zum Waffengang kam es allerdings nicht mehr, dafür sorgte der Tod des letzten Herren von Burg Dyck im darauffolgenden Jahr.

Nach dem Tod des letzten Raubritters auf Burg Dyck fiel der Besitz an die Herren von Reifferscheidt, in deren Familienbesitz das Schloß bis heute ist. Weil in ihrem Besitz gleichzeitig das Erbmarschallamt von Kurköln war, also das jeweilige Familienoberhaupt das Recht der Inthronisation jedes neu gewählten Kölner Bischofs hatte, waren die räuberischen Zeiten auf Burg Dyck endgültig vorbei.

In der Burg selber änderte sich dafür zunächst wenig. Vermutlich war sie nach der Zerstörung von 1383 im alten Rahmen wieder aufgebaut worden und so an die Reifferscheidts gekommen. Selbst den Dreißigjährigen Krieg scheint die Anlage weitgehend unbeschadet überstanden zu haben. Erst 1656 begann unter Ernst Salentin von Reifferscheidt eine umfassende Neubautätigkeit, bei der entstand, was noch heute weitgehend das äußere Bild des Schlosses bestimmt.

Wohl weil der Bauherr 1455 als kurkölnischer Oberst in den Grafenstand erhoben worden war, erschien die alte Burg nicht mehr standesgemäß und mußte einer großzügigeren Vierflügelanlage im Renaissancestil weichen. Beibehalten wurde dabei vom mittelalterlichen Bau der sogenannte Kapellenflügel, so daß nur drei weitere Flügel dazugebaut werden mußten, um einen fast quadratischen Innenhof zu erhalten. Als praktisch einziges Schmuckelement erhielt der streng wirkende Bau an den Ecken mehrseitige, mit geschweiften Helmen bekrönte Türme. Um sie einheitlich gestalten zu können, wurde sogar der alte, noch aus dem Mittelalter stammende Geschützturm des Kapellenflügels abgebrochen.

Daß die gesamte Anlage trotz der Schlichtheit des Hochschlosses dennoch großzügig wirkt, ist der weiträumig angelegten Vorburg zu verdanken. Sie öffnet sich hufeisenförmig gegen das Hochschloß, ist von einer zweiten, als Winkelbau angelegten Vorburg geschützt, und davor beginnen erst noch die Wirtschaftsgebäude. Das Gesamtkonzept der Anlage entsprach damit ganz dem Geist der Zeit, demzufolge der Weg zu einem Hochschloß durch ein dreifaches Graben- und Teichsystem zu führen hatte. Das äußerste Tor bildet ein Pavillon auf einer fünfbogigen Brücke.

1663 war der Rohbau des neuen Schlosses vollendet, doch scheint für eine großzügigere Ausstattung im Inneren das Geld gefehlt zu haben. Bis weit ins 18. Jahrhundert hinein jedenfalls dauerte es, bis fertiggestellt wurde, was heute den Reiz von Schloß Dyck ausmacht. Erst unter Graf Eugen Bernhard (1707–1767) und Graf Johann Franz Wilhelm (1714–1775) konnte nach und nach die wertvolle Innenausstattung geschaffen werden.

Hervorzuheben ist vor allem die 1763 eingeweihte Schloßkapelle mit ihren prächtigen Rokokostukkaturen. Da die Grafen von Reifferscheidt inzwischen gute Beziehungen zu der Hofhaltung in Brühl hatten, spricht vieles dafür, daß zumindest bei der Ausstattung der Kapelle François de Cuvilliés oder sein Statthalter in Brühl, Leveilly, die Hand im Spiel hatte. Denkbar ist durchaus, daß Leveilly die Kapelle in einer frühen Art der «Schwarzarbeit» gestaltete. Die geschnitzte Madonna in der Kapelle ist ein Werk von Gabriel de Grupello.

Heute sind in Schloß Dyck eine bemerkenswerte Ahnengalerie, eine Gemäldesammlung mit Schlösserdarstellungen, eine Sammlung wertvoller Gobelins sowie eine außergewöhnlich umfang-

Folgende Doppelseite: Schloß Dyck ist heute die größte Wasserburg am Niederrhein. Sie scheint fast nach englischem Vorbild errichtet zu sein und war im Kern doch nichts anderes als eine Raubritterburg. Im Jahre 1383 mußten sich immerhin die Städte Köln und Aachen mit dem Herzog von Jülich zusammentun, um das Raubritternest ausnehmen zu können. Erst 1656 begann dann unter Ernst Salentin von Reifferscheidt eine umfassende Neubautätigkeit, bei der weitgehend das heutige Renaissanceschloß entstand. Obwohl sein einziges Schmuckelement die mit geschweiften Helmen bekrönten Türme sind, wirkt das Schloß dank der geschickten Einbindung in die Parklandschaft großzügiger als es eigentlich ist.

reiche Waffensammlung zu besichtigen. Umgeben ist das Schloß von einem wunderschönen alten Park, den Fürst Josef in der ersten Hälfte des 19. Jahrhunderts unter Mitarbeit des schottischen Landschaftsgärtners Blaikie angelegt hatte. Rund 180 verschiedene Baumarten, darunter Prachtstücke aus Nordamerika und Ostasien, sind hier zu finden. Nicht wenige der Baumriesen stammen noch aus der Pflanzzeit von Fürst Josef selbst, der als gelernter Botaniker dafür gesorgt hatte, daß die Pflanzen jeweils an den ihnen zustehenden Platz gesetzt wurden.

Die Wasserburg im Ringwall

Einen ähnlich räuberischen Hintergrund wie Schloß Dyck hat auch Schloß Rheydt in Mönchengladbach. Wie dort handelte es sich auch hier um eine Wasserburg, die schon um 1100 bestand und damals als Lehen zur Abtei Gladbach gehörte. 1180 gelang es dann dem Kölner Erzbischof Philipp von Heinsberg, die Lehensrechte zu erwerben. Herren auf der Burg wurden nun die Edelvögte von Heppendorf.

Ähnlich wie auf Dyck scheinen auch hier die Ansprüche größer als die tatsächlichen Möglichkeiten gewesen zu sein. Aus kleinen Scharmützeln wurden jedenfalls immer handfestere Überfälle, die zu regelrechten Kleinkriegen gegen die Kaufleute ausarteten. Kaiser Friedrich III. sah sich 1443 deshalb gezwungen, über Gerhard II. von Heppendorf wegen andauernden Raubrittertums die Reichsacht zu verhängen. Doch selbst das Aussterben der Heppendorfer nützte wenig. Ihr Nachfolger Johann von Arendal-Wels setzte das räuberische Treiben nahtlos fort, so daß 1464 Kölner und Lütticher Soldaten gegen die Burg zogen, um das Räubernest auszuräuchern.

In der Folge ging von Burg Rheydt zwar keine Bedrohung mehr für die Kaufleute aus, dafür kamen die Bedrohungen von außen gegen die Burg. Spanier, Niederländer und Hessen eroberten die Anlage nacheinander und zerstörten immer wieder, was in der Zwischenzeit aufgebaut worden war. Lediglich das von Otto von Byland errichtete Renaissanceschloß überdauerte am Ende die verschiedenen Zerstörungen, denen 1645 auch die gesamten Festungsanlagen zum Opfer fielen.

Baumeister des zwischen 1567 und 1585 errichteten Herrenhauses war Maximilian Pasqualini, der in den Niederlanden aufgewachsene Sohn des aus Bologna stammenden Architekten Alessandro Pasqualini. Vor diesem Hintergrund ist leicht zu verstehen, daß es Maximilian hervorragend gelang, italienische mit niederländischen Renaissance-Elementen zu verbinden. Verwunderlich ist so auch nicht, daß toskanische Säulenvorlagen ebenso zu finden sind wie etwa ein dorisches Gebälk.

Nach den Vorstellungen des Bauherrn sollte das Herrenhaus zu einer Vierflügelanlage ausgebaut werden, doch reichte das Geld offensichtlich nur zum heute gegebenen Grundriß in T-Form. Vor allem die westliche Stirnseite des T ist ganz in italienischem Renaissancestil gegliedert, hier tragen mit Girlanden umwundene toskanische Säulen dorisches Gebälk mit Ochsenköpfen über den Fenstergiebeln. Da im Obergeschoß nur die Giebel über den Fenstern wiederholt sind, die Säulen sich aber nicht fortsetzen, liegt die Vermutung nahe, daß unter Pasqualini nur das Erdgeschoß vollendet wurde.

Besonders reizvoll ist die dem Bau an der Hofseite vorgesetzte Loggia. Aus einer Balusterbrüstung hervorwachsende, schlanke Säulen bilden im Erdgeschoß angenehm leicht und luftig wirkende Arkaden. Das Obergeschoß ist mit ionischen Pilastern über den einzelnen Säulen gegliedert. Die Flächen zwischen den Pilastern sind abwechselnd mit Kreuzsprossenfenstern und Flächen mit plastischem Schmuck ausgefüllt.

Natürlich sollte auch bei Schloß Rheydt nicht fehlen, was normalerweise zu einer größeren Wasserburg gehört. Torburg und Vorburg waren denn auch entsprechend geplant, doch blieb auch ihre Ausführung, ähnlich wie beim Herrenhaus, auf halbem Wege stecken.

Heute beherbergt das Schloß das städtische Museum für Kunst- und Kulturgeschichte. In der Vorburg sind Exponate zur Ur- und Frühgeschichte sowie zur Stadtgeschichte zu sehen.

Regierungsherrlichkeiten

Die kaiserliche Urzelle

Burgen und Schlösser waren zu allen Zeiten Ausdruck von Macht und Würde ihrer Besitzer. Zu keiner Zeit versäumte es ein Herrscher, blieb ihm nur genügend Zeit zur Ausführung, seiner Regierung den angemessenen baulichen Rahmen zu geben. Ob daraus eine Burg, eine Festung, ein Palast oder eine barocke Schloßanlage wurde, hing von der Zeit, ihren äußeren Umständen und ihrem Geist ab. Der eigentliche Antrieb aber war stets derselbe: die Macht – oder zumindest der Anspruch darauf – sollte plastisch vorgeführt werden.

Von dieser Regel machte natürlich auch einer der größten Herrscher Europas keine Ausnahme. Als Karl der Große das königliche Hofgut seines Vaters Pippin bei den heißen Quellen des Römerbades Aachen zu seiner Hauptresidenz bestimmte, begann er sofort (ab 768), einen standesgemäßen Ausbau mit Palast-Aula, Hofkapelle und Königsbad voranzutreiben. Dabei ging er so großzügig wie weitsichtig vor, so daß Otto I. noch 936 Karls Pfalzkapelle, in der schon Ludwig der Fromme gekrönt worden war, zur Krönungsstätte des Deutschen Reiches bestimmen konnte. Bis zur Krönung von Ferdinand I. im Jahre 1531 haben nicht weniger als dreißig Herrscher hier die deutsche Königskrone empfangen.

Nachdem Kaiser Friedrich I. 1165 die Heiligsprechung Karls des Großen erreicht hatte, war die Bedeutung der ehemaligen Pfalzkapelle nicht mehr zu überbieten: aus dem Kristallisationspunkt karolingischer Reichspolitik war ein Meilenstein am Wege der abendländischen Geschichte und des Christentums, die Krönungskirche der deutschen Könige, die Wallfahrtskirche der europäischen Christenheit und (heute) der älteste deutsche Monumentalsteinbau des Mittelalters geworden.

Die Legitimation für sein Jahrtausendbauwerk holte sich Karl der Große aus der Vorstellung, zugleich der Erbe der römischen Kaiser und der Stellvertreter Gottes auf Erden zu sein. In diesem Rahmen sah er in Konstantin dem Großen sein unmittelbar römisch-christliches Vorbild, in dessen Nachfolge er sein Kaisertum zu bringen versuchte. Wie Konstantin orientierte er sich oströmisch und nahm die auf die *Hagia Sophia* in Konstantinopel zurückgehende Palastkirche *San Vitale* in Ravenna zum unmittelbaren Vorbild für die Kapelle seiner Pfalz. Sie sollte der erste, vollständig gewölbte Steinbau nördlich der Alpen werden.

Als Baumeister holte sich Karl der Große den Meister Odo aus Metz, als Berater dürfte sein Vertrauter und späterer Biograph Einhart mitgewirkt haben. Die Kapelle entstand als hohes Oktogon, das von einem zweigeschossigen, niedrigen Umgang mit doppelter Seitenzahl konzentrisch umgeben ist. Im Osten schloß sich in der Seitengröße des Sechzehnecks ein zweigeschossiger Rechteckchor an, auf der Westseite gegenüber enthielt ein Vorbau die Eingangshalle und darüber das Kaiser-Oratorium. Ursprünglich war die Eingangshalle nach außen nicht geschlossen, sondern ging in ein von offenen Hallen umgebenes Atrium über.

Heute führt die tonnengewölbte Eingangshalle in das Untergeschoß des Umgangs, dessen Gewölbe geschickt den Übergang vom äußeren Sechzehneck zum inneren Achteck herstellt. Acht weite Rundbogen ergeben die Verbindung vom Umgang zum Mittelraum im Erdgeschoß. Auf der Empore ist sie mit doppelter, zweigeschossiger Säulenstellung in großem Rundbogen gegliedert. Die Kuppel, ausgebildet als achtteiliges Klostergewölbe, ist in ihrem Scheitel 31,6 Meter hoch und entspricht damit genau dem Durchmesser des Innenraumes in der Höhe der Emporen. Der Eindruck der Höhe entsteht vor allem dadurch, daß der innere Durchmesser des Oktogons nur knapp die Hälfte seiner Höhe beträgt. Im Jahre 798 konnte der Rohbau fertiggestellt werden, um 800 wurde die Kapelle geweiht, im Jahre 814 fand der Kaiser in seiner Kapelle seine letzte Ruhestätte.

Bereits Karl selbst hatte alles getan, seine Palastkirche möglichst kostbar auszustatten. So ließ er aus Italien antike Kunstwerke zum Schmuck besorgen, wie etwa den *Proserpina-Sarkophag* aus Carrara-Marmor oder die *Bärin,* ein Bronzegußwerk aus dem 2. oder 3. Jahrhundert. Die Säulen

des Emporengeschosses wurden aus Marmor und rotem Porphyr gefertigt und stammen aus Rom, beziehungsweise Ravenna. Auch der schlichte Thron Karls des Großen wurde aus antiken Marmorplatten zusammengesetzt.

Zutaten späterer Könige sind der von Friedrich Barbarossa gestiftete Radleuchter aus vergoldetem Kupfer und der von Heinrich II. gestiftete Ambo. Den Radleuchter fertigte der Aachener Goldschmied Wibert zwischen 1160 und 1170. Mit seinen 16 Türmen und 48 Lichtern ist er ein Symbol des himmlischen Jerusalem. Die Kanzel entstand anläßlich der Kaiserkrönung Heinrichs II. im Jahre 1014. Für sie wurden Kostbarkeiten aus dem Besitz Heinrichs II. verwendet, so sechs ägyptische Elfenbeinreliefs aus dem 5. Jahrhundert, eine ebenfalls ägyptische Kristalltasse und Schale aus dem 10. Jahrhundert sowie Schachfiguren aus Achat.

Der alte karolingische Altarraum wurde 1355 durch einen mächtigen gotischen Chor nach dem Vorbild der *Sainte Chapelle* in Paris errichtet. Darin steht heute der um 800 entstandene karolingische Hauptaltar. Der Karlsschrein entstand zwischen 1200 und 1215 in Aachen und birgt heute die Gebeine Karls des Großen. Den Raum selbst bewachen nicht die üblichen Heiligenfiguren, sondern sechzehn deutsche Herrscher. Karl der Große selbst thront an der Stirnseite zwischen Papst Leo III. und Erzbischof Turpin von Reims.

Die gute Stube der Bundesregierung

Während vom ersten Regierungssitz eines deutschen Herrschers leider nur die Kapelle erhalten blieb, ist es bei der guten Stube der Bundesregierung gerade umgekehrt. Obwohl der Bauherr von Schloß Augustusburg in Brühl, der Kurfürst Clemens August, immerhin Erzbischof von Köln und Erzkanzler des Reiches war, lag sein Hauptaugenmerk nur auf der möglichst prunkvollen Ausstattung seines Schlosses. Als Schloßkirche wurde lediglich eine ehemalige Klosterkirche der Franziskaner «zweckentfremdet».

Wo heute der Bundespräsident in prachtvollstem Barockrahmen seine Empfänge geben kann: von dort gingen die Kölner Erzbischöfe schon im 12. Jahrhundert zur Jagd. Gegen Ende des 13. Jahrhunderts ließ Erzbischof Siegfried von Westerburg hier eine Wasserburg als Bollwerk gegen den Freiheitsdrang der Kölner Bürger errichten. Anfang des 14. Jahrhunderts war die Burg immer dann Residenz der Bischöfe, wenn die Kölner sie nicht in ihren Mauern duldeten. Im April 1689 schließlich hatten die Truppen Ludwigs XIV. auch das Brühler Schloß besetzt und sprengten es bei ihrem Abzug in die Luft, so daß *am gantzen Oberschloß wegen Brandts kein Tach noch Holtzenwerck plieben ist.*

Das Jagdschloß Falkenlust entstand bis 1740 als zweigeschossiges "maison de plaisance" nach den Plänen von Francois Cuvilliés im Park des Schlosses Augustusburg bei Brühl. Das stark an die Amalienburg im Nymphenburger Schloßark erinnernde Lusthaus wurde im Inneren von Gilles Marie Oppenord gestaltet, die Stukkaturen fertigten Morsegno und Castelli, die Fresken Louis de la Roque. Die Abbildung oben rechts zeigt die Decke des Treppenhauses, oben links ist ein Detail aus dieser Decke zu sehen.

Folgende Doppelseite: Schloß Augustusburg bei Brühl ist als Gesamtkunstwerk aus Architektur, Malerei, Plastik und Gartengestaltung die bedeutendste Schloßanlage des Barock am Rhein. 1725 legte Kurfürst Clemens August, der Sohn des bayerischen Kurfürsten Max Emanuel aus dem Hause Wittelsbach, den Grundstein für den Bau des heutigen Schlosses, das fortan seinen Namen tragen sollte. Als "erster Baumeiser" fungierte kein Geringerer als Francois Cuvilliés aus München, der den gesamten Plan für Schloß und Gartenanlagen lieferte. Für die Ausführung wurden die bedeutendsten Künstler der Zeit verpflichtet. So ist das Treppenhaus ein Werk von Balthasar Neumann, die Deckenfresken schuf Carlo Carlone, als Stukkateure wirkten Giovanni Pietro Castelli und Carlo Pietro Morsegno. Fertiggestellt wurde das Schloß 1770.

Der damals regierende Kurfürst Joseph Clemens hatte zwar den Kopf voller Pläne für den Wiederaufbau des Brühler Schlosses, doch mußte er seine Kräfte zunächst auf den Neubau seiner Bonner Residenz konzentrieren. So blieb auch der Plan, Brühl durch einen Kanal mit dem Rhein zu verbinden, um so seine zukünftige Landresidenz per Schiff erreichen zu können, ein Traum.

Ganz andere Träume verwirklichte dann sein Neffe und Nachfolger, Kurfürst Clemens August, der Sohn des bayerischen Kurfürsten Max Emanuel aus dem Hause Wittelsbach und seiner Gemahlin Therese Kunigunde, der Tochter des Polenkönigs Jan Sobieski. Um die territoriale Machtstellung des Hauses Wittelsbach zu sichern und möglichst zu erweitern, bestimmte der Bayer den 1700 geborenen Sohn zum geistlichen Stande, denn nur dort waren noch reichsfürstliche Würden zu holen. Dank guter verwandtschaftlicher Beziehungen und nicht zuletzt auch eigener Leistungsfähigkeit, gelang dem hoffnungsvollen Sohn eine glänzende Karriere.

Mit nur 19 Jahren wurde er Bischof von Münster und Paderborn, 23-jährig folgte er seinem Onkel auf den Thron als Erzbischof und Kurfürst von Köln. Ein Jahr später erhielt er zudem die Bischofswürde von Hildesheim, noch einmal vier Jahre später auch noch die von Osnabrück. Als er 1732 gar das Hochmeisteramt des Deutschen Ritterordens erhielt, waren seine Würde wie seine Einkünfte praktisch konkurrenzlos. Nicht umsonst sollte das Volk später singen:

Bei Clemens August trug man Blau und Weiß,
da lebte man wie im Paradeis.

Die glanzvolle Stellung von Clemens August verlangte natürlich auch nach einem standesgemäßen äußeren Rahmen. Da er ihn weder in Köln noch in Bonn schaffen konnte, legte der junge Kurfürst all seine Energie auf den Ausbau von Schloß Brühl, das fortan nach ihm den Namen Augustusburg tragen sollte. Bereits 1725 legte der gebürtige Bayer am Rhein den Grundstein für den Ausbau der von den Franzosen hinterlassenen Ruine. Unter der Leitung von Johann Conrad Schlaun sollten durch die Verwendung der alten Mauern möglichst Baukosten gespart werden.

Schlaun folgte diesem Auftrag so streng, daß beinahe wieder die alte Wasserburg entstand. So wurde zum Beispiel an der Südwestecke ein neuer, schwerfälliger Rundturm errichtet, nur weil an

der Nordwestecke ein gleicher noch vorhanden war. Sogar die alte Vorburg sollte wieder hergestellt und als Zufahrt von der Stadt ausgebaut werden. Nur drei Jahre nach Baubeginn waren in diesem Rahmen der Rohbau fertiggestellt und die alten Wassergräben wieder gefüllt.

Dem damals gerade 28-jährigen Kurfürsten zu zeigen, wie rückständig seine Vorstellungen waren, dazu brauchte es wohl brüderliche Unverblümtheit. Der bayerische Kurfürst Karl Albrecht jedenfalls war es, der seinem Bruder die Augen über die Mittelalterlichkeit der Wasserburg öffnete, ihn zu einer völligen Planänderung bewegte und dazu brachte, den bayerischen Hofarchitekten François de Cuvilliés und den Gartenbauer Dominique Girard zu engagieren. Der biedere Schlaun wurde auf der Stelle entlassen und Cuvilliés zum «ersten Baumeister» ernannt.

Unmittelbare Folge des Engagements von Cuvilliés war ein völlig neuer Gesamtplan für Schloß und Garten. Der gerade vollendete Rohbau Schlauns erhielt eine ganz andere Innenraumdisposition, die Wassergräben wurden zugeschüttet und die Anlage eines großartigen Gartens begonnen. Um dem Bau endgültig den Burgencharakter zu nehmen, wurden die beiden Türme abgerissen, die Fassaden überarbeitet und die von Schlaun ausgerechnet für den Südflügel vorgesehenen Küchen- und Dienerschaftsräume in einen eigenen Wirtschaftstrakt nach der Westseite des Schlosses verbannt.

Den Südflügel richtete Cuvilliés ganz auf den Garten aus und brachte deshalb dort auch die Repräsentationsräume des Kurfürsten unter. Als Gelenk zwischen den Räumen und dem Garten ließ er 1730 die großzügige Terrasse anlegen. Auch das *Corps de logis* wurde von Cuvilliés völlig umgekrempelt. Das Treppenhaus wurde vom Süden in den Norden verlegt und völlig neu geplant. Dafür konnte Balthasar Neumann gewonnen werden, dessen Entwürfe ebenso wie die von Cuvilliés vom örtlichen Bauleiter, dem kurkölnischen Hofarchitekten Michael Leveilly ausgeführt wurden.

Zwischen 1747 und 1750 arbeitete schließlich Carlo Carlone im Schloß, wo er die Deckenfresken im Treppenhaus und in den anschließenden Sälen in großer Meisterschaft vollendete. 1761 aber, im Jahr als Clemens August starb, waren die Arbeiten noch im vollen Gange. Erst 1768, vierzig Jahre nach der Fertigstellung des ersten Rohbaus, konnte Augustusburg endgültig fertiggestellt werden.

Die Zusammenarbeit von Cuvilliés und Neumann sorgte dafür, daß die Hauptraumfolge für das Empfangs- und Regierungszeremoniell aufs idealste erreicht wurde. Sie beginnt im Treppenhaus, führt von dort in das erste Obergeschoß mit dem Gardensaal, dem Speise- und Musiksaal, dem ersten und zweiten Vorzimmer, dem Audienzsaal, dem Schlafzimmer und schließlich dem Kabinett. Wurde hoher Besuch erwartet, versammelte sich der Hofordnung entsprechend der hierarchisch in vier Gruppen gegliederte Hofstaat vom Küchenjungen bis zum höchsten Beamten an vier Punkten zum Spalierstehen: an der Treppe, im Gardensaal, im Speisesaal und im ersten Vorzimmer. Mit ihren Bildwerken in Stuck und Malerei ist diese Raumfolge bewußt als Aussageträgerin über den Fürst gestaltet.

Im ursprünglich torlosen Vestibül in der Mitte des Corps de logis war einst der Absteigeplatz der Gäste. Reiche Gittertore markieren den Eingang in das mit farbigem Stuckmarmor gestaltete Erdgeschoß des Treppenhauses. Durch Doppelsäulen und den mittleren Treppenlauf ist es dreiachsig gegliedert, um sich zum Treppensaal hin fünfachsig mit zwei rückläufigen Treppen und umlaufender Galerie entwickeln zu können. Die flache Decke des Treppensaales ist von Hermenpilastern getragen, erscheint aber durch die Fresken Carlones kuppelartig. Das Aussageprogramm der Ausstattung beginnt mit Vedutenmalereien und Reliefs im Erdgeschoß, die auf den leidenschaftlichen Falkner Clemens August hinweisen.

Erster Blickfang beim Besteigen der Treppe ist dann die altarähnlich aufgebaute Triumpharchitektur mit der Goldbüste des Fürsten als Symbol seines Ruhms. Um ihn versammelt sind als lebensgroße Figuren die Allegorien der Mäßigkeit, der Vornehmheit, der Gerechtigkeit und des Glaubens. Bereits auf der ersten Stufe öffnet sich das Deckenfresko, wo neben einer Pyramide mit den Initialen *C A* Großherzigkeit und Großartigkeit mit einem Architekturplan thronen. Verstand und Tugend stürzen Lasterallegorien in die Tiefe. Insgesamt ist das Treppenhaus ein Lob auf die Wittelsbacher und auf den Bauherrn.

Gesteigert wird dieses Lob im Gardensaal, wo in Carlones farbenprächtigen Deckenfresken die Freude über das Kaisertum der Wittelsbacher ausgedrückt wird. Dargestellt ist die Götterversammlung, die die Aufnahme eines Helden unter die Himmlischen beschließt. Kaiser Karl VII., der Bruder von Clemens August, repräsentiert diesen Helden als «historische Figur». Gleichzeitig gefeiert werden in von Kriegern gehaltenen Medaillons Clemens August als Hochmeister des Deutschen Ritterordens und sein Vater, Max Emanuel, als siegreicher Bezwinger der Türken. Grundaussage ist hier das Sendungsbewußtsein des Hauses Wittelsbach, das sich als Verteidiger des Christentums sah.

55 Eine weitere Steigerungsstufe der Verherrlichung des Bauherrn findet sich im Speisesaal. In einem kosmologischen Programm liefern Personifikationen und Symbolzeichen der Tages- und Jahreszeiten, der Elemente, der Künste und Herrschertugenden dem sinnlichen Genuß einen geistigen Überbau. In seinen Mittelpunkt ist die Herrschaft des Fürsten versetzt. Damit erreicht die Aussage über den Kurfürsten im Speisesaal ihren Höhepunkt.

Die beiden Vorzimmer sind bewußt schlicht gehalten, dafür öffnet sich im ersten mit dem Ausblick auf die Welt des Gartens der Eintritt gleichsam in eine neue Welt. Im zweiten Vorzimmer spielen Rittergestalten noch einmal auf die Würde und Hoheit des Fürsten an, bevor sich im Audienzsaal die ganze Pracht, zu der das Rokoko fähig war, zeigt. Architektur, vergoldeter Stuck und das Deckenfresko von Giuseppe Artario vereinen sich hier zu einer Meisterleistung ohnegleichen.

Dargestellt ist in verschiedenen Szenen die stilisierte Falkenjagd, verbunden mit Würdezeichen des Kurfürsten. Angespielt wurde damit auf die Ethik des Stauferkaisers Friedrich II., derzufolge nur ein staatliches Amt verwalten könne, wer es in der Kunst der Falkenjagd zur Meisterschaft gebracht habe. Dies erklärt zugleich, warum Clemens August die Falkenjagd als sein ureigenstes Privileg betrachtete, das er sogar durch ein Edikt gegenüber den Adligen seines Landes abgesichert hatte.

Die zweite Raumfolge im Erdgeschoß des Südflügels diente als Sommerquartier. Weißblaue Fliesen vermitteln hier eine angenehm kühle Atmosphäre. Fenstertüren gestatten den direkten Zugang zur Gartenterrasse und zum Garten. An heißen Sommertagen konnte hier ebenfalls das rituelle Empfangszeremoniell abgewickelt werden.

Ab nach Kassel

Das Residenzschloß mit dem Herkules

Kassel, nach Marburg Hessens zweitälteste Residenz, sollte seine größte und prächtigste werden. Schon Landgraf Heinrich I., das «Kind von Brabant», wurde Marburg zeitweise untreu, wählte Kassel ebenfalls zu seiner Residenz und begann um 1277 mit dem Bau eines neuen Schlosses. Seine Nachfolger blieben Kassel treu und bauten die Stadt zur selbst im Dreißigjährigen Krieg unbesiegten Festung aus. Unter Wilhelm dem Weisen (1567–1592) wurde Hessen zum bestverwalteten Staat Europas. Landgraf Carl (1670–1730) legte im großen Rahmen fest, was heute einen Hauptreiz von Kassel ausmacht: die Wilhelmshöhe am Osthang des Habichtswaldes.

Von 1701 bis 1718 wurde der gewaltige Berghang nach Plänen des Italieners Giovanni Francesco Guerniero in den größten, architektonisch gestalteten Park Europas umgewandelt. Ausgangs- und Höhepunkt der gesamten Anlage wurde dabei der Herkules, ein gewaltiges, 72 Meter hohes Oktogon mit der Riesenfigur des Herkules als Bekrönung. Über künstlichem Felswerk als Unterbau und einem kunstvollen Rampenwerk ließ der Architekt ein durchsichtiges Phantasieschloß aus Basalttuff errichten. Über der Plattform des Oktogons wurde eine obeliskartige Pyramide als Podest für Kassels Wahrzeichen, den Herkules, aufgetürmt. An der 9,20 Meter hohen, aus Kupfer getriebenen Nachbildung des *Herkules Farnese* arbeitete der Augsburger Bildhauer Johann Jakob Anthoni immerhin vier Jahre.

Zu Füßen des Helfers der Götter liegt der von ihm mit einem Felsblock zerschmetterte Riese Enkelados, der sich zusammen mit anderen Giganten gegen die Götter erheben wollte. Sein Haupt liegt im zweiten Grottenhof, von wo er ohnmächtig Wasser wider die Götter speit und damit gleichzeitig die riesige Wasserkaskade eröffnet.

Nach den ursprünglichen Plänen sollte diese Wassertreppe den gesamten Habichtswald hinunter zum Schloßteich führen. Ausgeführt wurde jedoch nur das obere Drittel mit dem Kaskadenstern und der Neptunsgrotte. Erst ab 1780 wurden die Wasserspiele mit dem Steinhöferschen Wasserfall, der Plutogrotte, dem Aquädukt und der Fontäne weiter ausgebaut.

Wo heute das weitläufige Schloß Wilhelmshöhe steht, gab es zur Zeit von Landgraf Carl eine «herrschaftliche Wohnung» von Landgraf Moritz (1592–1627). Dieses Moritzschloß sollte im Rahmen des neuen Parks zu einer großzügigen barocken Schloßanlage ausgebaut werden. Dazu gab es 1710 bereits Pläne von gleich drei Architekten, doch scheiterte die Ausführung am fehlenden Geld.

Noch Landgraf Friedrich II. (1760–1785) gelang es trotz der barschen Order («ab nach Kassel») und trotz der Vermietung von zwölftausend seiner Landeskinder als Söldner für die Nordamerikanischen Freiheitskriege an die Engländer nicht, das Geld für den Bau von Schloß Wilhelmshöhe aufzutreiben. Dies gelang erst Landgraf Wilhelm IX., dem späteren Kurfürsten Wilhelm I. (1785–1821), der 1786 den Architekten Simon Louis du Ry mit dem Bau des heutigen Weißensteinflügels beauftragte. Bereits 1790 beziehungsweise 1792 wurden die beiden Seitenflügel fertiggestellt, ohne daß bis dahin geklärt war, ob und wie der alte Moritzbau ersetzt und wie ein neuer Mittelbau den englisch beeinflußten, frühklassizistischen Flügelbauten angepaßt werden könnte.

Während der Landgraf den alten Moritzbau lediglich durch Umbau zum Mitteltrakt aufwerten wollte, versuchte du Ry einen möglichst monumentalen Bau zu gestalten, um der Dreigliedrigkeit gerecht zu werden. Zum Kompromiß fand schließlich Heinrich Christoph Jussow, der im Ansatz zwar den Gedanken des Landgrafen folgte, die Aufwertung jedoch durch eine großzügige ionische Säulenhalle und durch die Bekrönung mit einer Kuppel erreichte. 1798 war dieser Bau fertiggestellt und mit flachen Verbindungsterrassen mit weitgespannten Bogenöffnungen an die beiden Flügelbauten angebunden.

Bereits 1806 mußte Wilhelm seine neue Residenz Jérôme, einem Bruder Napoleons, räumen. Aus der Wilhelmshöhe wurde die Napoleonshöhe, ohne daß dadurch das Schloß gelitten hätte. Vielmehr ließ der Franzose die Verbindungsterrassen zwischen den Flügeln in Erdgeschoßhöhe

Schloß Wilhelmshöhe oberhalb von Kassel vermittelt noch heute eine Ahnung von der einstigen Machtstellung des Landes Hessen. Immerhin konnte sein Landgraf Carl von 1701 bis 1718 den gewaltigen Berghang oberhalb von Kassel in den größten architektonisch gestalteten Park Europas umwandeln, als Bekrönung des Ganzen ein 72 m hohes Oktogon mit der Riesenfigur des Herkules auftürmen, riesige Wasserspiele errichten und eine großzügige Schloßanlage in Angriff nehmen lassen. Fertiggestellt jedoch wurde das Schloß erst im 19. Jh.

überdachen und als Theaterbau das heutige Ballhaus nach Plänen von Leo von Klenze errichten. Nach weitgehender Zerstörung im letzten Krieg wurde das Schloß für die Bedürfnisse der staatlichen Kunstsammlungen (Kasseler Gemäldegalerie) wieder aufgebaut. Auf die Wiedererrichtung der Schloßkuppel wurde dabei verzichtet. Lediglich der Weißensteinflügel wurde weitgehend vorbildgetreu wieder hergestellt. In 28 Räumen enthält er Zimmerausstattungen des späteren 18. und frühen 19. Jahrhunderts.

Bei allem Engagement für die klassizistische Residenz war sie doch keineswegs Wilhelms Lieblingsbau. Das war vielmehr die von Heinrich Christoph Jussow von 1793 bis 1798 errichtete Löwenburg im südlichen Teil des Parks. Der äußerlich als gotische Burgruine gestaltete Bau wurde von ihm als sein intimes Refugium betrachtet, dem sein ganzer persönlicher Ehrgeiz galt, und zu dessen Ausstattung Mobiliar aus ganz Hessen zusammengesucht wurde. So stammen etwa die Glasgemälde in der Kapelle aus der Hersfelder Stadtkirche, für die sie einst um 1350 geschaffen worden waren. Sein Grab ließ sich Wilhelm IX. in der Burgkapelle als romantisches Rittergrabmal gestalten. 1821 wurde der Kurfürst in der Gruft unter dem Grabmal beigesetzt.

Die Rokokoperle Hessens

Nur neun Kilometer von der Wilhelmshöhe entfernt, liegt ganz in ländlicher Einsamkeit Schloß Wilhelmsthal, das wohl schönste Rokokoschlößchen Hessens. Es entstand von 1743 bis 1754 als Sommerresidenz von Landgraf Wilhelm VIII. Der war kunstverständig genug, den schöpferischsten Rokokobaumeister seiner Zeit, den bayerischen Hofbaumeister François de Cuvilliés, mit der Planung zu beauftragen. Unter der örtlichen Bauleitung von Charles du Ry wurde zunächst mit dem Park, 1747 auch mit dem Schloßbau begonnen. Allerdings war Wilhelm VIII. bei Baubeginn bereits sechzig Jahre alt, und 1756 begann zudem noch der Siebenjährige Krieg. Als Wilhelm 1760 im Exil starb, standen zwar die Gebäude, der Innenausbau jedoch war bei weitem noch nicht vollendet. Erst Landgraf Friedrich II. ließ dann zwischen 1764 und 1773 die Innenausstattung von Schloß Wilhelmsthal vollenden.

Cuvilliés ganze Kunst zeigt sich am besten an der Gartenfassade, die zum schönsten gehört, was deutsches Rokoko hervorgebracht hat. Um einen kräftig hervortretenden, dreiachsigen Mittelrisalit, der mit Mezzaningeschoß und flachem Giebel ins Mansarddach eingreift, gruppierte Cuvilliés zwei vierachsige «Seitenflügel». Sie erhalten ihre Steigerung zur Mitte durch je eine sockelhohe Freitreppe. Die eigentlichen Seitenflügel mit ihren Pavillondächern werden erst hinter jeweils einachsigen, flachgedeckten Erweiterungen des Erdgeschosses sichtbar. Entsprechend der jeweiligen Bedeutung variieren Fenster und Portale von der einfachen Rechteckform über den Stichbogen bis zum Rundbogenschluß.

Auch im Inneren ist die Handschrift Cuvilliés deutlich zu spüren. So geht die ganglose Anordnung der Räume, die Verschiebung des Treppenhauses aus der Mitte und statt dessen der Einbau eines großen Saales in jedem Stockwerk auf seinen Einfluß zurück. Bei Stuck und Schnitzerei jedoch konnte sich Cuvilliés nicht alleine durchsetzen. Vielmehr wurde hier seine süddeutsche Formenfülle vom sehr viel sparsameren Johann August Nahl gebremst. Er entwarf die Schnitzereien der Wandvertäfelungen und große Teile der Stuckverzierungen. Ausgeführt wurde die Stukkierung von Johann Michael Brühl.

Bis heute bezaubert das Innere des Schlosses mit seinem Formen- und Farbenreichtum. Im Speisesaal etwa sind die Wände grün gehalten, Wandornamente und Stuckzierate sind vergoldet. Der Musensaal glänzt in zartem Rosa und in der Schönheitsgalerie gibt zartes Blau den vergoldeten Rahmen den richtigen Hintergrund. Für diese Schönheitsgalerie malte übrigens der Kasseler Hofmaler Johann Heinrich Tischbein der Ältere eine Sammlung von Bildnissen der Kasseler Hofdamen. Er erfüllte damit einen ganz speziellen Wunsch des Bauherrn, der als Kunstsammler und Mäzen auch den Grundstock zur heutigen weltberühmten Kasseler Gemäldegalerie gelegt hatte.

Auch die Ausstattung steht in nichts dem glanzvollen Rahmen nach. So stehen etwa im Kabinett der Landgräfin kostbarste Meißner Figuren der *Fünf Sinne*, im Papageienkabinett große Meißner Vasen und in verschiedenen Räumen Einzelmöbel von David Roentgen.

Bei allem Glanz im Inneren sollte der Besucher jedoch nicht vergessen, daß das Schloß von Bauherr und Architekt nie isoliert gesehen wurde. Schloß und Park wurden vielmehr als Gesamtkunstwerk entworfen und zumindest teilweise auch zusammen ausgeführt. So entwarf François de Cuvilliés bereits um 1743 einen Rokokogarten, der den in Ost-/West-Richtung verlaufenden Weinberg als fünfseitig geformtes Plateau vorsah, das keilförmig auf das Schloß ausgerichtet sein sollte. Die Gesamtanlage sollte als großes Fünfeck entstehen. Im wesentlichen unberücksichtigt blieb bei diesem Entwurf Cuvilliés allerdings die Geländeform, so daß die Vermutung naheliegt,

oben:
Das wohl schönste Rokokoschlößchen Hessens ist Schloß Wilhelmstal bei Kassel. Es entstand 1743 - 1754 als Sommerresidenz von Landgraf Wilhelm VII. nach PLänen des bayerischen Hofbaumeisters Francois Cuvilliés. Der Architekt schuf auch hier ein Gesamtkunstwerk aus Schloß und Park, auch wenn seine Idealvorstellung vom Park nur in Ansätzen verwirklicht werden konnte.

unten:
Der Lieblingsbau des Kasseler Landgrafen Wilhelm IX., des späteren Kurfürsten Wilhelm I., war nicht seine klassizistische Residenz, sondern die von Heinrich Christoph Jussow von 1793 bis 1798 errichtete Löwenburg im südlichen Teil des Kasseler Schloßparks. Der äußerlich als gotische Burgruine gestaltete Bau wurde von ihm als sein intimes Refugium betrachtet, dem sein ganzer persönlicher Ehrgeiz galt und zu dessen Ausstattung Mobiliar aus ganz Hessen zusammengesucht worden war.

der in München vollbeschäftigte Meister habe sich beim Kasseler Fürsten nur mit einem Idealentwurf in Erinnerung bringen wollen.

Den natürlichen Gegebenheiten weit besser angepaßt waren denn auch der Gartenentwurf von Simon Louis du Ry aus dem Jahre 1746 und sein Gesamtplan von 1753. Insgesamt wurde von 1744 bis 1760 an den Gartenanlagen gebaut. Von all dem ist allerdings als einziges die nach einem Entwurf von Cuvilliés von 1744 bis 1747 errichtete Grotte erhalten geblieben. Alles übrige fiel dem um 1800 gebauten Landschaftsgarten zum Opfer.

Bei dieser großen Umgestaltung des Parks unter Wilhelm IX. blieb zwar das große Fünfeck des Grundrisses erhalten, doch mußte das strenge Rokoko der Naturnähe eines Englischen Gartens weichen. Geistiger Vater dieser Umgestaltung war Daniel August Schwarzkopf, die Ausführung besorgte Hofgärtner Karl Hentze.

Die Residenz vom Reißbrett

Klein nur ist der Sprung von Kassel hinüber nach Arolsen – und doch scheinen Welten zwischen den beiden Orten zu liegen. Während in Kassel immerhin rund sieben Jahrhunderte Residenzgeschichte erahnt werden können, merkt der Besucher in Arolsen schnell, daß er sich in einer Residenz «aus der Retorte» befindet. Der Grund dafür findet sich im Jahre 1711, als Graf Friedrich Anton Ulrich zu Waldeck und Pyrmont die Reichsfürstenwürde erlangte. Da der junge Graf auf seinen Bildungsreisen auch in Versailles Station gemacht und dabei erfahren hatte, wie man sich und seine Herrschaft zur Schau stellen muß, beschloß der frischgebackene Fürst sofort, seine neue Würde in Stein auszudrücken.

Zur Verwirklichung seiner Pläne ließ er zum einen das aus einem zur Abtei Corvey gehörenden Kloster der Augustinerinnen bis 1530 gewachsene und seiner Familie gehörende Wasserschloß völlig abreißen. Zum anderen beauftragte er Julius Ludwig Rothweil, der gerade Schloß Weilburg fertiggestellt hatte, mit der Planung einer großartigen Schloß- und Stadtanlage nach den Regeln der barocken Geometrie.

Rothweil begann 1713 mit dem Bau des von einem mächtigen Mittelpavillon beherrschten Corps de logis. Darin sind die Repräsentationsräume und der über zwei Geschosse gehende Große Saal untergebracht. Weil der im Obergeschoß liegt, mußte der fünfachsige Mittelbau über drei Geschosse geführt werden. Neben Pommersfelden entstand so einer der ersten Mittelbauten dieser Konzeption im deutschen Barock. Vom auch im Grundriß als Risalit vorspringenden Mittelpavillon zweigen die Seitenteile des Mittelbaus mit nur zwei Vollgeschossen und je drei Achsen in deutlicher Unterordnung ab. Ähnlich abgestuft folgen die rechtwinklig angesetzten Flügel des inneren Ehrenhofes.

Zwar war der Bau 1720 so weit fortgeschritten, daß der Fürst am 13. September feierlichen Einzug halten konnte, doch von Fertigstellung konnte weder beim Schloß, geschweige denn bei der geplanten Stadt, die Rede sein. Um hier voranzukommen, griff der Fürst 1719 zu einem durchaus zeitüblichen Mittel: er proklamierte *Privilegien und Freyheiten,* mit denen er jedem Zuzügler freie Religionsausübung, Handels- und Gewerbefreiheit sowie fünfzehn Jahre Steuer- und Abgabenfreiheit versprach. Viel geholfen scheint jedoch auch das nicht zu haben, denn über ein besseres Dorf wuchs die Residenzstadt nie hinaus.

Auch mit dem Schloß gab es mehr Schwierigkeiten als Freude. Wohl waren bis 1725 die inneren und äußeren Ehrenhofflügel und bis 1728 auch die Schloßkapelle fertiggestellt, wohl hatten Andrea Gallasini Teile des Baus mit seinem prächtigen Stuck ausgestattet und Carlo Lodovico Castelli die dazugehörigen Deckengemälde fertiggestellt, doch waren große Teile der Zimmerflucht – wenn überhaupt – dann nur provisorisch eingerichtet.

Bis 1738 sollte es dauern, bis alle Teile des dreiflügeligen Hauptschlosses einigermaßen bewohnbar wurden. Sowohl der Große Saal als auch die zu ihm führende Haupttreppe war trotzdem noch immer nicht über den Rohbauzustand hinaus gediehen. Beide wurden erst von 1809 bis 1811 vom Landbaumeister Theodor Escher in relativ bescheidenem Rahmen vollendet. Genau hundert Jahre nach der Erhebung des Grafen Friedrich Anton Ulrich in den Reichsfürstenstand, dem eigentlichen Anlaß für den Bau, wurde das Schloß fertiggestellt.

Schönster Raum des Schlosses und gleichzeitig der einzige originale aus der Anfangszeit des Baus ist heute der Gartensaal. Er ist ganz im Sinne des Régencestils, in vierseitiger axial betonter Symmetrie gestaltet, geht in der Länge über fünf und in der Breite über drei Achsen und ist noch vollständig von Gallasini und Castelli gestaltet. Dekorative Höhepunkte bilden im Saal die Kamine mit ihren Spiegelaufsätzen, jeweils in der Mitte der Schmalwände. Bandelwerk, Laub- und Blütengewinde belegen in der Steigerung bis nahezu zur Vollplastik einen absoluten Höhepunkt im Schaffen Gallasinis.

Schloß Arolsen verdankt seine Entstehung der Verleihung der Reichsfürstenwürde an Graf Friedrich Anton Ulrich zu Waldeck und Pyrmont. Den Glanz des 1711 erreichten neuen Ranges sollte ein standesgemäßes Schloß ausdrücken. Den Auftrag dazu erhielt der gerade in Weilburg fertiggewordene Julius Ludwig Rothweil, der die Fertigstellung jedoch nicht erlebte. So wurde etwa der Große Saal des Obergeschosses erst 1811 fertig.

SCHLOSS-
BESICHTIGUNG

Hessens älteste Residenzen

Die Residenz am Grab des Heiligen Bonifatius

Als der «Apostel der Deutschen», wie der angelsächsische Benediktinermönch Winfrid auch genannt wurde, im Jahre 744 von seinem Schüler Sturm das Kloster Fulda gründen ließ, konnte er noch nicht ahnen, daß ihn genau zehn Jahre später die Friesen zum Märtyrer machen und seine Mitbrüder ihn in Fulda begraben würden. Als Grab des Heiligen Bonifatius (lateinisch für den Wohltäter) wurde die Fuldaer Klosterkirche schnell zur vielbesuchten Wallfahrtsstätte. Arm und Reich wetteiferten mit Schenkungen für das Kloster, das bald aus allen Nähten platzte. Einige hundert Mönche sorgten sich um die Pilger und machten aus Fulda *das* kulturelle Zentrum der Karolingerzeit.

Aus Fuldas Klosterschule gingen immer wieder berühmte und bedeutende Mönche hervor. Hier lernte Einhard, der Biograph Karls des Großen, ebenso wie Hrabanus Maurus, der große Bauherr und spätere Erzbischof von Mainz, oder Walahfried Strabo, der feinsinnige Dichter und spätere Abt auf der Reichenau. Die Fuldaer Werkstätten der Goldschmiede, Freskanten und Buchillustratoren erreichten ungeahnte Perfektion, und das Kloster selbst wurde endgültig zum geistigen Zentrum des kirchlichen Lebens in Deutschland. Im Hochmittelalter schließlich stiegen die Fuldaer Äbte sogar zu Reichsfürsten auf.

Früh schon hatten die Herren des Klosters eine befestigte Abtburg errichten lassen, die zwischen 1312 und 1331 weiter ausgebaut wurde. Daß diese Burg durchaus notwendig gewesen war, zeigte sich spätestens 1331, als daneben entstandene Siedlung (seit 1157 Stadtrecht) versuchte, sich von der Herrschaft des Klosters zu lösen. Nicht zuletzt dank der Burg mißlang der Aufstand und die Stadt blieb Eigentum der geistlichen Herren.

Als gegen Ende des Mittelalters überall die Klosterzucht verfiel, blieb auch Fulda nicht verschont. Der Siegeszug der Reformation schien unaufhaltsam. Erst Fürstabt Balthasar von Dermbach gelang es ab 1570, die alte Ordnung wieder herzustellen und das Kloster zu reorganisieren. Schon sein Nachfolger konnte dann ab 1607 damit beginnen, die alte, mittelalterliche Abtsburg in ein Renaissanceschloß umzubauen. Noch einmal genau hundert Jahre später entstand daraus unter der Leitung von Johann Dientzenhofer die barocke Residenz der Fuldaer Fürstäbte.

In der von außen eher etwas bescheiden anmutenden, 1734 fertiggestellten Dreiflügelanlage sind heute vor allem der Fürstensaal, der Kaisersaal, das Spiegelkabinett und die Schloßkapelle erhalten. Den Stuck für den Fürstensaal lieferte Andreas Schwarzmann, die Deckengemälde sind von Melchior Steidl, der den Olymp und in Medaillons mythologische Szenen darstellte. Das gleiche Team gestaltete außerdem die Schloßkapelle. Erst 1731 – und damit bereits ganz in barockem Geist – wurde der Kaisersaal fertiggestellt. Allein vier Architekten haben daran gebaut, den Stuck lieferte neben Andreas Schwarzmann vor allem Carlo Maria Pozzi. Das Spiegelkabinett wurde sogar erst 1757 fertiggestellt, seine Stukkaturen stammen von Johann Nikolaus Koch. Besonders gut gelungen ist die nach Plänen von Maximilian von Welsch von 1721 bis 1730 errichtete Orangerie. Andreas Schwarzmann vollbrachte hier im Weißen Saal mit seinem Laub- und Bandelstuckwerk sein Meisterstück, das dazu passende Deckengemälde mit dem Apoll im Sonnenwagen fertigte Emanuel Wohlhaupter.

Schloß Fasanerie, wenige Kilometer südlich von Fulda, war einst die Sommerresidenz der Fuldaer Fürstbischöfe. Aus einem kleinen Jagdschlößchen ließ Fürstbischof Adolph von Dalberg um 1710 ein erstes Landschlößchen errichten, ab 1739 machte daraus Fürstbischof Amandus von Buseck die heutige, weitläufige Barockanlage. Zu neuem Glanz kamen Schloß und Park, als Landgraf Friedrich Wilhelm von Hessen Privatbesitzer wurde. Er beauftragte den Kasseler Gartendirektor Wilhelm Hentze, den ursprünglichen Barockgarten des Schlosses zum heutigen Landschaftspark umzugestalten.

Folgende Doppelseite: Die barocke Residenz der Fuldaer Fürstäbte entstand von 1707 bis 1713 unter der Leitung von Johann Dientzenhofer. Der von außen eher etwas bescheiden anmutenden, 1734 fertiggestellten Dreiflügelanlage gegenüber errichtete 1721 - 1730 Maximilian von Welsch die hier abgebildete Orangerie als fein abgewogenen Régence-Bau mit dominierendem Mittelpavillon. Die Freitreppe ist beherrscht von der 1728 von Johann Friedrich Humbach gestalteten, üppigen Floravase.

Das alte Schlößchen Adolphshof

Nur sechs Kilometer südlich der Fuldaer Bischofsresidenz liegt Schloß Fasanerie, einst Sommerresidenz der Fuldaer Fürstbischöfe, in einer sanften, «englisch» gestalteten Landschaft. Wo bis zum Ende des 17. Jahrhunderts die Bischöfe nur auf die Jagd zu gehen pflegten, war um 1710 ein kleines Landschlößchen entstanden. Den zweigeschossigen Bau ließ Fürstbischof Adolph von Dalberg zum nach ihm benannten Adolphshof ausbauen. Zum weitläufigen Barockschloß wurde

die Anlage jedoch erst ab 1739 von Fürstbischof Amandus von Buseck ausgebaut. Unter der Leitung des fürstbischöflichen Hofbaumeisters Andrea Gallasini entstand unter maßgeblicher Beteiligung des Bauherrn bis 1758 das heutige Schloß mit seinem nach allen Seiten geschlossenen Hof, seinem dreiseitigen Ehrenhof, den Kavaliershäusern und den Wachgebäuden.

Mit der Säkularisation begann zunächst ein unaufhaltsam scheinender Niedergang. Nach der Plünderung wurden die Räume als Lazarett und Magazin genutzt, bis die Anlage schließlich 1860 samt der Stadt Fulda von Kurhessen übernommen werden konnte. Kurfürst Wilhelm II. und sein Baumeister Johann Conrad Bromeis machten sich 1825 daran, die Anlage in altem Glanz wieder herzustellen. Nach der Annexion von Kurhessen durch Preußen (1866) erhielt Landgraf Friedrich Wilhelm von Hessen Schloß Fasanerie 1873 als Privatbesitz von Preußen zurück. Damals wurde unter der Leitung des Kasseler Gartendirektors Wilhelm Hentze der barocke Garten des Schlosses zum heutigen Landschaftspark umgestaltet.

Wie geschickt das Gelände von Hentze genutzt wurde, spürt noch heute jeder Besucher, wenn er die sanft ansteigende, von alten Bäumen gesäumte Auffahrtsallee hinaufspaziert. Durch gleich drei Toranlagen mit seitlichen Pavillons, durch das Corps de logis und bis hinauf zum eigentlichen Schlößchen, behält diese Steigung ihren gleichen Winkel bei und verrät damit, daß der monumentale Mittelpavillon mit seinen hohen Rundbogenfenstern und Doppelpilastern im Obergeschoß als Zugang zum intimen Innenhof als späte Baustufe entstand.

Mit dem Ausbau begonnen wurde dagegen auf beiden Seiten des alten Schlößchens mit der Ausbildung der Querachse als Kernstück der gesamten Anlage. Auf der Südseite erhielt sie die Schloßkirche mit dem dazugehörenden Glockenturm. Um das barocke Symmetriebedürfnis zufriedenzustellen, erhielt er ein funktionsloses Gegenstück am Nordende des Quertraktes. Aus der Baugeschichte erklärt sich auch die etwas ungewöhnliche Anordnung und Gestaltung der Eingangshalle. Zum einen zwang sie den Besucher, seinen Wagen auf der unwürdigen, linken Seite zu verlassen, zum anderen macht sie in ihrer Schmucklosigkeit keinerlei Anstalten, den Besucher würdig zu empfangen. Dies ändert sich schlagartig im überaus festlich gehaltenen Treppenhaus, dessen Wirkung zusätzlich dadurch noch gesteigert wird, daß der Besucher erst durch einen halbdunklen Zwischengang gehen muß. Ist der allerdings überwunden, entfaltet sich die ganze Pracht barocker Raumgestaltung.

Heitere Festlichkeit ist der Grundtenor dieser Kaisertreppe, die ihren Namen von den Büsten und Bildern römischer Kaiser und ihrer deutschen Nachfolger erhielt. Ihre hohen Wandflächen sind mit kannelierten Pilastern zwischen den Fensternischen gegliedert, die Hauptpfosten des schweren Geländers tragen antike Vasen. Die Zwischenräume zwischen den Wandgliederungen ziert zarter Reliefstuck, der gleichzeitig die würdige Einrahmung des Deckenbildes mit der allegorischen Darstellung der vier Erdteile bildet. Geschaffen wurde dieses Werk 1748 vom Fuldaer Hofmaler Emanuel Wohlhaupter. Es ist eines seiner Hauptwerke und zudem das am besten erhaltene Deckenbild im Schloß. Der aus dem mährischen Brünn stammende Maler war von 1725 bis 1756 Hofmaler in Fulda und überzeugte vor allem durch sein freudiges Temperament, seine wohlklingende Kompositionskunst und sein lebendiges Farbgefühl.

Der obere Treppenabsatz führt unmittelbar in die ehemaligen bischöflichen Wohnräume, die noch heute mit ihren wohnlichen Proportionen einen ausgeprägten Sinn für behaglichen Lebensgenuß verraten. Wenn auch die Ausstattung keineswegs mehr original ist, vermitteln die Räume heute doch dank sorgfältiger Möblierung (unter anderem Meisterstücke von David Roentgen) und der Ausstattung mit Malereien des frühen und späten Barock einen hervorragenden Eindruck von der barocken Lebensart des Hausherrn.

Bereits einen völlig anderen Geist verraten die großen Repräsentations- und Festsäle. Lediglich ihre Dimensionen lassen noch barocke Lebensart ahnen, nur im zehnfenstrigen Mittelsaal ist die Wand- und Deckengliederung noch in der ursprünglichen Form erhalten. Hier ist auch noch Wohlhaupters Deckenbild mit der Darstellung der *Speisung der Fünftausend* erhalten. Alles andere wurde klassizistisch umgestaltet, im Mittelsaal etwa mit Stuckmarmor-Pilastern und klassizistischem Hauptsims.

Einerseits wurden durch diese Umgestaltung zwar zwei große Deckenbilder Wohlhaupters zerstört, andererseits entstand damit aber der adäquate Rahmen für das, was heute einen der Hauptreize von Schloß Fasanerie ausmacht: die von Landgraf Philipp begründete Antikensammlung, die bis heute zur größten Privatsammlung antiker Originale auf deutschem Boden wuchs. Marmorwerke, Bronzen und Tongefäße aus acht Jahrhunderten griechischer und römischer Kunst lassen heute im bischöflichen Sommerschloß die Antike lebendig werden. Glanzstück dabei ist zweifellos das um 480 vor Christus entstandene, überlebensgroße Haupt der Proserpina, jener Tochter des Zeus, die von Hades in die Unterwelt entführt und zu seiner Gemahlin gemacht worden war.

Neben der Antikensammlung erwarten den Besucher außerdem noch eine reichhaltige Porzellanansammlung mit erlesenen Stücken, eine Glassammlung mit Kostbarkeiten vom 16. bis

18. Jahrhundert sowie zahlreiche Gobelins und Gemälde. In der Privatgalerie schließlich finden sich Gemälde aus landgräflichem Besitz und aus der Sammlung Kaiser Friedrichs mit Werken von Peter Paul Rubens, Johann Heinrich Tischbein dem Älteren und vielen anderen. All dies ist dabei so geschickt angeordnet, daß der Besucher nie das Gefühl hat, in einem mit dem erhobenen Zeigefinger gestalteten Museum zu sein, sondern ein lebendiges Wohnschloß mit Räumen aus verschiedenen Stilepochen erleben kann.

Die Residenz über der Lahnfurt

Hessens Zentrum geistlicher Macht war in Fulda längst etabliert, als sich nach und nach in Marburg an der Lahn so etwas wie ein weltliches Machtzentrum herauskristallisierte. Wo die Stadt heute mit dem frühesten, rein gotischen Sakralbau auf deutschem Boden (die Elisabethkirche), der ersten protestantischen Universität und dem größten gotischen Rittersaal (im Landgrafenschloß) prunken kann, gab es im Jahre 1122 lediglich eine Turmburg des Grafengeschlechts der Gisonen. Im selben Jahr erbten die Landgrafen von Thüringen diese Burg und mußten sie auch sogleich gegen Ansprüche der Erzbischöfe von Mainz verteidigen. Um gegen die geistlichen Herren besser bestehen zu können, errichteten die Thüringer auf dem heutigen Schloßberg umgehend eine feste Burg und gründeten am Lahnübergang zugleich eine Siedlung. Sie erhielt bereits 1140 Markt- und Münzrecht.

Den entscheidenden Entwicklungsschub lieferten jedoch weder die Grafen noch die Bischöfe sondern die ungarische Königstochter Elisabeth, die Gemahlin des Landgrafen Ludwig IV. von Thüringen. Als dieser 1227 bei einem Kreuzzeug starb, wählte die gerade zwanzigjährige Witwe Marburg zu ihrem Witwensitz, wo sie 1231 im Geruch der Heiligkeit starb. Ihre Verehrung war so groß, daß sie nur vier Jahre später heiliggesprochen und Marburg anschließend zum bedeutendsten Wallfahrtsort nördlich der Alpen wurde.

Einen weiteren, wesentlichen Impuls lieferte Sophie von Brabant, eine Tochter der Heiligen Elisabeth, nach der Trennung Hessens von Thüringen. Sie erhob Marburg zum neuen Regierungssitz der Landgrafen von Hessen. Ihr Sohn Heinrich I., «das Kind von Brabant», wurde gar im zarten Alter von knapp vier Jahren mit der Grafschaft Hessen belehnt. Dieses «Kind» sollte Bauherr des neuen Landgrafenschlosses Marburg werden.

Als wichtigstes Element dieses Neubaus entstand an der Nordseite des trapezförmigen Burghofes ein gewaltiger Saalbau mit hohen Staffelgiebeln an den Schmalseiten. Der symmetrisch angelegte, zweigeschossige Bau wurde mit Pfeilern verstrebt, die an den Ecken verstärkt sind und in vier Türmchen auslaufen. Zur Betonung der Mittelachse wurde ein Risalit mit gestaffeltem Giebel eingebaut.

Das ursprünglich als Rittersaal geplante Obergeschoß des Saalbaus wurde 1292 zum repräsentativen Mittelpunkt der Burg, als Heinrich I. in den Fürstenstand erhoben wurde. Damit wurde der Rittersaal zum Fürstensaal, in dem sich das gesamte öffentliche Regieren abspielte. Sollte es besonders ernst oder feierlich zugehen, wurde dafür im Risalitvorbau für den Landgrafen ein eigener Thron errichtet. Auch ohne ihn strahlt der Fürstensaal noch heute mit seinen zweimal fünf Gewölbejochen und den prachtvollen, wie aus Steinplatten herausgeschnittenen Maßwerkfenstern natürliche Autorität aus. Einziges Schmuckelement neben den Maßwerkfenstern ist der Kontrast zwischen dem Weiß der Wände und dem Rotbraun der Pfeiler und Gewölberippen. Mehr betont als gestört wird die edle Raumwirkung durch die zwei prachtvollen, mit Intarsienschnitzereien reich verzierten Renaissancetüren, die Nikolaus Hagenmüller 1573 einbaute.

Parallel zum Saalbau entstand auf der Südseite die zweigeschossige Schloßkapelle, deren Obergeschoß 1288 der Heiligen Katharina geweiht wurde. Mit ihrem Grundriß in Form eines gestreckten Achtecks mit dreiseitigen Nischenausbauten an den Längsseiten erinnert sie durchaus an so berühmte Vorbilder wie etwa die *Sainte Chapelle* in Paris. Wie bei diesem großen Vorbild sind auch hier die Wände soweit wie irgend möglich von hohen Fenstern mit reichem Maßwerk durchbrochen.

Gesteigert wird die Raumwirkung noch durch die Sorgfalt der farbigen Fassung, zu der man sich noch die Wirkung der leider nicht erhaltenen Farbglasfenster dazu denken müßte. Um so wertvoller ist das die gesamte Westnische einnehmende, riesige Christophorusfresko, das den Heiligen in grünem, weißgegürtelten Gewand und rotem Mantel mit goldener Schließe zeigt. Seine Füße stehen in einem Gewässer voller Fische und Fabelwesen. Auf dem linken Arm sitzt Christus als lang gewandeter, bärtiger doch kleiner Erwachsener, so wie er im 13. Jahrhundert gerne dargestellt wurde.

Im 15. und 16. Jahrhundert setzten hessische Landgrafen noch einmal neue Akzente auf dem Marburger Schloßberg. Unter Heinrich III. (1458–1483) und Ludwig IV. (1567–1604) entstanden der Frauenbau an der Westseite und der Wilhelmsbau an der Ostseite, die Rentkammer und die Vorburg mit Marstall und Zeughaus. Bis zum Ende des 16. Jahrhunderts hatte damit das Schloß seine heutige Silhouette erreicht. Heute dient der Wilhelmsbau als kunst- und kulturgeschichtliches Museum, Kapelle und Fürstensaal können besichtigt werden.

Folgende Doppelseite: Die Baugeschichte des Schlosses in Marburg geht zurück auf eine Turmburg der Landgrafen von Thüringen. Als Marburg im 13. Jh. unter der Regierung Sophie von Brabants Regierungssitz der Landgrafen von Hessen wurde, entstand im Auftrag ihres Sohnes Heinrich I. der hier zu sehende Landgrafenbau zusammen mit der 1288 geweihten Schloßkapelle. Zur gleichen Zeit entstand auf der Nordseite ein gewaltiger Saalbau mit einem riesigen Rittersaal. Der rechts isoliert stehende Wilhelmsbau ist eine Zutat des 15. Jh.

TORKRET

Schlösser an der Lahn

Das Castellum Bruninvels

Für echte Bayern und ihre amerikanischen Freunde wäre allein schon der Zweifel ein Sakrileg: Schloß Neuschwanstein gibt es natürlich nur einmal und selbstverständlich in Bayern. Wer allerdings an der mittleren Lahn von Wetzlar nach Weilburg fährt, dem dürften genau diese Zweifel zur Realität werden, wenn Schloß Braunfels plötzlich wie ein leibhaftiges, zweites Neuschwanstein aus der weitläufigen Waldlandschaft auftaucht.

Erst beim Näherkommen ist zu spüren, daß die Silhouette des Schlosses der Fürsten zu Solms-Braunfels wohl vor ähnlichem Hintergrund zu sehen ist wie die der Traumburg des bayerischen Märchenkönigs, daß Umfeld und historischer Hintergrund beider Bauten jedoch meilenweit auseinander liegen. Während Ludwig II. auf vorher unbebautem Fels eine Gralsburg für Richard Wagner Wirklichkeit werden ließ, wuchs Schloß Braunfels auf historischem Boden als Residenz eines alten Grafen- und Reichsfürstengeschlechtes.

Während Neuschwanstein die «private Spielerei» eines Einzelnen war, fehlte dem Braunfelser Schloß nie die unmittelbare Beziehung zu den «Untertanen». Die heimeligen Fachwerkhäuser des gleichnamigen Städtchens scheinen sich vielmehr, ähnlich wie die Küken unter die warmen Federn der Gluckhenne, möglichst dicht an das Schloß drängen zu wollen. Einzige Gemeinsamkeit zwischen beiden Schlössern bleibt damit der hochromantische Geist des vorigen Jahrhunderts mit seiner Vorliebe für Zinnen, Kränze, Kegeldächer und Ecktürmchen.

Die Herren von Solms gibt es urkundlich seit 1129, wo ein Marquardus de Sulmese belegt ist. Bis 1226 hatten sie es mit Heinrich I. von Solms zum Grafentitel gebracht. In dieser Zeit fällt auch der Bau des ersten Grenzwartturmes auf der Basaltkuppe an der alten Heer- und Handelsstraße Wetzlar–Koblenz.

Eine Umwallung mit Graben und Palisaden dokumentierte damals den Machtanspruch der Grafen, der ein halbes Jahrhundert später mit einem mächtigen Bergfried (alter Stock) sowie einem zweiteiligen Saalbau zwischen den beiden Türmen ebenso unterstrichen wurde, wie mit einer dreigeschossigen, mächtigen Schildmauer. Sämtliche Mauern dieser Kernburg verbergen sich noch heute in den unteren Stockwerken des in der Romantik so mächtig ausgebauten Schlosses.

Mit der Zerstörung von Burgsolms, dem bisherigen Hauptsitz der Grafen, im Jahre 1384 wurde Braunfels Hauptresidenz. Dies und die Entwicklung der Feuerwaffen führte im 15. Jahrhundert zu einer gewaltigen Erweiterung des Wehrbereichs der Burg. Gleich drei Torfestungen mit den entsprechenden Zwingern dazwischen wurden zur Verstärkung des ohnehin schon mächtigen Nordbollwerkes errichtet. Durch Einbeziehung der Burgmannensiedlung entstand ein äußerer Verteidigungsring, der nun vor allem die Ostseite der Burg sicherte. Ganz am Ende des 15. Jahrhunderts schließlich errichtete Graf Otto II. zwischen östlicher Vorburg und Schloßhof den Ottonischen Bau, der schon fast paradigmatisch den Übergang von der Verteidigungsanlage zur Wohnresidenz dokumentierte. Ganz in diesem Sinne entstand um 1500 auch die heutige, spätgotische Schloßkirche über den Galerien des obersten Zwingers.

Noch überwog aber für gut eineinhalb Jahrhunderte der Wehrbau-Charakter, bis 1679 ein Großbrand weite Teile der Anlage in Schutt und Asche legte. Jetzt wurde aus dem «festen Schloß» ein Barockschloß, die weitläufigen Verteidigungsanlagen wurden zu Lustgärten und Parkanlagen umgestaltet. Ende des 17. und Anfang des 18. Jahrhunderts entstanden die breiten Schloßflügel mit ihren langen Fensterfronten, doch ein eigentlich geplanter, völliger Neubau der Gesamtanlage unterblieb, obwohl die Fürsten von Solms 1742 sogar die Reichsfürstenwürde erhielten. So blieb es Fürst Ferdinand in den vierziger Jahren des vorigen Jahrhunderts vorbehalten, das Schloß im Stil der Neugotik zu erneuern, auch wenn sich diese Erneuerung weitgehend auf Restaurierung, Türmchenbauen und Zinnenbegrenzungen beschränkte.

Was den Besucher heute in Schloß Braunfels erwartet, läßt sich wohl am treffendsten mit dem Spruch des nachmaligen Kaisers Friedrich III. umschreiben, der bei einem Besuch des Schlosses im Jahre 1887 gesagt haben soll: *Wie kann man nur so alt geworden sein und Braunfels nicht gesehen haben.* Sicher bezog der hohe Besuch seine Äußerung dabei hauptsächlich auf die umfangreichen fürstlichen Sammlungen, die einen überreichen Fundus an Gemälden, Waffen, Stilmöbeln, Fayencen und Dokumenten umfassen und heute den eigentlichen Reiz des Schlosses ausmachen.

Die Wilineburch

Von «barocker Residenzstadt» reden die Weilburger gerne, wenn sie für sich werben wollen. Daß sich dahinter und darunter noch über ein Jahrtausend Geschichte auf dem von der Lahn umflossenen Bergsporn verbirgt, wird dabei großzügig unterschlagen. Dabei ist es gerade dieses Jahrtausend von den Merowingern bis zum Beginn der Barockzeit, das in Weilburg erst die Voraussetzung für das schuf, was der Besucher heute bewundern kann.

Bereits im 5. oder spätestens im 6. Jahrhundert gab es auf der Bergnase über der Lahnschleife einen Wirtschaftshof der Merowingerkönige, aus dem sich nach und nach am höchsten Punkt auf der Ostseite ein befestigter Königshof herauskristallisierte. Urkundlich greifbar wird er erstmals 906, als der mächtige Herzog des Ostfrankenlandes, Konrad der Ältere, auf der Wilineburch beigesetzt wurde. Und dann ging es Schlag auf Schlag: 912 gründete König Konrad I. hier ein Walpurgisstift und 918 bewog er im *Weilburger Testament* seinen Bruder Eberhard, zu Gunsten des Sachsenherzogs Heinrich auf die Königskrone zu verzichten. Noch im selben Jahrhundert kam die Weilburg dann in den Besitz der Wormser Bischöfe.

Daß mit der Burg bereits damals langfristig erfolgreich Politik betrieben werden konnte, bewiesen die Grafen von Nassau, die sich 1124 um die damals wormsische Vogtei bemühten, um sie zu Lehen zu erhalten und damit ihre spätere territoriale Herrschaft zu begründen. 170 Jahre später zahlte sich diese Weitsicht aus: Adolf von Nassau wurde zum deutschen König gewählt, bezahlte dem Wormser Bischof Burg und Siedlung und verlieh Weilburg 1295 das Stadtrecht. Weilburg hatte damit immerhin die gleichen «Startchancen» wie etwa Frankfurt.

Noch immer aber war die Burg über der Lahnschleife nicht allzu groß. Dies änderte sich erst im 14. Jahrhundert, als Graf Johann I. von Nassau-Weilburg ab 1359 eine starke Stadtbefestigung und eine neue Burg errichten ließ. Außer Mauerresten auf der Ostseite blieb davon allerdings überhaupt nichts erhalten, denn 1535 machte sich Graf Philipp III. an den Neubau eines vierflügeligen Renaissance-Hochschlosses. Unter der Leitung von Balthasar Wolff aus Heilbronn wurde es um 1585 fertiggestellt, ist bis heute nahezu unverändert erhalten und zählt mit seinen unregelmäßigen Treppentürmen, Erkern, Zwerchhäusern und prachtvollen Portalen zu den Glanzstücken nordischer Renaissancearchitektur.

Noch heute zeigt die Vierflügelanlage als eigentlicher Kern des Schlosses anschaulich, wie ein deutscher Fürstensitz im 16. Jahrhundert ausgesehen hat. Bei genauerem Hinsehen kann man aber auch noch einen anderen Zusammenhang erkennen: nicht einmal ganz viertausend Untertanen – verteilt auf 38 kleine Dörfer und sechs Burgen – wurden zur Blütenzeit des Schlosses von hier aus regiert!

Nach den Wirren des Dreißigjährigen Krieges begann der entscheidende Neuaufschwung unter Graf Johann Ernst, der 1702 Julius Ludwig Rothweil als Baudirektor verpflichtete. Er wurde in wenigen Jahren zum Vater der heutigen barocken Residenzstadt, indem er im Norden und im Süden des Renaissance-Hochschlosses weitläufige Repräsentationsbauten errichtete und mit der Anlage großzügiger Plätze die ideale Anbindung der Stadt an das Schloß verwirklichte. Der Schloßplatz wurde so zum Empfangsraum vor dem Herrschersitz, der Marktplatz zum Begegnungsraum zwischen Hof, Kirche und Untertanen. Wer alleine für sich das Sagen beanspruchte, macht symbolisch ein kleines technisches Detail klar: der Turm der Hofkirche bildet zwar den höchsten Punkt der Stadt, doch noch über ihren Glocken war das Reservoir für die Wasserkünste des Schloßgartens eingebaut!

Entsprechend der Baugeschichte spiegelt das Innere des Schlosses heute Stilrichtungen von der Renaissance bis zum Klassizismus wider. Noch völlig original erhalten ist so etwa der Gerichtssaal aus der Renaissance mit seinem schönen Rippengewölbe und den reliefverzierten Schlußsteinen. Aus derselben Zeit stammt die gewölbte Hofstube mit ihren reizvollen Erkern und Wandmalereien. In der Barockzeit wurde das Bad mit einer Wanne aus schwarzem Lahnmarmor gestaltet, das Schlafgemach mit Malereien und Stukkaturen ausgestattet und das samtbespannte Chinesische Zimmer zum Präsentieren fernöstlicher Kostbarkeiten angelegt. Ganz klassizistisch dagegen sind schon der Teesalon, das Speisezimmer, das Wohngemach der Herzogin und das Musikzimmer.

Folgende Doppelseite: Die Bergnase über der Lahnschleife, auf der heute das Schloß Weilburg steht, trug schon zur Zeit der Merowingerkönige einen befestigten Königshof. Zeitweise im Besitz der Wormser Bischöfe, kam die Burg an die Grafen von Nassau, die der angegliederten Siedlung 1295 das Stadtrecht verliehen. Kern des heutigen Schlosses ist ein vierflügliger Renaissancebau, der 1585 vollendet wurde. Unter Fürst Johann Ernst wurde die mittelalterliche Burgstadt bis 1719 zur weiträumigen Barockresidenz eines Kleinstaates umgewandelt. Glückliche Umstände haben dafür gesorgt, daß dieser Bestand weitgehend erhalten ist. Die Abbildungen zeigen auf Seite 72, oben, den Schloßplatz mit der Oberen Orangerie; Seite 72, unten, die Hofansicht des Nordflügels mit seinen Zwerchhäusern; Seite 73, oben, die Hofansicht des Ostflügels mit dem Uhrturm und auf Seite 73, unten, die Untere Orangerie.

Nicht ohne Symbolwert ist auch die Schloßkirche. Sie nämlich teilt sich mit dem Rathaus dasselbe Dach. An der Schauseite, gegen den Marktplatz hin, liegen die Amtsräume über einer offenen Arkadenlaube, die Kirche dagegen ist unmittelbar dem höfischen Bereich zugeordnet. Damit ist einmal mehr augenfällig ausgedrückt, daß der Fürst die oberste weltliche und geistliche Autorität in seinem Lande für sich beanspruchte. Zum Bild paßt die Anordnung der beiden Apsiden in der Mittelachse des querrechteckigen Kirchenraumes. Die eine enthält den Kanzelaltar, die gegenüberliegende die Fürstenloge. Nicht so ganz zum protestantischen Geist paßt dagegen, daß für den Kanzelaltar nach süddeutschem Brauch fünf auswechselbare Blätter verwendet wurden.

Die Güldene Grafschaft

Am östlichen Zipfel der rheinland-pfälzischen Lahn liegt mitten in der alten, 933 erstmals genannten Dissermark die Stammburg der Grafen von Diez. Ihren großen Herrschaftsbereich nannte man einst die *Güldene Grafschaft,* weil die Grafen ökonomisch offensichtlich eine besonders geschickte Hand hatten. So war es ihnen zum Beispiel gelungen, sich das Priveleg verbriefen zu lassen, daß keiner ihrer Leibeigenen von einer anderen Stadt aufgenommen werden durfte. Für den Fall, daß dies doch geschehen sollte, durfte der Graf sie sogar mit Gewalt zurückholen.

Seit 1044 hausten die Grafen von Diez auf dem Felsen oberhalb der Lahn, verstärkten in der zweiten Hälfte des 11.Jahrhunderts eine erste Burg und erlebten im 12. Jahrhundert die größte Ausdehnung ihrer Macht. Graf Heinrich II. von Diez jedenfalls gehörte zu Kaiser Barbarossas Gefolge, als dieser 1189 zu seinem Kreuzzug aufbrach. Mit der Aufnahme ins Gefolge war ein kurz zuvor vom Diezer Grafen angezettelter Raufhandel endgültig beigelegt worden. Graf Heinrich II. nämlich hatte, während Kaiser Barbarossa in Italien weilte, unter Bruch des Landfriedens, zusammen mit benachbarten Herren eine Fehde mit Erzbischof Albrecht von Mainz vom Zaun gebrochen. Barbarossa ahndete die Tat auf dem nächsten Reichstag mit der Strafe des Hundtragens. Alle Beteiligten mußten daraufhin einen Hund eine Meile weit über Land tragen. Lediglich dem Mainzer Bischof wurde die Strafe gnadenhalber erlassen.

Urkundlich erwähnt wird die Burg auf dem steilen Porphyrfelsen zwar erst 1073, doch gebaut haben dürfte man schon um die Jahrtausendwende. Von damals ist noch der untere Teil des Hauptturmes mit seinem Grundriß im verschobenen Quadrat mit spitzwinkliger Westecke erhalten. Um diesen Kern herum wurde später die Hauptmasse des Turmes gebaut. Seine volle Höhe erhielt er in spätgotischer Zeit, in der auch das Walmdach mit den vier achteckigen Ecktürmchen dazukam.

Die Masse der heutigen Bausubstanz entstand im 14. Jahrhundert, als der Palas errichtet und an der Nordecke der Bering schildmauerartig verstärkt wurde. Auch die hohe Mantelmauer auf der Stadtseite entstand zu dieser Zeit, allerdings ohne die zahlreichen quadratischen Fenster. Sie kamen erst 1784 in die Mauer, als das 1732 noch einmal umgebaute Schloß zur Strafanstalt umgewandelt wurde. Heute bietet das Diezer Grafenschloß außer einer Jugendherberge dem Diezer Stadtmuseum eine angemessene Heimat.

Weil der enge Diezer Burgfelsen keinerlei Expansion über den vorhandenen Baubestand hinaus zuließ, nützte Fürstin Albertine Agnes von Nassau-Diez-Oranien die ruhigen Zeiten nach dem Dreißigjährigen Krieg zum Bau eines angemessenen Schlosses außerhalb des engen Städtchens Diez. Der Bauplatz fand sich oberhalb eines steilen Felshanges über der Lahn, wo im Mittelalter das im Dreißigjährigen Krieg zerstörte Nonnenkloster Dirstein gestanden hatte. Über den Fundamenten der alten Klosterkriche steht heute der Mittelflügel des als Fünfflügelbau um einen Ehrenhof angelegten Schlosses Oranienstein.

Fertiggestellt wurde das 1672 begonnene Schloß jedoch erst 1709 unter Fürstin Amalie von Nassau-Diez-Oranien. Sie hatte aus den Niederlanden den Baumeister Daniel Marot geholt, der dem Bau den vornehm kühlen Akzent des niederländischen Barock verlieh. Wertvollste Details der Innenausstattung sind heute die prachtvollen Stuckdecken mit Frühformen des Bandelwerkes sowie in der Kapelle das Deckengemälde mit dem Pfingstwunder, gemalt von Jan van Dyck. In Teilen des Schlosses ist heute das Nassau-Museum untergebracht.

Wie eine Burg aus dem Märchenbuch mutet der Stammsitz der Grafen von Dietz auf dem Felsen an der Lahn an. Seit 1044 hausten die Grafen auf ihrem Felsen. Die Masse der heutigen Bausubstanz jedoch entstand im 14. Jh., als der Palas errichtet und an der Nordecke der Bering schildmauerartig verstärkt wurde. Der Bergfried erhielt seine volle Höhe in spätgotischer Zeit, als auch das Walmdach mit den vier achteckigen Ecktürmen errichtet wurde.

Burgen am Rhein

Das Meisterwerk Karl Friedrich Schinkels

Auf den ersten Blick verrät das wenige Kilometer südlich von Koblenz, hoch über dem Rhein gelegene Schloß Stolzenfels keineswegs, daß es eigentlich Vorläufer der wohl bekanntesten deutschen Burg ist und mit ihr denselben geistigen Vater hat. Lediglich die Bauzeit und die romantische Ausrichtung der Baustile könnten für den unbefangenen Besucher ein Indiz dafür sein, daß zwischen Stolzenfels und Burg Hohenzollern enge verwandtschaftliche Bande bestehen. Bauherr beider Schloßburgen war nämlich der Kronprinz und spätere König Friedrich Wilhelm IV. von Preußen, dem unter anderen auch die Vollendung des Kölner Domes zu verdanken ist.

Am Rhein fand Friedrich Wilhelm ebenso wie auf der Schwäbischen Alb eine Ruine vor, mit dem einzigen Unterschied, daß die schwäbische Ruine Stammsitz seiner Ahnen, die Ruine am Rhein jedoch lediglich ein Geschenk der Stadt Koblenz war, die eine ihr lästige und von der Bevölkerung als Steinbruch genutzte Ruine loswerden wollte. Dennoch bedeutete gerade dieser Umstand für Stolzenfels alles andere als einen Nachteil. Während der Kronprinz bei der Hohenzollernburg an die Weisungen seines Vaters gebunden war, konnte er auf Stolzenfels schon als Kronprinz nach Belieben schalten und walten. Bereits 1835, also fünf Jahre vor seiner Thronbesteigung, kam es so zum Auftrag für den Wiederaufbau der einst kurtrierischen Zollburg.

Ähnlich wie in Cochem hatten sich auch auf Stolzenfels im 13. Jahrhundert die Trierer Kurfürsten festgesetzt. Ähnlich wie an der Mosel waren es auch hier fiskalische und strategische Gründe, die Fürstbischof Arnold von Isenburg in der ersten Hälfte des 13. Jahrhunderts veranlaßten, die Burg über dem Rhein auszubauen. Zum einen galt es, den von Koblenz hierher verlegten Rheinzoll wahrzunehmen, zum anderen ging es dem Trierer Bauherrn um die Kontrolle der Lahnmündung und der sie beherrschenden kurmainzischen Burg Lahneck. Nicht zuletzt diente die Burg der Behauptung dem expansionslüsternen Kurköln gegenüber. Ihre Blütezeit erlebte die Festung bereits in der zweiten Hälfte des 14. Jahrhunderts unter den beiden Fürst-Erzbischöfen Kuno und Werner von Falkenstein, denen die Burg auch längere Zeit als Wohnsitz diente.

Ihre eigentliche Bedeutung verlor die Festung schon 1412, als der Rheinzoll nach Engers verlegt wurde. Im Dreißigjährigen Krieg fiel das schon damals heruntergekommene Bauwerk mal den Franzosen, mal den Schweden in die Hände, bis der pfälzische Erbfolgekrieg 1689 das vorläufige Ende brachte. Damals nämlich versuchten die Franzosen vergeblich, Koblenz zu erobern. Weil ihnen das nicht gelang, zerstörten sie wenigstens Stolzenfels. Napoleon schließlich übergab 1802 die Ruine der Stadt Koblenz, der es 1823 gelang, das ungeliebte Geschenk weiterzureichen.

In Karl Friedrich Schinkel fand der junge Kronprinz den idealen Baumeister zur Verwirklichung seiner romantischen Vorstellungen. Während Friedrich Wilhelm zunächst nur an den Ausbau des alten Wohnturmes gedacht hatte, ging Schinkel sofort an die Planung des Wiederaufbaus der gesamten Anlage, um *auf alten Grundmauern ein den Bedürfnissen der Zeitverhältnisse entsprechendes Ganzes wiederherzustellen.* Zum Ganzen gehörte für Schinkel auch die Erneuerung der Zwingmauern und die Einbeziehung des alten Bergfrieds. Damit entstand ein Werk aus einem Guß und gleichzeitig ein einzigartiges Denkmal romantischer Baukunst kurz vor der Mitte des 19. Jahrhunderts.

Die Regie der Romantik beginnt bereits beim serpentinenreich angelegten Zugang zur Burg, für den eine enge Wasserfallschlucht kunstvoll genutzt wurde. Ein richtiger Torturm im Fond der Schlucht fehlt ebensowenig, wie ein mächtiger Halsgraben am Zugang zur Burg. Von dort aus präsentiert sich der Bau in fast klassizistischer Ausgewogenheit, da Schinkel nach englischem Vorbild auf gotische Steildächer verzichtete und statt dessen Flachdächer hinter Zinnenreihen vorzog. Die ganze Kunst des Architekten aber zeigt sich in der Art, wie die an sich strenge, axiale Symmetrie des im länglichen Oval angelegten Burgschlosses immer wieder reizvoll unterbrochen wird.

Das wenige Kilometer südlich von Koblenz hoch über dem Rhein gelegene Schloß Stolzenfels geht auf eine alte Zollburg der Trierer Kurfürsten zurück. Ab dem Dreißigjährigen Krieg war die Burg nach und nach verfallen, die endgültige Zerstörung erfolgte 1689 durch die Franzosen. Von der Stadt Koblenz erhielt schließlich der Kronprinz und spätere König Friedrich Wilhelm IV. von Preußen die Ruine, der 1835 Karl Friedrich Schinkel mit dem Wiederaufbau der alten Zollburg beauftragte. Der Architekt machte sich unverzüglich daran, "auf alten Grundmauern ein den Bedürfnissen der Zeitverhältnisse entsprechendes Ganzes wiederherzustellen". Entstanden ist so ein einzigartiges Denkmal romantischer Baukunst kurz vor der Mitte des 19. Jh.

Für die dem Rhein zugewandten Gebäudeteile, wie das Torhaus, der Wohnturm und der Palas, wurde noch das von den Bischöfen von Trier errichtete Mauerwerk verwendet und zum Großen und Kleinen Rittersaal, zur Sommerhalle und zu den Wohngemächern der Königin ausgebaut. Der gesamte bergseitige Trakt mit den Wohnräumen für den König wurde völlig neu errichtet. Den inneren Hof schließt auf der Nordseite eine Arkadenhalle, durch die man in den tiefer liegenden Pergula-Garten hinunterkommt. Ihn schuf Schinkel völlig neu in Anlehnung an die *Alhambra* in Granada.

Im Inneren ist die Ausstattung aus der Erbauungszeit glücklicherweise vollständig erhalten. Besonders zu erwähnen sind der Kleine Rittersaal, der Salon des Kronprinzen, den Hermann Stilke mit Darstellungen der ritterlichen Tugenden ausmalte, und die neugotische Schloßkapelle in der Gestaltung des Kölner Dombaumeisters Zwirner. Die monumentalen Wandmalereien in ihrem Inneren stellen die Erlösungstaten Christi dar und sind ein Werk des Nazareners Ernst Deger. Zeitgenössische Möbel und Bilder, eine Sammlung erlesener Gläser und Reste einer Waffensammlung ergänzen die Ausstattung.

Die Fluchtburg Kaiser Heinrichs IV.

Glaubt man alter Überlieferung, dann verbarg sich Kaiser Heinrich IV. in der Martinskapelle der Marksburg, als er im Jahre 1105 nach Mainz zum Reichstag zog. Für das Verbergen hatte er allen Grund; denn sein Sohn, Heinrich V., war von ihm abgefallen und versuchte, ihn zu entmachten. Ende desselben Jahres gelang dies auch dem Sohn, der den Vater auf Burg Böckelheim bei Bingen einkerkerte, sich selbst die Reichsinsignien ausliefern ließ und schließlich sogar den Vater zwang, am 31. Dezember 1105 in Ingelheim vor Fürsten und päpstlichen Legaten auf den Thron zu verzichten.

So schön die Sage ist, so falsch ist sie auch. Zwar stimmen alle historischen Daten, nur gab es damals die Marksburg oberhalb von Braunbach am Rhein eben leider noch nicht. Der als Versteck gerne ausgegebene Kapellenturm der Burg wurde erst Anfang des 13. Jahrhunderts erbaut, die ältesten Teile der Burg entstanden frühestens in der zweiten Hälfte des 12. Jahrhunderts. Erst 1135 nämlich hatte ein Graf von Grüningen die Hälfte der Ortschaft Braubach dem Erzbischof von Mainz geschenkt. Dort residierten damals die Herren von Eppstein, die um eine dem Evangelisten Markus geweihte Kapelle eine erste Zollburg errichteten.

Durch Heirat kam die Burg 1283 an die Grafen von Katzenelnbogen, die sie im 14. Jahrhundert weitgehend zu ihrer heutigen Gestalt ausbauten. Bis zum Dreißigjährigen Krieg gab es für den Bau keine ernsthafte militärische Bedrohung, und der große Krieg selbst schadete ebenfalls wenig. Ab 1643 nämlich waren die Wehranlagen unter Johann dem Streitbaren noch einmal verstärkt worden, so daß die Burg die Schweden ebenso abblitzen ließ wie Wallenstein.

Auch die Folgezeit überstand die Burg weitgehend unbeschadet, auch wenn es mit dem baulichen Zustand und dem Inventar zusehends bergab ging. Die Rettung für die nie zerstörte Burg brachte erst der Architekt Bodo Ebhardt, der 1899 die Vereinigung zur Erhaltung deutscher Burgen gründete, 1900 mit diesem Verein die Burg übernahm und in den Folgejahren liebevoll restaurierte. Noch heute residiert die Folgeorganisation dieser Vereinigung als *Deutsche Burgenvereinigung* auf der Marksburg. Sie sorgte auch dafür, daß die Kriegsschäden vom März 1945 wieder völlig beseitigt wurden.

Heute thront die Burg wie seit Jahrhunderten in 160 Meter Höhe über dem Rhein und grüßt mit ihrem unverwechselbaren vierzig Meter hohen Bergfried. In Anlehnung an französische Vorbilder hat dieser die in Deutschland sonst nicht so häufige «Butterfaßform» mit einem quadratisch schlanken, unteren Teil und einem schmäleren, runden Aufsatz (dem Stiel zum Stoßen der Butter). Der Zugang zur Burg selbst führt durch nicht weniger als vier mächtige Tore, durch mächtige Zwinger und über eine in den Felsen gehauene Reitertreppe bis hinauf zum inneren Burghof.

Vom äußeren Tor, dem Zugbrückentor, bis zum Fuchstor, dem Eingang zur Vorburg, ist der Zugang als Tunnelgang mit Deckenöffnungen ausgebildet. Die letzte Barriere, die Eiserne Pforte, ist eine Torhalle mit Zugang in den inneren, dreieckig angelegten Burghof. Sein größter Teil ist allerdings mit dem freistehenden Bergfried ausgefüllt, so daß auf zwei Seiten nur je ein schmaler Durchgang bleibt. Dieser Zustand ergab sich allerdings erst zu Beginn des 18. Jahrhunderts, als im Südwesten der Rheinbau errichtet wurde. Sein Platz gehörte ursprünglich zum inneren Burghof.

Ältester Teil neben dem Bergfried ist der Nordbau, der alte Palas. Von seinen romanischen Mauern haben sich Tonnengewölbe im westlichen Keller und an der Hofseite ein Rundbogenfries mit figürlichen Konsolen und Dreipaßöffnungen erhalten. Von den Grafen von Katzenelnbogen

Die Marksburg, oberhalb von Braubach am Rhein, wird gerne als Paradebeispiel einer typisch deutschen Burg präsentiert. Angeblich soll sich in ihrer Martinskapelle schon Kaiser Heinrich IV. verborgen haben, als er im Jahre 1105 zum Mainzer Reichstag zog. Doch damals gab es diese Bilderbuchburg überhaupt noch nicht. Ihre ältesten Teile entstanden frühestens in der 2. Hälfte des 12. Jh., zu ihrer heutigen Gestalt wurde die Anlage erst im 14. Jh. ausgebaut. Dafür trotzte die Burg erfolgreich allen Belagerungsversuchen bis hin zu denjenigen Wallensteins. Die nie zerstörte Burg bietet den Besuchern noch heute ein Stück Mittelalter.

stammt der zweite Palas, ein Saalbau, der als reiner Repräsentationsbau je einen großen Saal im Unter- und Obergeschoß aufweist.

Von der ursprünglichen Inneneinrichtung ist nichts erhalten, doch wurde von der Eigentümerin der Burg alles getan, originale Ausstattungsstücke zu sammeln und damit in der Burg mittelalterliche Lebensart zu dokumentieren. Von der Folterkammer bis zur Schmiede, von der Küche bis zur Waffenkammer ist alles zu sehen, was einst zum Leben in einer Burg gehörte.

Das Steinerne Schiff

Zu den eindrucksvollsten Bildern am gesamten deutschen Teil des Rheins gehört sicher die stark an ein altertümliches, mit Deckaufbauten überladenes Schiff erinnernde Zollburg Pfalzgrafenstein im Rhein vor Kaub. Sie spielte eine wichtige Rolle im langwierigen Streit zwischen Kaiser Ludwig dem Bayern und dem Papst, der Ludwig mit dem Aufruf an die geistlichen Kurfürsten zu schwächen suchte, den Zoll entweder zu verhindern oder aber zumindest in die eigene Taschen zu lenken.

Kaiser Ludwig IV. reagierte darauf 1325 mit dem Bau eines Zollturmes auf der Rheininsel Falkenau unterhalb seiner Burg Gutenfels. Der feste, fünfeckige Turm Pfalzgrafenstein wurde damit zum direkten Stein des Anstoßes zwischen Kaiser und den Herren von Kurtrier, Kurmainz und Kurköln. 1327 sprach deshalb Johannes XXII. über Ludwig IV. den Bann aus und begründete dies in einem Rundschreiben an die Fürst-Erzbischöfe von Mainz, Köln und Trier damit, daß Ludwig zum Nachteil der geistlichen und weltlichen Personen bei der Burg Gutenfels neue und schwere Abgaben eintreibe und trotz Verbot im Rhein seinen Zollturm errichtet habe.

Ludwig scherte all dies zunächst wenig. Noch 1338 ließ er seine Kurfürsten sogar erklären, daß der von ihnen Gewählte auch ohne päpstliche Legitimation, allein durch die Wahl alle königlichen und kaiserlichen Rechte erhalte. All das aber änderte nichts daran, daß mit Ludwigs Tod die Herrschaft für vier Generationen von den Wittelsbachern an die Luxemburger überging. Treibende Kraft war dabei einmal mehr der greise Fürst-Erzbischof Balduin von Trier.

Noch unter Ludwig dem Bayern wurde von 1338–1342 um den Zollturm eine dreigeschossige Wehrmauer in Form eines langgestreckten Sechsecks errichtet. Damit war die Schiffsform endgültig vorgegeben. Zum «Schlachtschiff» baute schließlich Kurfürst Friedrich IV. Pfalzgrafenstein im Jahre 1607 aus. Damals wurde nicht nur die vom Eisgang bedrohte Südspitze der Ringmauer mit Sandsteinquadern verstärkt, sondern vor allem auch die erkerartig vorkragende Geschützbastion über dem «Bug» eingebaut. Die vielen Einzeltürmchen und die welsche Haube des Zollturmes sind dagegen erst Zutaten des 18. Jahrhunderts.

Heute präsentiert sich Pfalzgrafenstein nach einer umfassenden Restaurierung in alter Schönheit und vor allem in historischer Farbigkeit. Auch der Innenhof mit seinen über mehreren Geschossen angeordneten Wehrgängen bietet mit dem Farbspiel zwischen weißen Flächen und rotem Fachwerk und dem Wechselspiel zwischen Galerien und Türmchen ein außergewöhnlich malerisches Bild.

Die Attraktivität des «Steinernen Schiffes» lenkt nur allzuleicht ab von der dahinter über steilen Rebhängen in 110 Meter Höhe über dem Rhein liegenden Burg Gutenfels. Dabei war sie die Hauptburg, Pfalzgrafenstein dagegen nur eine vorgeschobene Bastion. Als Burg Cuba entstand sie um 1200 unter den Herren von Falkenstein. Im Jahre 1277 wurde sie an Kurpfalz verkauft. Die Wittelsbacher bekamen damit Einfluß auf den wichtigen Rheinübergang und den mit der Burg verbundenen Zoll.

Ihren heutigen Namen bekam die Burg Gutenfels im Jahre 1504, als Landgraf Wilhelm von Hessen im bayerisch-pfälzischen Erbfolgekrieg um das Erbe Herzog Georgs des Reichen von Landshut kämpfte und sie belagerte. Weil über achthundert Kanonenkugeln die Burg nicht brechen konnten, wurde sie fortan Gutenfels genannt.

Was im Dreißigjährigen Krieg dem Schwedenkönig Gustav Adolf längere Zeit als Standquartier diente, wurde auf Veranlassung Napoleons «entfestigt». 1807 schließlich war *höchsten Orts der Verkauf der Gebäude auf der Vestung Gutenfels auf den Abbruch gnädigst beschlossen worden.* Wieder aufgebaut wurde die Burg ab 1886 vom Kölner Architekten Gustav Walter.

Die Zollburg Pfalzgrafenstein im Rhein vor Kaub entstand ab 1325 im Auftrag Kaiser Ludwigs des Bayern, der damit den geistlichen Kurfürsten und dem Papst Widerstand leistete. Dem Kaiser brachte dies zwar den päpstlichen Bann, nicht aber den Verlust seiner Zolleinnahmen ein. Nach seinem Tode verloren allerdings die Wittelsbacher deshalb die Herrschaft. Zur heutigen Form eines "Schlachtschiffes" baute Kurfürst Friedrich IV. Pfalzgrafenstein im Jahre 1607 aus. Die vielen Einzeltürmchen und die welsche Haube des alten Zollturmes sind Zutaten des 18. Jh.

Residenzen an der Mosel

Deutschlands romantischste Burg

Durch die Einsamkeit und Schönheit der Lage der Phantasie wunderbar entgegenkommend, ist Burg Eltz für den unmittelbaren Eindruck die Burg schlechthin. Dem Urteil des Kunstkritikers Georg Dehio folgt sicher jeder gerne, der jemals das Auftauchen der Burg aus dem Laubwald erlebte. Kaum eine Burg scheint mit ihren hoch verschachtelten Bauten, Erkern und Türmchen, ihrem wuchtig wirkenden Quadermauerwerk und dem heimeligen Fachwerk darüber so den Inbegriff einer Burg zu verkörpern, wie der Bau der Herren von Eltz am gleichnamigen, nördlichen Nebenfluß der Mosel.

Was aber soll das zweifellos einschränkend gemeinte Wörtchen «unmittelbar»? Soll damit etwa gar ausgedrückt werden, die nicht umsonst als eine Art Symbol verstandene und deshalb auch auf unserem 500-Mark-Schein abgebildete Burg sei im strengen Sinne gar keine richtige Burg? Zweifel jedenfalls scheinen angebracht, so daß der Frage nachgegangen werden muß.

Wie es sich für eine richtige Burg gehört, steht Eltz auf einem strategisch äußerst günstigen Plätzchen, hoch oben auf einem einer schmalen Ellipse ähnelnden Fels über dem Bächlein Eltz. Rein optisch schauen die Mauern von außen auch ziemlich wehrhaft aus, doch tauchen hier bereits zurecht die ersten Zweifel auf. Zu keiner Zeit konnte der kleine Bach irgendetwas schützen und so richtig unzugänglich ist der Burgfelsen auch nicht. Wo aber natürlicher Schutz fehlte, müßte er zumindest durch mächtige Zwingeranlagen ersetzt worden sein. Genau davon aber kann bei der Burg Eltz auch nicht die Rede sein. Wenn sie aber schon keine so richtig wehrhafte Burg sein soll, was ist dann das so verschachtelte Bauwerk wirklich?

Ganz im Anfang sollte auf dem rund siebzig Meter hohen Felsen zweifellos eine richtig wehrhafte Burg entstehen. Ihr Erbauer war ein 1157 urkundlich bezeugter Rudolph von Eltz, der einen heute noch teilweise erhaltenen, spätromanischen Bergfried und den dazugehörigen Palas errichtete. Ob dazu auch eine Wehranlage entstanden war, ist zumindest nicht mehr nachweisbar.

Sehr wohl nachweisbar dagegen ist ein 1268 eingetretenes Ereignis, das für die gesamte spätere Entwicklung der Burg von entscheidender Bedeutung sein sollte. Damals nämlich teilten sich die Brüder Elias, Wilhelm und Theoderich die Burg samt den dazugehörigen Gütern zu gleichen Teilen und bildeten drei Hauptlinien des Hauses Eltz unter den Namen Eltz vom Goldenen Löwen, Eltz vom Silbernen Löwen und Eltz von den Büffelhörnern. Rein rechtlich wurde damit aus der Burg eine Ganerbenburg, in der die verschiedenen Linien des Hauses in einer Erb- und Wohngemeinschaft zusammenlebten. Bezogen auf heutiges Recht könnte man diese Form des Zusammenlebens als eine Vorstufe einer modernen Eigentumswohnanlage ansehen.

Ähnlich wie in jeder Eigentumswohnanlage gab es natürlich auch in einer Ganerbengemeinschaft Probleme für das friedliche Zusammenleben. Sogenannte «Burgfriedensbriefe» regelten daher Rechte und Pflichten für das Zusammenleben, die Verwaltung und die Unterhaltung des Hauses. Der älteste für Eltz erhaltene Brief stammt immerhin aus dem Jahre 1323. Daß für alle Eventualitäten vorgesorgt wurde, mag eine Passage aus einem dieser Briefe belegen. Darin heißt es: *Wer von uns den anderen, sin Broder oder sin Kinder binnen dessen Burch oder Burchfrieden dot schlüge, da Go for sy, derselbe sal von Stont an das Hus rumen und hie, noch sine Erben sullen sich nummer keins Rechten am Schloß Eltze vermessen bis zur Besserung des Doitschlags.*

Die einzige, wirklich bedrohliche Situation kam für die damals noch kleine Burg im frühen 14. Jahrhundert. Damals versuchte der aus Luxemburg stammende Kurfürst Balduin von Trier seinen Besitz abzurunden, indem er die freie Reichsritterschaft zu verdrängen begann. Durch das Abschneiden der Versorgungswege und den Bau einer kleinen Gegenburg zur Beschießung wurde auch Eltz 1333 zur Kapitulation gezwungen. Die Burg fiel damit an Kurtrier, blieb aber nach einem förmlichen Friedensvertrag als Lehen in den Händen der Herren von Eltz.

Die Burg schlechthin scheint die in den Wäldern nördlich der unteren Mosel versteckte Burg Eltz zu sein. Wehrhaft aber war Burg Eltz nie. Bereits 1268 nämlich teilte sich die Familie Eltz in drei Linien auf und machte aus ihrem Stammsitz eine Ganerbenburg. Heute würde man das eine Eigentumswohnanlage nennen. Daß es das älteste und nie zerstörte Gemeinschaftseigentum Deutschlands ist, macht bis heute den Reiz dieses so romantischen Baues aus.

Zu Stein gewordener Traum von der Idealvorstellung einer Burg wurde Eltz im 15. Jahrhundert, als die verschiedenen Zweige der Familie damit begannen, ihre eigenen Wohntürme auf dem engen Burgfelsen zu errichten. Um einen winzigen Innenhof entstanden insgesamt acht gotische Wohntürme mit jeweils eigenen Namen. Statt mit handfesten Wehrbauten wurde der enge Felsen mit einer Randhausburg gefüllt, die nicht zu verteidigen gewesen wäre. Im romantischen Kleid entstanden vielmehr nahezu hundert Wohnräume, in denen zeitweise weit über hundert Mitglieder der weit verzweigten Familie Eltz lebten.

Anders als viele andere Burgherren, die sich vielleicht allzusehr auf ihre wehrhaften Mauern verließen, setzten die Eltzer sehr viel mehr auf ihr diplomatisches Geschick. Immerhin brachten es die Lehnsherren von Triers Gnaden dazu, daß einer der ihren, Jacob von Eltz, 1567 selbst zum Kurfürsten von Trier gewählt wurde. Noch eine Stufe weiter hinauf kletterte Philipp Karl von Eltz, der 1732 zum Mainzer Kurfürsten und damit zum damals mächtigsten Kirchenfürsten nördlich der Alpen gewählt wurde. Als Oberhaupt der deutschen katholischen Kirche stand er im Rang gleich nach dem Papst und leitete als Reichs-Erzkanzler den Reichstag zu Regensburg. Mit seiner Stimme entschied er die Kaiserwahl und krönte Kaiser Karl VII.

Bei soviel diplomatischem Geschick ist es nicht weiter verwunderlich, daß es den Herren von Eltz stets gelang, Bedrohungen ihres Stammsitzes auf diplomatischem Wege abzuwenden. Die Wirren des Dreißigjährigen Krieges überstanden sie Dank der Tatsache, daß ein Zweig ihrer Familie protestantisch geworden war, der Zerstörung im pfälzischen Erbfolgekrieg entgingen sie dadurch, daß einer der ihren als französischer Offizier die Hand über die Burg hielt. Selbst in napoleonischer Zeit nützten die engen Beziehungen zu Frankreich so viel, daß die Burg gerade für zwei Jahre der Kommandantur in Koblenz unterstellt wurde, niemandem sonst aber ein Haar gekrümmt wurde. Auch die letzten Kriege überstand die Burg völlig unbeschadet. Bis heute ist sie in Familienbesitz und aufs sorgfältigste gepflegt.

Achthundert Jahre ohne Zerstörung, achthundert Jahre Familientradition in einem Haus haben auf Burg Eltz dazu geführt, daß auch der Besucher im wahrsten Sinne des Wortes einen Spaziergang durch acht Jahrhunderte Wohn- und Baukultur machen kann; denn auch das gesamte Inventar ist erhalten geblieben. So zeigt die Waffenhalle des Rübenacher Hauses Waffen vom Brandpfeil bis zum Radschloßgewehr des 17. Jahrhunderts, der Rübenacher Untersaal gibt einen Einblick in die Wohnkultur des 15. und 16. Jahrhunderts mit kostbaren Tafelbildern, unter anderem von Lucas Cranach dem Älteren, einer Hochzeitstruhe von 1522 und einer Wanduhr von 1443. Fast eine Kulturgeschichte des offenen Kamins könnte man an den zahllosen Feuerstellen mit ihren teils kunstvollen Kaminplatten ablesen.

Eine ganze Reihe besonderer Kleinode enthält die um 1327 zwischen dem Pfortenhaus und dem Haus Rodendorf errichtete Kapelle. Außer einer Madonna von Lucas Cranach dem Älteren barg sie vor allem die früheste, im 13. Jahrhundert gearbeitete, rheinische Monstranz, die uns überhaupt erhalten geblieben ist (jetzt in der Schatzkammer).

Der größte Raum der Burg ist ihr Rittersaal. Er war als Gemeinschaftsraum allen Familien als Fest- und Verhandlungssaal zugänglich. Noch heute dokumentieren die Narrenmasken unter dem Mittelbalken und in einzelnen Ecken des Raumes das Symbol der Redefreiheit und die Schweigerose über dem Ausgang als Symbol der Verschwiegenheit die ursprüngliche Bestimmung dieses Raumes.

Die größten Schätze der Burg sind heute in fünf architektonisch ausgesprochen interessant gestalteten Räumen und Gewölben des 15. Jahrhunderts ausgestellt. Gold- und Silberschmiedearbeiten, Elfenbeinschnitzereien, Münzen, Medaillen, Schmuck, Gläser, Porzellan, Bestecke, Kleidungsstücke, Waffen, Rüstungen und sakrale Gegenstände; sie alle erläutern in stilgerechter Umgebung die kulturhistorische Bedeutung von Burg Eltz.

Die Reichsburg an der Mittelmosel

Kurfürst Balduin von Trier hatte ein recht einnehmendes Wesen. Mußte er bei der Burg Eltz noch Gewalt anwenden, so fiel ihm die Reichsburg Cochem hoch über der Mosel fast als Geschenk des Himmels in den Schoß. 1294 nämlich hatte König Adolf von Nassau Burg und Stadt Cochem sowie rund fünfzig dazugehörende Orte dem Erzbischof Boemund von Trier für eine so hohe Summe verpfänden müssen, daß auch sein Nachfolger, König Albrecht I. von Österreich, nicht in der Lage war, das Pfand wieder einzulösen. Albrecht mußte deshalb 1298 den Trierer Erzbischof zum erblichen Burggrafen der Herrschaft Cochem ernennen und ihm Zoll, Gerichtsbarkeit und alle anderen Gerechtsame übertragen. In den Jahren 1314 und 1332 bestätigte Kaiser Ludwig der Bayer diese Übertragung ausdrücklich mit der einzigen Einschränkung, daß dem Kaiser das Öffnungsrecht und der Gebrauch der Burg in Kriegszeiten vorbehalten bleibe.

Der Blick in den Innenhof von Burg Eltz zeigt, wie die verschiedenen Zweige der Familie ihre eigenen Wohnteile ausbauten. Im romantischen Burgkleid entstanden so nahezu hundert Wohnräume, in denen zeitweise über hundert Mitglieder der weit verzweigten Familie lebten.

Kurfürst Balduin nutzte die Gunst der Stunde und baute die staufische Höhenburg über der Mosel durch starke Verteidigungswerke zu einer mit der Stadt durch Mauern verbundenen Festung aus. Von einer Plattform über der südöstlichen Mauerecke ließ er eine eiserne Kette bis hinunter und über die Mosel spannen. Die Burg war damit zur reinen Zollstation geworden, der Kurfürst und Erzbischof von Trier fungierte als oberster Zolleinnehmer an der Mosel.

War dieses einnehmende Wesen für einen Bischof schon nicht gerade rühmlich, so hatte es doch wenigstens in Cochem schon Tradition. Zumindest ist belegt, daß Pfalzgraf Wilhelm bereits 1130 dem Kloster St. Matthias bei Trier und 1136 der Abtei Springiersbach den Schiffszoll bei der Burg Cochem erließ. Wann der Zoll selbst eingeführt worden war, ist dagegen nicht belegt. Lediglich vom 20. Dezember 866 ist aus dem Goldenen Buch der Abtei Prüm bekannt, daß es einen Herrenhof zu Cuchuma gab. Der aber dürfte im Tal gelegen haben.

Mit einiger Wahrscheinlichkeit wurde der Burgberg erst unter Pfalzgraf Ezzo um 1020 bebaut. Dieser Ezzo war jedoch nur Lehensherr, da Cochem und die Burg bereits damals Reichsbesitz waren. Nach dem Tod von Pfalzgraf Wilhelm zog König Konrad III. die Burg und das dazugehörige Herrschaftsgebiet als erledigtes Reichslehen ein. Bis zur Verpfändung 1294 blieb Cochem Reichsburg.

Bis zur Übernahme durch die Trierer Bischöfe war die Burg eher bescheiden. Sie bestand aus einem achteckigen Bergfried mit quadratischem Kern, errichtet vermutlich 1051, und einem rechteckigen Wohntrakt. Das Ganze war von einer nahezu kreisförmigen Mauer umschlossen und konnte bei einem Angriff nur durch Rundumverteidigung gehalten werden.

Zur gotischen Trutzburg mit Zwinger, Verteidigungsbastionen, Fluchtwegen und Brunnen bis zur Talsohle wurde Burg Cochem erst durch die Trierer Bischöfe ausgebaut. Endgültig fertiggestellt war die Burg beim Tod von Kurfürst Balduin 1354. Den Dreißigjährigen Krieg überstand sie ohne größere Schäden, obwohl 1650 in einer Kellereirechnung von Vernachlässigung der Anlage die Rede ist. 1662 war wohl alles wieder in Ordnung gebracht, so daß sich die Franzosen 1673 veranlaßt sahen, die Burg zu beschießen. 1689 schließlich wurde die Anlage in Schutt und Asche gelegt.

Übrigblieben war nach einer Beschreibung von 1862 lediglich ein *unten fünfeckig, oben quadratisch geformter Hauptturm und ein daneben stehender, runder mit mittelalterlichen Freskomalereien verzierter Treppenturm.* In diesem Zustand kaufte der Kommerzienrat Jakob Louis Ravené 1868 die Burg für ganze dreihundert Taler vom preußischen Domänenfiskus und machte sich unverdrossen an den Wiederaufbau.

Grundlage dafür war ein alter Kupferstich von 1576, der die türmchenreiche, gotische Anlage des Bischofs Balduin zeigt. Bis 1890 entstand so nach den Vorstellungen des Herrn Kommerzienrats Ende des 19. Jahrhunderts noch einmal eine gotische Burg. Daß ihre allzu opulent geratene Innenausstattung dem unbefangenen Besucher ein falsches Bild vom Leben in einer mittelalterlichen Burg vermittelt, ist dabei nur ein kleiner Schönheitsfehler, ziert sie dafür doch wie vor sechshundert Jahren das weite Tal der Mosel wieder.

Die Burg auf einem Burgkegel an der Mosel bei Cochem war von 1020 bis 1294 Reichsburg und kam dann in die Hände der Trierer Bischöfe. Sie machten daraus eine gotische Trutzburg mit Zwinger, Verteidigungsbastionen, geheimen Fluchtwegen und Brunnen bis zur Talsohle. Fertiggestellt wurde die bischöfliche Zollburg unter Kurfürst Balduin vor 1354. Erst 1689 legten die Franzosen die Burg in Schutt und Asche. Was heute den Cochemer Burgberg ziert, ist das Werk des Commerzienrates Jakob Louis Ravené, der die Ruine 1868 vom preußischen Domänenfiskus kaufte und nach einem alten Kupferstich von 1576 neu erstehen ließ.

Württembergische Residenzen

Die Burg beim Stuten-Garten

Kaum für eine Theaterdekoration gut genug, war das vernichtende Urteil des Geheimrats Goethe über das Stuttgarter Alte Schloß, nachdem er sich eine schlaflose Nacht lang über schwäbische Wanzen in seinem Quartier geärgert hatte. Ob tatsächlich nur der Ärger oder der stille Vergleich mit den Zuständen in Weimar die Ursache war, ist nicht überliefert, wohl aber, daß Goethe den Schwaben im allgemeinen und den Stuttgartern im besonderen nicht allzuviel Kunstverstand unterstellte und die für ihn ungastliche Stätte rasch wieder verließ.

Wer heute vom stets etwas steril wirkenden großen Schloßplatz zu den abweisenden Mauern des Alten Schlosses hinüberblickt und vielleicht ebenfalls so den einen oder anderen stillen Vergleich zieht, mag dem Herrn Geheimrat im nachhinein durchaus recht geben: Einladendes ist hier zunächst zumindest nicht zu spüren. Warum das nicht erst heute so ist, sondern wohl immer schon so war, zeigt recht schnell ein kurzer Blick auf die Geschichte dieses «Schlosses».

Sie beginnt schon wenig rühmlich mit einem kleinen Dorf, in dem Pferde gezüchtet wurden. Es war Eigentum von Markgraf Rudolf von Baden, von dem nur zu berichten ist, daß er das Dorf mit Mauern umgab und seine Tochter einem Grafen von Württemberg vermählen konnte. Graf Ulrich I. aus diesem Hause, genannt der Stifter, nutzte die geschützte Lage und errichtete eine Wasserburg. Schon sein Nachfolger, Graf Eberhard I., mußte 1286 aber wieder der Übermacht von Kaiser Rudolf weichen, der Burg und Städtchen 1310 der damals etwa fünfmal so großen Reichsstadt Esslingen übergab. Immerhin stammt aber aus dieser Zeit noch der älteste, heute noch erhaltene Teil des Alten Schlosses, die Dürnitz.

Graf Ulrich, dem Vielgeliebten, gelang es zwar, die Stadt auszuweiten (von ihm stammt das Regelmaß des Schachbrettes in der Altstadt), den entscheidenden Schritt nach vorne jedoch machte erst Graf Eberhard im Bart, dem es 1442 gelang, Württemberg zu einigen und die Herzogwürde zu erreichen. Erst 1553 war es dann aber unter Herzog Christoph so weit, daß an eine Erneuerung des Alten Schlosses gedacht werden konnte. Den Auftrag dazu bekam Aberlin Tretsch, der aus dem Amtssitz in der Wasserburg endlich eine Residenz im Sinne der Renaissance gestalten sollte.

Nahezu 25 Jahre lang wurde zwar gebaut, ohne daß jedoch die Wassergräben aufgegeben worden wären. Die Erweiterung erfolgte gegen Nordwesten, der neue Geist aber zog nur im so gebildeten Innenhof ein. Im Westen und Osten wurden zwei Rundtürme errichtet und die Dürnitz bekam eine Terrasse und ein zusätzliches Stockwerk. Außen blieb der wehrhafte Charakter vollständig erhalten. Im Inneren dagegen entstand ein als Turnierplatz gedachter Innenhof, der auf drei Seiten mit dreigeschossigen Arkadengängen mit flachen Bogen und kannelierten Säulen umgeben war. Nach schweren Kriegsschäden ist dieser Innenhof heute wieder hergestellt, das Bauwerk selbst beherbergt das Württembergische Landesmuseum.

Das schwäbische Versailles

Als zur Regierungszeit Herzog Eberhard Ludwigs von Württemberg eine hochgestellte Dame den Hofkaplan Oechslin bat, sie ins Kirchengebet aufzunehmen, soll der geantwortet haben, dies sei nicht mehr notwendig, denn ganz Württemberg bete ohnehin schon «Herr, erlöse uns von dem Übel.» Daß der mutige Hofkaplan nicht in den Kerker wanderte, war wohl reines Glück, denn die Dame war immerhin die Mecklenburgerin Christiane Wilhelmine von Gräfenitz und die Mätresse des Herzogs. Zwar nicht allein ihretwegen, aber von ihr sehr bestärkt, baute er das zweitgrößte Barockschloß Europas und verlegte ausschließlich wegen ihr sogar seine Residenz von Stuttgart nach Ludwigsburg.

Das alte Corps de Logis von Schloß Ludwigsburg, ein Gemeinschaftswerk von Jenisch und Nette, wurde bis 1714 fertiggestellt. Die Abbildung zeigt die ehemalige Gartenseite, die durch den später errichteten neuen Fürstenbau zur Innenhoffassade abgewertet wurde.

Folgende Doppelseite:
Die Nordansicht des alten Corps de Logis verrät noch durchaus, daß Jenisch als erster Baumeister in Ludwigsburg das Schloß im Stil eines italienischen Palazzo errichten wollte. Nach Westen schließen an das alte Corps de Logis die westliche Spiegelgalerie, der Westpavillon und dahinter die Ordenskapelle an.

Als 1693 der gerade sechzehnjährige Eberhard Ludwig vom Kaiser für regierungsfähig erklärt wurde, weil er württembergische Truppen brauchte, ahnte im Alten Schloß von Stuttgart wohl niemand, welche Umwälzungen in den folgenden vierzig Jahren auf die bisher so stille Residenz zukommen würden. Nach militärischen Erfolgen (der junge Herzog kämpfte unter Prinz Eugen gegen Bayern und Frankreich und hatte 1704 Teil am glänzenden Sieg der kaiserlichen Seite bei Höchstädt) empfand er nämlich seine Residenz nicht mehr als standesgemäß.

Weil ein Neubau am alten Platz nach den Vorstellungen der Zeit auch keineswegs in die Weite großer Parkanlagen hätte ausgedehnt werden können, wurde noch im Jahre des Sieges mit dem Bau einer völlig neuen Schloßanlage im Stil eines italienischen Palazzo auf dem Grund eines herzoglichen Jagdgutes nördlich von Stuttgart begonnen. Die Bauleitung für das Projekt erhielt der württembergische und wohl etwas konservative Baumeister Philipp Joseph Jenisch, der sich allerdings nicht sehr lange halten konnte. Im Winter 1706 nämlich lernte Eberhard Ludwig die neue Schloßanlage des «Blauen Kurfürsten» Max Emanuel von Bayern in Schleißheim kennen und mußte sich dabei wohl eingestehen, wie rückständig sein eigenes Bauvorhaben war.

Die unmittelbare Folge war die Ablösung von Jenisch und die Berufung des Hauptmanns und Festungsbaumeisters Johann Friedrich Nette, der das heutige *Alte Corps de logis* halbfertig von Jenisch übernahm und nach eigenen Plänen vollendete. Bis zu seinem Tode 1714 kamen noch die beiden Galerien mit den anschließenden Pavillons und die Trakte des Ordens- und Riesenbaues dazu. Das Schloß hatte sich damit bereits zu einer respektablen Dreiflügelanlage gemausert.

Was bisher allgemein als Lustschloß verstanden wurde, sollte auf Betreiben der Grävenitz nun aber eine völlig neue Aufgabe erhalten. Da sich der Herzog längst von seiner Gemahlin getrennt hatte, die Herzogin ihre Stellung im Alten Schloß aber hartnäckig hielt, war die Situation nahezu unerträglich geworden. Der Herzog blieb deshalb immer länger mit seiner Mätresse in Ludwigsburg, bis 1718 die gesamte Hofhaltung dorthin verlegt wurde. Damit aber war die «alte» Dreiflügelanlage bereits wieder zu klein.

Unter der Leitung von Donato Guiseppe Frisoni wurde deshalb nach Nettes Tod unverzüglich und mit größerem Aufwand weiter gebaut. In rascher Folge entstanden nun gegen Süden hin großzügige Kavaliersflügel, die Hofkapelle und die Ordenskapelle. Während die Grävenitz mehr und mehr die Geschicke des Herzogtums in ihre Hände nahm, widmete sich der Herzog nahezu ausschließlich dem weiteren Ausbau seines Schlosses. Parallel dazu entstand die Stadt Ludwigsburg, die 1724 sogar zur neuen Hauptstadt des Herzogtums erhoben wurde. Das Schloß selbst wurde alleinige Residenz, in Stuttgart blieb nur die bescheidene Hofhaltung der rechtmäßigen Herzogin zurück.

Bei aller inzwischen erreichten Großzügigkeit konnte das Schloß die Aufgaben einer Residenz dennoch nicht im vollen Umfange erfüllen, denn auch die Hofhaltung selbst war in der Zwischenzeit immens angewachsen. So schlug Frisoni 1725 vor, ein völlig neues Corps de logis als südlichen Abschluß des Innenhofes zu errichten und es durch zwei lange Galerien mit der alten Anlage zu verbinden. Damit wurde zwar der Blick auf den Garten aus dem Schloßhof und vom alten Corps de logis verbaut, dafür erhielt die neue Beletage einen umso direkteren Zugang zur Gartenseite im Süden.

Bis zum Tode des Herzogs im Jahre 1733 entstand eine riesige Vierflügelanlage mit 452 Räumen in insgesamt achtzehn Gebäuden, die sich symmetrisch um drei Schloßhöfe gruppieren. Dem großzügigen Äußeren entsprach durchaus die Ausstattung im Inneren. Ganze Scharen von Stukkateuren und Malern hatten die Festsäle und Prunkräume zu gestalten, der Verschwendung schienen keine Grenzen gesetzt zu sein.

Und dennoch sollte Eberhard Ludwig durchaus noch übertroffen werden. 1744 nämlich trat ebenfalls mit sechzehn Jahren nach einem elfjährigen Interregnum Herzog Carl Eugen die Regierung an. Die Residenz fand er wieder in Stuttgart vor, doch weigerte er sich, das Alte Schloß zu beziehen, das angeblich das «Ansehen eines Gefängnisses» bot. Um dem Mangel abzuhelfen, wurde das Neue Schloß in Stuttgart errichtet (heute Sitz der Landesregierung). Weil ihm dies trotz allem nicht reichte, ließ er 1764 die Residenz noch einmal in aller Form nach Ludwigsburg verlegen und entfaltete dort ein letztes Mal die ganze Pracht einer absolutistischen Hofhaltung.

Gepriesen wurden seine Oper, sein Ballett, sein Orchester und seine Französische Komödie, die europäischen Ruf genossen. Sein Hofstaat umfaßte nicht weniger als 1800 Bedienstete, gut achthundert Pferde gab es allein im Schloß. Seine Mätresse, Franziska von Hohenheim, erhielt eine Jahresapanage von 24000 Talern, während Schiller als Professor in Jena gerade zweihundert Taler erhielt, und ein gewöhnlicher Landschullehrer mit achtzehn Talern im Jahr auskommen mußte. Für einen einzigen Jagdhund gab der Herzog andererseits 1100 Gulden aus.

Als dem verschwenderischen Carl Eugen das Geld ausging, umstellte er kurzerhand das Haus der Landschaft (das «Parlament» Württembergs), ließ sich 30000 Gulden aushändigen und fuhr

Die alte Dreiflügelanlage von Baumeister Nette wurde mit Frisonis neuem Fürstentrakt über zwei ausgedehnte Galerieflügel verbunden. Der östliche enthält eine Folge von Ahnenbildnissen, das Deckenfresko ist ein Werk von Carlo Carlone.

zum Amüsement nach Venedig. Daß dem aufrührerischen Regimentsmedicus Friedrich Schiller unter solchen Umständen nur die Fahnenflucht als Alternative zur Verhaftung blieb, ist da nicht weiter verwunderlich.

Als 1775 die Hofhaltung neuerlich nach Stuttgart zurückverlegt wurde, kehrte in Ludwigsburg die Stille ein. Nur acht Jahre später heißt es in einem zeitgenössischen Bericht: *Schade um der schönen Anlage des Orts, der angenehmen Gegend, vortrefflichen Promenaden, gesunden Luft, etc., daß er jetzt so wenig bewohnt und würklich öde ist. Es jammert einen Reisenden, diesen würklich angenehmen Ort in der tristen Verfassung zu sehen.*

Eigentlichen Verfall aber ließ man nicht eintreten. Die Innenausstattung dagegen wurde immer wieder um- und neugestaltet. Als Napoleon Herzog Friedrich II. 1803 zum Kurfürsten und 1806 zum König erhoben hatte, wurden Napoleons Schlösser die großen Vorbilder bei der nun klassizistischen Ausrichtung der Ausstattungen unter der Leitung von Nicolaus Friedrich Thouret. Seit dem späten 19. Jahrhundert schließlich wurde begonnen, den barocken Zustand wieder herzustellen. Heute bietet sich dem Besucher eine ungeheure Vielfalt anspruchsvoll ausgestatteter Zimmerfluchten, in denen vom Barock bis zum Empire alle nur denkbaren Stilformen zu entdecken sind.

Was heute werbewirksam als *Blühendes Barock* angepriesen wird, stammt allerdings nur in Ansätzen aus der Zeit von Herzog Eberhard Ludwig. Allein schon durch die dauernde Erweiterung der Schloßanlagen und die wechselnden Ausrichtungen mußte der Park immer wieder neu und anders angelegt werden. Die Anlage vor dem neuen Corps de logis entstand so erst bis zum Jahre 1737, ohne jedoch auf Dauer Bestand zu haben. Jeder neue Schloßherr plante und modellierte um. Erst zwischen 1804 und 1810 kehrte einigermaßen Ruhe ein, nachdem der heutige Empiregarten fertiggestellt war.

Lustschlösser beim Lustschloß

Weil das ehemalige Lustschloß Ludwigsburg zum Residenzschloß geworden war, brauchte der Hofstaat natürlich ein neues Lustschloß. *Favorite* entstand als zierliches Gebäude nach den Plänen von Nette und Frisoni zwischen 1718 und 1723 am Nordende der Achse von Schloß Ludwigsburg. Genutzt wurde das Schlößchen, in dem böhmischer Barock und Chinoiseriemode ineinander fließen, nur für gelegentliche Aufenthalte, vor allem anläßlich von Fasanenjagden. Als 1730 auf Intervention von König Friedrich Wilhelm I. von Preußen die Grävenitz vom Hofe verbannt wurde, entdeckte die wieder in ihre Rechte eingesetzte Gemahlin Johanna Elisabetha das Schlößchen als ihren Lieblingsplatz. Eberhard Ludwig ließ deshalb 1731 die Ausstattung nach ihren Wünschen ändern, *damit den Sommer über gnädigste Herrschaft darinnen mit plaisir divertiren können.*

Natürlich konnte das eher intime Favorite den übersteigerten Ansprüchen von Herzog Carl Eugen vierzig Jahre später in keiner Weise genügen. Er wünschte sich ein «richtiges» Lustschloß, das auch als Sommersitz nutzbar sein sollte. Den Bauplatz dafür fand er im Nordwesten des ausgedehnten Schloßparks von Ludwigsburg am Ufer eines kleinen Sees. Als «Seehaus» entstand das Projekt denn auch von 1760–1764 unter der Leitung von Baumeister Philippe de la Guêpière.

Er errichtete einen sich nach Norden öffnenden, hufeisenförmigen Bau mit zur Seeseite hin konvex vortretendem Mittelteil. Die Kuppel über dem Mittelbau, die Säulenstellungen, die Dachbalustrade und die Mansardendächer verraten mit ihrem französischen Akzent nur zu deutlich die Herkunft des Architekten. Das Innere wurde 1804 auf Anweisung von König Friedrich vom großen Ludwigsburger Klassizisten Nicolaus Friedrich Thouret klassizistisch umgestaltet. Von König Friedrich erhielt das Schlößchen auch seinen Namen *Monrepos.*

«Meine Ruhe» war noch nicht vollendet, als Herzog Carl Eugen bereits ein weiteres Lustschloß für notwendig hielt. Den Auftrag dazu erhielt wieder Philippe de la Guêpière. Der Bauplatz wurde auf einem Bergrücken westlich von Stuttgart gefunden und rasch in eine großzügige Parklandschaft verwandelt. Die Verbindung zu Schloß Ludwigsburg wurde über eine schnurgerade Straße hergestellt.

Guêpière errichtete Schloß *Solitude* in nur vier Jahren von 1763–1767. Die kurze Bauzeit erklärt sich nicht nur aus der Ungeduld des Herzogs, sondern auch aus der leichten Bauweise (Fachwerk auf Mauersockel). Das eingeschossige, aber dennoch recht monumental wirkende Schloß weist ein kuppelbekröntes Mitteloval zwischen zwei niedrigeren Seitenarmen auf. Die Geradlinigkeit der Pilastergliederung, das Gleichmaß der Fensterbekrönungen und die Strenge des Stucks geben dem Ganzen seine klassizistische Prägung. Der Herzog selbst scheint sich trotz aller Eile beim Bau in dieser klassizistischen Strenge nicht allzu wohl gefühlt zu haben. Häufiger Gast auf Solitude jedenfalls war er nie.

Württembergische Burgen

Das Raubnest über dem Neckar

Am Unterlauf des Neckars, dort wo er sich durch die südlichen Ausläufer des Oldenwaldes zwängen muß, liegt auf einer schmalen Felszunge der Prototyp eines Raubritternestes: die Burg der Herren von Zwingenberg. Mit ihrer beherrschenden Lage über dem engen Tal, durch das sich neben dem Neckar eine wichtige Handelsstraße zwängen mußte, bot die Burg geradezu ideale Voraussetzungen für die Errichtung einer Zollstätte und Schlimmerem.

Als Lehensmänner der Grafen von Hohenlohe waren die Zwingenberger nicht unbedingt auf Rosen gebettet. Ihr relativ kleiner Grundbesitz in karger Umgebung reichte sicher kaum zur Erfüllung der Lehenspflichten, geschweige denn für ein «standesgemäßes» Leben. Um dem Dilemma zu entkommen, versuchten es die Zwingenberger zunächst mit einem eigenmächtig erhobenen Zoll auf den auf Neckar und Straße unter ihnen vorbeiziehenden Warenstrom. Widerstand gegen den Zoll wurde mit Waffengewalt gebrochen, und weil Gelegenheit bekanntlich Diebe macht, blieb es dabei bald nicht mehr. Schnell entdeckten die ritterlichen Räuber, daß mit Geiselnahme und Lösegelderpressung sehr viel mehr zu holen war als nur über einen einfachen Zoll.

Bis in die Mitte des 14. Jahrhunderts hinein versuchten die benachbarten Landesherren dem Treiben – offensichtlich mit geringem Erfolg – Einhalt zu gebieten. Wie schlimm es zuletzt zugegangen sein muß, ist allein daran abzulesen, daß das Einschreiten von Kaiser und Reich notwendig war. In ihrem Auftrag rüsteten die Nachbarn, unterstützt vom Schwäbischen Städtebund, 1364 gegen die Burg der Zwingenberger und zerstörten sie. Erhalten blieben dabei nur der Bergfried und die Schildmauer mit ihren mächtigen Buckelquaderwänden. Neue Eigentümer wurden die Pfalz und das Erzstift Mainz.

Mit der Burg wieder aufwärts ging es aber erst 1403. Damals wurden die Brüder Hans und Eberhard von Hirschhorn als neue Lehensträger Burgherren und begannen den Wiederaufbau. Rund vierzehn Jahre lang arbeiteten der Maurermeister Syfriet aus Wimpfen und sein Schwiegervater, der Steinmetz Heinrich Isenmenger, daran, die Burg wieder bewohnbar zu machen und ihr weitgehend ihre heutige Gestalt zu geben. Im Anschluß an den alten Bergfried und die Schildmauer aus romanischer Zeit errichteten sie an der Längsseite des Burghofes Palas und Kemenate neu und gaben der Gesamtanlage einen äußeren Verteidigungsring aus einer mächtigen Mauer mit Wehrtürmen.

Erst in der Renaissance zogen die Handwerker erneut in Zwingenberg ein. Ende des 16. Jahrhunderts ließ der Letzte aus dem Geschlecht Hirschhorn Palas und Kemenate durch einen Zwischenbau mit vorgelegter Arkadenwand verbinden. Entsprechend den gestiegenen Anforderungen an Bequemlichkeit und Wohnkomfort wurde die Kemenate zum Bergfried verlängert und ein eigener Treppenturm mit Renaissancepforte errichtet.

All das brachte keinen Erben, wohl aber ab 1623 einen über hundertjährigen Erbstreit, in dessen Verlauf alleine 53000 Gulden Prozeßkosten anfielen. Zwar hatte der pfälzische Kurfürst die Anlage noch während der Streitereien in Besitz genommen, doch konnte er sich erst 1751 als rechtmäßigen Eigentümer ansehen, nachdem er den vom Gericht ermittelten Erben die Burg bezahlt hatte.

Ganz ohne neue Bausubstanz ging es auch in der Barockzeit nicht ab. Um 1700 wurde die Kemenate um ein Stockwerk erhöht und gegen das Burgtor hin der «Wieserbau» errichtet. Später wurde schließlich auch noch der Palas um ein Stockwerk erhöht. Nach der Auflösung der Pfalz durch Napoleon kam die Burg in den Besitz der Fürsten von Leiningen; 1806 konnte der Großherzog von Baden als neuer Besitzer einziehen. Nur zwei Jahre später kam die Anlage in den Privatbesitz der badischen Markgrafen, die noch heute hier Hausherren sind.

Von der alten Ausstattung ist nicht allzuviel erhalten, sieht man von den beiden Kapellen ab. In der älteren, 1424 geweihten, gibt es Fresken des Weichen Stils zu entdecken, während die jüngere (sie war einst die Dürnitz) holzgeschnitzte Relieffiguren, Büsten von Aposteln und Fragmente eines 1594 geschaffenen Chorgestühls des Klosters Salem birgt. Reste von ornamentaler Wandmalerei an den Hoffassaden geben eine Vorstellung davon, wie der Burghof im 16. Jahrhundert ausgesehen haben mag.

Die Burg in den Löwensteiner Bergen

Noch weit originaler als die Burg Zwingenberg präsentiert sich die nie zerstörte, hoch über den Weinhängen des Bottwartales auf den Ausläufern der Löwensteiner Berge gelegene Burg Lichtenberg. Wohl von der Mitte des 12. Jahrhunderts bis 1357 gehörte die Burg den Herren von Lichtenberg, von denen es einer unter Kaiser Ludwig IV. immerhin zum Kanzler des Kaisers brachte. Nachfolger als Burgherren waren die Württemberger, danach wurde die Burg böhmisches Lehen. Von dort erhielten sie die Freiherren von Weiler, die sie bis heute besitzen.

Auch wenn einer der beiden ursprünglich vorhandenen Bergfriede im Laufe der Jahrhunderte verfiel und der andere einiges von seiner Höhe einbüßte, präsentieren sich weite Teile der Burg noch in den spätromanischen Formen der Bauzeit zwischen 1220 und 1230, belegt durch eindeutige Steinmetzzeichen an Palas, Dürnitz und Kapelle. Betritt man die Burg heute durch die mächtigen, romanischen Eingangstore aus Sandsteinquadern, kommt man in einen unregelmäßig viereckigen Burghof, der mit seinem wohlerhaltenen Fachwerk kaum besser der Idealvorstellung von einem Burghof entsprechen könnte. Die trutzige Wehr nach Osten gewährleistet der auch heute noch gewaltig wirkende Bergfried, den Abschluß nach Süden bildet der Palas mit Kapelle, Dürnitz und darüberliegendem Festsaal.

Das eigentliche Schatzkästlein der Burg aber ist zweifellos ihre ebenfalls zwischen 1220 und 1230 errichtete und im Originalzustand erhaltene Kapelle. Ihre Rundbogen-Blendnischen belegen die Bauzeit, ihre Spitzbogenfenster verraten die vordringende Frühgotik. Gleich drei Malschichten aus romanischer, frühgotischer und spätgotischer Zeit bezeugen gleichermaßen die Frömmigkeit und den Kunstsinn der verschiedenen Burgherren.

An der Altarwand sind in zwei Streifen Szenen aus dem Leben Christi zu sehen: *Taufe, Abendmahl, Gethsemane, Kreuzigung, Auferstehung, Ungläubiger Thomas, Himmelfahrt* und, besonders reizvoll, das seltene Motiv *Rückkehr der Heiligen Familie.* Diese Fresken sind frühgotisch und dürften in der ersten Hälfte des 14. Jahrhunderts entstanden sein. Darunter sind noch Reste einer älteren Malerei mit demselben Thema zu erkennen. Diese Fresken belegen die Originalausmalung aus der Bauzeit, entstanden sind sie um 1225. Ebenfalls frühgotisch ist der Christophorus an der Fensterwand. Auf seiner Gewandschließe zeigt er das Wappen der Herren von Lichtenberg.

Merkmale der frühgotischen Fresken auf Burg Lichtenberg sind die Betonung der Konturlinien, die stark herausgearbeiteten Gewandfalten und die extrem in die Länge gezogenen Figuren. Mit diesem auf zahlreichen Fresken in Südtirol zu beobachtenden Trick sollte den dargestellten Figuren die körperliche Schwere genommen und ihnen geistiges Leben eingehaucht werden. Gemalt wurden die Fresken von einem unbekannten und deshalb nach der Burg «Meister von Lichtenberg» genannten Maler. Er arbeitete auch in der Peterskirche des nahen Dörfchens Oberstenfeld und in der Pfarrkirche von Bächlingen.

Aus spätgotischer Zeit stammen dagegen die Ausmalungen der Fensterleibungen mit verschiedenen Heiligenfiguren. Ebenfalls spätgotisch ist das Bild des Heiligen Georg und das Bild mit den weiblichen Familienmitgliedern der Freiherren von Weiler. Das Gegenstück mit den Herren aus der Familie ist leider nicht erhalten.

Die Salzburg über dem Kocher

Wo heute Schwäbisch Hall liegt, hatten schon die alten Kelten eine Salzstätte genutzt. Ab der frühen Karolingerzeit wurde das *Haal* (von grie. *hals* = Salz) wieder in Betrieb genommen und dann über viele Jahrhunderte intensiv ausgebeutet. Weil Reichtum bekanntlich sinnlich macht, fanden die fränkischen Grafen von Comburg im frühen 10. Jahrhundert, es sei an der Zeit, die kostbare Quelle von Wohlstand und Reichtum unter ihren Schutz zu nehmen. Um diesem Schutz besseren Nachdruck zu verleihen, bauten die Grafen auf einem Umlaufberg des Kochers eine Burg, von der aus sie das gesamte Gebiet vom Kocher bis zur Tauber kontrollierten.

Dank ihrer hervorragenden Lage hätte aus dieser Burg Großes werden können, wäre da nicht Graf Burkard II. von Comburg gewesen. Er war, wie seine 1958 gefundenen Gebeine zeigen, verwachsen und deshalb zum ritterlichen Leben wenig geeignet. Sein Mißgeschick wollte er offen-

Die Burg Lichtenberg thront hoch über Rebhängen des Bottwartales. In weiten Teilen präsentiert sich die Burg noch in den spätromanischen Formen ihrer Bauzeit zwischen 1220 und 1230. Eindeutige Steinmetzzeichen an Palas, Dürnitz und Kapelle belegen dies. In der ebenfalls vor 1230 errichteten und im Originalzustand erhaltenen Kapelle haben sich Fresken aus romanischer, frühgotischer und spätgotischer Zeit erhalten.

sichtlich durch besondere Frömmigkeit ausgleichen und stiftete deshalb 1079 ein Kloster, dem er auch gleich seinen Erbteil an der gräflichen Burg vermachte. Trotz heftigen Familienzwists und Auswirkungen des Investiturstreites setzte Burkard II. seinen Willen durch und erreichte, daß die väterliche Burg abgebrochen und an ihrer Stelle ein gewaltiger Klosterkomplex errichtet wurde.

Dies fiel ihm um so leichter, da sich die Benediktiner auf der Comburg unter dem Einfluß Wilhelms von Hirsau der kluniazensischen Reformbewegung angeschlossen hatten und sich damit auf der Siegerstraße befanden. Nach Erlöschen der Comburger ging die Schutzherrschaft über das junge Kloster an die Hohenstaufer über, die ihrem Schützling rasch zur höchsten Blüte verhalfen. Schon unter Abt Hartwig wurde bis 1139 die größte Ausdehnung des Klosters erreicht und eine Klosterburg geschaffen, die ihresgleichen in deutschen Landen sucht.

Weit weniger rühmlich war der anschließende Niedergang im 14. und 15. Jahrhundert. 1488 mußte das heruntergekommene Kloster gar in ein weltliches Chorherrenstift umgewandelt werden, das dem Würzburger Fürstbischof unterstellt wurde. In der Säkularisation schließlich wurde das Kloster im Jahre 1802 endgültig aufgelöst.

Auch wenn es demnächst bald zweihundert Jahre her sind, seit der letzte Mönch die Comburg verlassen hat, hat die Burg von ihrem Reiz wenig eingebüßt. Wie eh und je wirkt die gewaltige Anlage von weitem wie eine wehrhafte Feste. Ihrem Besucher bietet sie auf engstem Raum Bauten, die von der Romanik bis zum Barock reichen. Allein schon der Zugang ist wie ein Spaziergang in die Geschichte.

Wurde das erste Tor erst in der Barockzeit errichtet, stammt das zweite, der Zugang zum Zwinger, aus der Renaissance. Das dritte, bewehrt mit zwei kleinen Türmen, ist romanisch und wurde im frühen 12. Jahrhundert gebaut. Ebenfalls noch aus der Gründungszeit der Klosterburg stammt der zwölf Meter lange, tonnengewölbte Tunnel als einziger Zugang sowie die fast vollständig erhaltene Ringmauer. Romanik in schönsten Formen findet sich auch im Kreuzgang sowie im ehemaligen Kapitelsaal, der sogenannten Schenkenkapelle. In ihr gibt es sogar noch eine Balkendecke mit Resten romanischer Malerei.

Ein Schmuckstück für sich ist die im wuchtigen Sechseck errichtete Erhardskapelle, die bereits um 1145 als Totenkapelle entstand. Durch ihr Kellergewölbe führt der Weg in die Burg, das Obergeschoß ziert eine gelungene Zwerchgalerie. Reste eines 1226 entstandenen Kreuzigungsbildes über der Altarmensa zeigen, wie die Kapelle ursprünglich ausgemalt war. Die heutige Bemalung stammt von 1562.

Das Herz der Klosteranlage, ihre Kirche, wurde 1079 begonnen und 1088 geweiht. Fertiggestellt waren damals der Westturm, der Westchor und ein Teil der Pfeilerbasilika. Bis zur Mitte des 13. Jahrhunderts kamen die beiden östlichen Chortürme und die drei Ostapsiden dazu.

Zu Beginn des 18. Jahrhunderts mußte das romanische Kirchenschiff leider einem barocken Neubau weichen, den der Würzburger Baumeister Joseph Greising von 1705 bis 1715 errichtete. Bis 1717 wurde der Hochaltar als prächtige Baldachinanlage eingebaut.

Kostbarste Ausstattungsstücke der Kirche sind heute zum einen das berühmte, um 1140 geschaffene *Antependium,* eine Treibarbeit aus vergoldetem Kupfer. In einem mit Zellenschmelz und Edelsteinen geschmückten Rahmengerüst zeigt es die um den Erlöser als Mittelfigur gruppierten Apostel. Das Antependium ist ebenso eine Stiftung des Abtes Hartwig wie der riesige Radleuchter, ebenfalls aus Kupfer getrieben und teilweise vergoldet. Er ist ein Gleichnis des himmlischen Jerusalems und symbolisiert die Heilige Stadt mit ihren zwölf Türmen. Nicht weniger als 412 Figuren schmücken den fünf Meter Durchmesser aufweisenden Leuchter, zu dem es Gegenstücke lediglich in Aachen und Hildesheim gibt.

Die Schwäbisch Haller Salzquellen waren schon früh Quellen höchsten Reichtums. Nicht umsonst fanden deshalb die fränkischen Grafen von Comburg schon im frühen 10. Jh., es sei an der Zeit, die kostbare Quelle von Wohlstand und Reichtum unter ihren Schutz zu nehmen. Um diesem Schutz Nachdruck zu verleihen, bauten die Grafen auf einem Umlaufberg des Kochers eine Burg, von der aus sie das gesamte Gebiet von Kocher bis zur Tauber kontrollierten. Daß Reichtum allein nicht glücklich mache, fand dann Graf Burghard II. von Comburg, der 1079 seine Burg den Benediktinern als Kloster stiftete. Schon 1139 hatten sie unter ihrem Abt Hartwig und dank der schützenden Hand der Hohenstaufer eine Klosterburg geschaffen, die ihresgleichen in deutschen Landen suchte. Auch wenn es seit 1802 auf der Comburg keine Mönche mehr gibt, hat die Burg dennoch bis heute wenig von ihrem Reiz eingebüßt. Dem Besucher bieten sich auf engstem Raum Bauten, die von der Romanik bis zum Barock reichen.

Badische Residenzen

Die Residenz des Türkenlouis

Markgraf Ludwig Wilhelm von Baden-Baden war zeit seines Lebens ein kriegerischer Mann. Mit ganzen 34 Jahren war er bereits Oberbefehlshaber bei der Vertreibung der Türken und der Rückeroberung Ungarns. In den Schlachten von Nisch und Slankamen kämpfte er so erfolgreich gegen die Heerscharen des Halbmondes, daß er als «Türkenlouis» in die europäische Geschichte einging. Dabei waren seine Verdienste als Oberbefehlshaber im pfälzischen Erbfolgekrieg und dann im spanischen Erbfolgekrieg keineswegs weniger bedeutsam. Dennoch blieb ihm für alle Zeiten das «Türkenetikett».

Bei soviel kriegerischem Einsatz dürfte wenig Zeit für die Regierung in der heimatlichen Residenz geblieben sein – möchte man unterstellen und läge damit bereits völlig falsch. Immerhin scheute sich der vielbeschäftigte Markgraf nicht, seine Residenz aus dem hügeligen Baden-Baden in die Ebene von Rastatt zu verlegen und dafür dort eine völlig neue Schloß- und Stadtanlage errichten zu lassen.

In Anlehnung an das Versailler Vorbild entwarf der Wiener Baumeister Domenico Egidio Rossi eine großzügige Dreiflügelanlage mit breitem Fürstentrakt und langgezogenen, niedrigeren Flankenkörpern. Die Stadt der markgräflichen Untertanen sollte sich um drei sternförmig auf die Hauptfassade des Schlosses zulaufenden Straßen ansiedeln. Als Gegenpol zum Schloß wurde der von Kirche und Rathaus gerahmte Marktplatz verstanden, den die drei Radialstraßen durchschnitten und auch rein optisch in der angemessenen Distanz zum Schloß hielten. Gegenpol zur Stadtseite im Westen sollte im Osten eine ausgedehnte Parkanlage werden.

Im Jahre 1705 war der Schloßbau so weit gediehen, daß der Türkenbezwinger von Baden-Baden nach Rastatt in sein kaum halbfertiges neues Residenzschloß umziehen konnte. Nur knapp drei Jahre waren ihm dort allerdings gegönnt, bevor er 1707 nur 52-jährig starb. Einem der ersten Barockschlösser Deutschlands drohte damit ein vorzeitiges Ende, hätte es da nicht die Witwe, Markgräfin Sibylla Augusta aus dem Hause Sachsen-Lauenburg, gegeben. Sie war energisch genug, das Begonnene planmäßig nach dem Konzept Rossis fertigstellen zu lassen. Der Nordflügel mit der Schloßkirche ist ihr ebenso zu verdanken wie der Südflügel mit den Theaterräumen. Heute birgt das Schloß unter anderem ein wehrtechnisches Museum.

Viel mehr als der Weiterbau ihrer Residenz (die Witwe regierte für ihren minderjährigen Sohn) lag der Markgräfin das von ihr 1710 begonnene Lustschloß *Favorite* am Herzen. Es entstand in einem Waldgelände auf halbem Wege zwischen Baden-Baden und Rastatt unter der Leitung des Hofbaumeisters Michael Ludwig Rohrer, den die Bauherrin aus ihrer böhmischen Heimat geholt hatte. In nur zwei Jahren brachte Rohrer den durchgehend dreigeschossigen Rechteckbau mit angedeuteten Seitenflügeln unter Dach, bis 1717 wurde der Innenausbau fertiggestellt.

Auf der Hofseite deuten die kurzen Seitenflügel einen kleinen Ehrenhof an, die Fassade selbst ist mit Pilastern, geschwungenen Fensterkronen und mit einem skulpturverzierten Dreiecksgiebel ausgeschmückt. Ihre optische Fortsetzung finden die Seitenflügel in zwei langgestreckten Arkadentrakten hinter je einer Baumallee. Auf der Gartenseite wirkt der Bau weit weniger streng, da hier eine großzügig angelegte, doppelläufige Freitreppe zum Obergeschoß die Vertikale gliedert.

Das Innere zeigt überdeutlich die Handschrift der Bauherrin. Mit Ausnahme des großen, über die ganze Höhe des Gebäudes reichenden Eß- und Gartensaales, sind die Räume für barocke Vorstellungen eher klein geraten. Um so kostbarer ist dafür ihre Ausstattung ausgefallen. Chinesische Papier- und Seidentapeten wetteifern mit Fayencefliesen in «Delfter Manier», florentinische Pietra-dura-Arbeiten zieren ebenso die Wände wie feinste Petit-point- und Perlenstickereien. Das Spiegelkabinett zieren nicht weniger als 313 Spiegel, allesamt eingelassen in vergoldete Stuckornamente. In die Zimmer der Schloßherrin selbst schließlich wurde geradezu der Garten hereingeholt: sie sind mit hochrankenden Seidenblumen ausgestaltet.

Schloß und Stadt Rastatt entstanden 1697 - 1707 im Auftrag von Markgraf Ludwig Wilhelm und unter der Leitung des Wiener Architekten Domeniko Egidio Rossi. Geplant war, in Anlehnung an das Versailler Vorbild, eine großzügige Dreiflügelanlage mit breitem Fürstentrakt und langgezogenen, niedrigen Flankenkörpern zu errichten. Die Residenzstadt sollte sich um drei sternförmig auf die Hauptfassade des Schlosses zulaufenden Straßen ansiedeln. Weil der Markgraf bereits 1707 starb, mußte seine Gemahlin Sibylla Augusta von Sachsen-Lauenburg den Bau vollenden.

Folgende Doppelseite:
Anfang des 18. Jh. war es unter den absolutistischen Herrschern Mode, Residenzen auf der grünen Wiese zu bauen. Da machte auch Markgraf Karl Wilhelm von Baden-Durlach keine Ausnahme, der 1715 beschloß, sich standesgemäß neu einzurichten. Er selbst legte am 17. Juni desselben Jahres den Grundstein zu einem achteckigen Turm, der als Mittelpunkt einer radial angelegten Stadt Symbol seiner fürstlichen Gnadensonne sein sollte. Wie Speichen von der Nabe eines Rades wurden vom Turm aus 32 schnurgerade Straßen in alle Himmelsrichtungen gezogen und durch einen kleineren und einen größeren Kreis eingefaßt. Der innere Kreisausschnitt bildet den Schloßplatz, der äußere sollte nach Süden hin die Bebauung begrenzen. Wie kaum eine andere Stadt wuchs Karlsruhe so unmittelbar vom Reißbrett.

Den eigentlichen Ruf von Schloß Favorite macht heute aber die mit wenigen Ausnahmen ganz auf die Markgräfin zurückgehende, äußerst kostbare Porzellan- und Fayencesammlung aus. Gut eineinhalbtausend Einzelstücke umfaßt die Sammlung heute, darunter hervorragendes China-Porzellan aus der späten Ming-Zeit bis zur Epoche Yung Chêng (16. bis 18. Jahrhundert). Aus Meißen sind kaum schätzbare Stücke aus der Frühproduktion ebenso vertreten wie Prachtstücke aus Delft.

Weil zu ihrer Zeit der regierenden Witwe wohl niemand ihre Leidenschaft auszureden wagte, gelang es ihr, in rund dreißig Jahren eine Sammlung zusammenzutragen, die heute ihresgleichen sucht. Weil nie zerstört, wurde Schloß Favorite so nicht nur zum ältesten, sondern auch zum einzigen deutschen «Porzellanschloß in alter Fassung».

Die Residenz Carols Ruhe

Im Jahre 1715 beschloß Markgraf Karl Wilhelm von Baden-Durlach, dem Vorbild seines Nachbarn, Markgraf Ludwig Wilhelm von Baden-Baden, zu folgen und auf der grünen Wiese *zu Dero künftigen Ruhe und Gemütsergötzung eine fürstliche Residenz in den sog. Hardtwald nahe bei Mühlburg aufzubauen.* Seine Anlage allerdings sollte die in Rastatt von Anfang an möglichst weit in den Schatten stellen. Aus diesem Grund legte Karl Wilhelm am 17. Juni 1715 den Grundstein zu einem achteckigen Turm, der als Mittelpunkt einer radial angelegten Stadt Symbol seiner fürstlichen Gnadensonne sein sollte.

Wie Speichen von der Nabe eines Rades wurden vom Turm aus 32 schnurgerade Straßen in alle Himmelsrichtungen gezogen und durch einen kleineren und einen größeren Kreis eingefaßt. Das mit der Stadt zu bebauende Kreissegment wurde durch die Außenkanten der Seitenflügel des neuen Residenzschlosses eingegrenzt, das sich dreiflügelig mit stumpfem Winkel gegen Süden hin öffnet. Der innere Kreisausschnitt bildete (und bildet bis heute) den Schloßplatz, der äußere Kranz sollte nach Süden hin die Bebauung begrenzen. Erhalten ist dieser Kreis heute noch im Norden als Adenauer Ring. Alles, was außerhalb des zur Bebauung vorgesehenen Kreis-Segmentes lag, sollte als riesige, barocke Geometrie-Gartenanlage gestaltet werden.

Da man zwar den Bau eines Schlosses befehlen, nicht aber so ohne weiteres Bürger zwingen kann, eine ganze Stadt neu zu bauen, erließ Karl Wilhelm noch von seiner damaligen Residenz Durlach aus seinen legendären Aufruf, sich in der jungen Stadt niederzulassen. Weil umfangreiche «Baugnaden» versprochen wurden, war die Werbung entsprechend erfolgreich, so daß die Stadt wider Erwarten schnell wachsen konnte. Gebaut wurde allerdings weitgehend in Holz und nur zwei Stockwerke hoch. Auch das erste Schloß wurde, sei es aus Zeitgründen, nur in Holzfachwerk-Bauweise errichtet.

Solider und aufwendiger ging es erst unter Karl Wilhelms Nachfolger, Markgraf Karl Friedrich, zu. Der spätere Kurfürst (1803) und Großherzog von Baden (1806) kam im Alter von nur zehn Jahren 1738 offiziell in Amt und Würden – und unter die Vormundschaft seiner Großmutter, Magdalena Wilhelmine. Sie sorgte dafür, daß die Ausbildung des jungen Fürsten auf ein möglichst breites Fundament gestellt wurde und erreichte mit ihrem Weitblick immerhin, daß Baden mit Karl Friedrich den kunstsinnigsten und aufgeklärtesten Fürsten seiner Geschichte erhielt. Unter anderem verdankt ihm das Land die Wiedervereinigung der Landesteile Baden-Baden und Baden-Durlach (1771) und die Aufhebung der Leibeigenschaft bereits im Jahre 1783.

Die immens lange Regierungszeit von Karl Friedrich (offiziell von 1738 bis 1811) sorgte nicht nur dafür, daß der Bauherr den Barock weit überlebte, sondern auch dafür, daß die Turbulenzen der Revolution die Baupläne arg durcheinander brachten. Trotz aller zeitbedingten Geschmacksveränderungen hielt der Markgraf jedoch an der Grundkonzeption der alten Barockstadt fest. Zum eigentlichen Vater der jetzt klassizistisch angelegten Neubauten wurde der aus Karlsruhe stammende Friedrich Weinbrenner, der auf dem alten Straßenschema die der wachsenden Bedeutung von Markgraf Karl Friedrich entsprechende Residenzstadt errichtete. Nicht zuletzt ihm ist es zu verdanken, daß noch heute der Schloßturm Fluchtpunkt der alten Radialstraßen ist.

Stadt und Schloß wurden im letzten Krieg schwer beschädigt, doch blieben vom Schloß wenigstens die Umfassungsmauern stehen. Der reiche Skulpturenschmuck an Giebel und Attika des Mittelbaues, einst ein Werk von Ignaz Lengelacher, ist jetzt ebenso wiederhergestellt wie der Zentrumsturm der alten Barockstadt. Die weitläufigen Räume des Schlosses beherbergen heute das Badische Landesmuseum.

Der Blick auf die Gartenfassade des Corps de Logis des Karlsruher Schlosses verrät heute nichts mehr davon, wie das Schloß unter Karl Wilhelm ursprünglich ausgesehen hatte. Unter seinem Nachfolger Karl Friedrich nämlich baute der Karlsruher Architekt Friedrich Weinbrenner die barocke Anlage klassizistisch aus. Immerhin ist ihm zu verdanken, daß Karl Wilhelms alter Schloßturm noch heute der Fluchtpunkt der alten Karlsruher Radialstraßen ist.

Folgende Doppelseite: Weil die Speyrer Bürger ihrem Fürstbischof Hugo Damian von Schönborn 1720 den Aufenthalt in ihrer Stadt verweigerten, verlegte der seine Residenz kurzerhand nach Bruchsal und begann mit dem Bau einer großzügigen Schloßanlage. Zentrum der eigentlichen Residenz wurde das Corps de Logis mit seinem einmaligen, von Balthasar Neumann gestalteten "Stiegenhaus", das als die "Krone aller Treppenhäuser des Barock" gilt. Unser Bild zeigt die Gartenfassade des Corps de Logis, dessen Entwurf vom Kurmainzer Architekten Anselm Freiherr von Ritter zu Groenesteyn stammt. Vollendet wurde dieser Bau 1760.

Die Residenz des vertriebenen Fürstbischofs

Daß das absolutistische Zeitalter so absolutistisch gar nicht war, bewies zu Beginn des 18. Jahrhunderts die protestantische Reichsstadt Speyer immer wieder. Ihre selbstbewußten Ratsherren lagen mit den Speyrer Fürstbischöfen in Dauerfehde, obwohl diese als Inhaber der obersten geistlichen und weltlichen Macht zugleich auch die Landesherren waren. Mit Kardinal Hugo Damian von Schönborn erreichte dieser Zwist 1720 seinen Höhepunkt. Speyer verweigerte seinem Bischof den ständigen Aufenthalt und brachte ihn damit so weit, seine Residenz nach Bruchsal zu verlegen, das seit einer Schenkung Kaiser Heinrichs III. im Jahre 1056 zum Bistum Speyer gehörte.

Wie alle Herren aus dem Hause Schönborn war auch Hugo Damian vom *Bauwurmb* geplagt. Nachdem er sich für Bruchsal als Stadt und Ort seiner neuen Residenz entschieden hatte, begann dort 1721 nach den Plänen des Kurmainzer Baudirektors Maximilian von Welsch ein emsiges Bauen an der weitläufigen, «separierten» Anlage. Es war dies ein besonderes Anliegen des Bauherrn gewesen, der befohlen hatte: *... muß es auch so gebauet werden, das, wan eine Flam aufgehet, das andere Gebey noch zu erretten, also wirdt fast alles voneinander separiret.* Entsprechend diesem Auftrag wurde zwar eine großzügige Dreiflügelanlage errichtet, darumherum aber entstanden in zahllosen Nebengebäuden die für die Landesverwaltung notwendigen Büro- und Arbeitsräume. Von der Apotheke bis zum Priesterseminar, vom Forstamt bis zum Jagdamt erhielt alles sein eigenes Dach über dem Kopf.

Zentrum der eigentlichen Residenz wurde das Corps de Logis mit seinem einmaligen, von Baltasar Neumann gestalteten «Stiegenhaus», von dem Dehio meinte, es sei *die Krone aller Treppenhäuser des Barock.* Schon 1877 hatte kein Geringerer als Jakob Burckhardt darüber geschrieben: *An Genialität der Anlage bei zwar großen, doch nicht würzburgischen Geldmitteln ist geleistet, was zu leisten war, und der große, mittlere Rundbau mit der Treppe ist geradezu ersten Ranges und ging allen jetzt lebenden Architekten weit über den Kopf! Das könnte keiner und keinem fiel es ein. Die zwei anstoßenden Säle, der Speisesaal (Fürstensaal) und der Kaisersaal (Marmorsaal) bilden damit ein Ensemble ganz überwältigender Wirkung. Ich habe hernach aus Dankgefühl eine Vorlesung über den Rococo gehalten.*

Was zu allen Zeiten so überschwänglich gelobt wurde, war bei seiner Entstehung eher ein gewaltiger Stein des Anstoßes. Zwar war von Anfang an ein festlicher Treppenhaussaal geplant, doch war der bezogen auf eine dreigeschossige Auslegung des Hauptbaues. Weil dem Bauherrn jedoch offensichtlich italienische Vorbilder besser gefielen, ließ der Kardinal kurzerhand zwischen dem Erd- und dem Hauptgeschoß ein niedrigeres Mezzaningeschoß einziehen, ohne die daraus resultierenden Auswirkungen auf das Treppenhaus zu berücksichtigen. Weil das Zwischengeschoß das Hauptgeschoß in die Höhe drückte, reichte der ursprünglich vorgesehene Treppenraum nicht mehr für die gewünschte Steigung der Treppe aus. Der bisherige Baumeister, Freiherr von Ritter zu Grünstein, brach wegen des eigenmächtigen Eingriffs des Kardinals in die Planung seinen Vertrag und ließ den Fürstbischof 1726 mit dem gewaltigen *Loch in der mitten* allein.

Erst fünf Jahre später gelang es Balthasar Neumann, den Schönborn aus Würzburg zu Hilfe gerufen hatte, aus dem «Loch» das schönste aller Treppenhäuser in «klassischer Vollkommenheit» zu gestalten. Dafür führte er die Treppe in zwei, stets wechselnde Blickpunkte liefernden Läufen in einem Oval auf die scheinbar schwebende Plattform des zentralen Kuppelsaales. Damit war es Neumann trotz aller Hindernisse doch noch gelungen, die ursprüngliche Idee, in der Mitte des Corps de Logis einen Kuppelbau mit dem Treppenhaus zu vereinigen, Wirklichkeit werden zu lassen.

Den letzten Schliff erhielt die Kreuzung aus Kuppelsaal und Treppenhaus durch Johannes Zick und Johann Michael Feichtmayr. Zick schuf das gewaltige Gemälde in der Kuppel, das das *Wirken der göttlichen Vorsehung in der Geschichte des Fürstentums Speyer* darstellt. Feichtmayr steuerte den zarten Stuck bei. Auch Marmorsaal und Fürstensaal wurden von Zick ausgemalt. Während er den Marmorsaal mit Gemälden *über die Harmonie der Elemente und die Bändigung unheilvoller Kräfte als Sinnbilder für den Wohlstand des Hochstiftes Speyer* ausstattete, verzierte er den Fürstensaal mit Gestalten der antiken Mythologie und christlicher Tugenden als Schutzmächten der fürstbischöflichen Ländereien.

All die Kostbarkeiten sanken gegen Ende des letzten Krieges in Schutt und Asche. In rund dreißigjähriger Arbeit wurden inzwischen die Repräsentationsräume der Residenz originalgetreu nachgebildet, so daß sie den Besucher heute wieder wie schon vor 250 Jahren in ihren Bann schlagen.

Hohenzollerische Stammsitze

Die Burg auf dem Hohen Zoller

Die *Schwaben fechten dem Reiche vor*, heißt ein altes Sprichwort, belegt schon in den Annalen des Lampert von Hersfeld aus dem Jahre 1075. Damals regierten als Herzöge von Schwaben die Staufer, die gerade dabei waren, ihren Einfluß auf ganz Deutschland auszudehnen. Mit Konrad III. sollten sie 1138 auf den deutschen Königsthron kommen. Zur selben Zeit gab es auf dem schönsten Vorberg der Schwäbischen Alb, dem Hohen Zoller (*Zoller* bedeutet etymologisch Bergkegel), einen Adelssitz, den der Mönch Berthold von der Abtei Reichenau in seiner *Weltenchronik* aus dem Jahre 1061 erwähnt: *Burchardus et Wezil de Zolorin occiduntur.*

Schon etwas greifbarer wird die aufstrebende Herrschaft um das Jahr 1100, als ein Friedrich Graf von Zolre als Mitstifter und Vogt der Benediktinerabtei Alpirsbach genannt wird, ab 1162 ein Zoller auch als Graf von Haigerloch auftaucht und es 1191 Graf Friedrich III. gelingt, die Burggrafschaft Nürnberg zu erheiraten. In einer Straßburger Chronik wird nun die Burg auf dem Zoller als *das vesteste Haus in teutschen Landen* gerühmt und als *die Krone aller Burgen in Schwaben* genannt. Wie dieses Juwel aussah, ist leider unbekannt, denn 1423 wurde es nach zehnmonatiger Belagerung durch achtzehn schwäbische Reichsstädte und die Gräfin Henriette von Württemberg erobert und völlig zerstört. Wie beliebt zumindest die schwäbischen Herren von Zollern gewesen sein müssen, belegt überdeutlich das Verdikt von Kaiser Sigismund, der den Wiederaufbau der Burg *für alle Zeiten* verbot.

Weit weniger in kaiserliche Ungnade scheinen damals die fränkischen Zollern gefallen zu sein. Immerhin hatte Sigismund bereits 1411 dem Nürnberger Burggrafen Friedrich VI. von Zollern die Statthalterschaft über die Mark, 1415 die Kurfürstenwürde und zwei Jahre später auf dem Konstanzer Konzil auch die Mark Brandenburg mit der Kur- und Erbkämmererwürde als erblichen Besitz übertragen.

Oder anders herum formuliert: als im Schwäbischen definitiv zerstört werden sollte, begann im Fränkischen der endgültige Aufstieg des Hauses Hohenzollern zu einer gut 500-jährigen Herrschertradition im Rahmen von Brandenburg und Preußen. Von Nord- und Ostdeutschland aus bestimmten sie mit Residenzen in Berlin, Potsdam und Königsberg die deutsche Geschichte entscheidend mit und überflügelten dabei andere Fürstenhäuser wie etwa die Welfen oder die Wittelsbacher bei weitem. Über siebzehn Generationen hinweg waren die Hohenzollern Kurfürsten, Könige und zuletzt deutsche Kaiser.

Das Wiederaufbauverbot Kaiser Sigismunds hob Kaiser Friedrich III. erst 1453, vermutlich auf Fürsprache des Erzherzogs Albrecht von Österreich und des Markgrafen Achilles, wieder auf. Auch der schwäbische Adel förderte das Bauvorhaben nach Kräften, sah er doch darin eine Demonstration gegen den Städtebund. Bereits ein Jahr später war es denn auch so weit, daß Graf Jos Niklas von Zollern den Grundstein legen konnte, den Markgraf Albrecht Achilles von Brandenburg eigenhändig auf den Kegelberg getragen haben soll.

Schon diese zweite Burg auf dem Zoller wurde im Hauptbau hufeisenförmig angelegt. An den Außenseiten schützten vier halbrund hervorspringende Türme die Gesamtanlage. Nur fünf Jahre nach der Grundsteinlegung konnte bereits die Sankt Michaelskapelle, der heute einzig erhaltene Teil der spätmittelalterlichen Burg, eingeweiht werden. Wohl verlegten die Grafen von Zollern beim Regierungsantritt von Graf Eitelfried IV. im Jahre 1576 ihre Hofhaltung von der Burg hinunter ins Tal nach Hechingen, doch blieb die Burg selbst als Zufluchtsort bei kriegerischen Bedrohungen wohlerhalten. Als sich die Wirren des Dreißigjährigen Krieges abzuzeichnen begannen, ließ Fürst Johann Georg von Hohenzollern von 1618 bis 1623 die Burg sogar noch mit ausgedehnten Bastionen zur «uneinnehmbaren» Festung ausbauen. Immerhin brauchten die Württemberger 1634 fast ein Jahr, bis sie die Burgbesatzung durch Aushungern zur Aufgabe zwingen konnten.

Bis hin zu einem lauen Sommerabend im Juli 1819 wechselte die Burg nach ihrer Eroberung mehrfach den Besitzer (unter anderem residierten die Österreicher hier knapp achtzig Jahre lang). An diesem Abend besuchte der preußische Kronprinz, der spätere König Friedrich Wilhelm IV., die Ruine, die einst der Stammsitz seiner Ahnen gewesen war. Bei aller Begeisterung erreichte der junge Romantiker (er baute unter anderem auch Burg Stolzenfels am Rhein wieder auf) bei seinem königlichen Vater Friedrich Wilhelm III. nur die Freigabe von zehntausend Talern, die gerade zur Konservierung der Sankt Michaelskapelle reichten. Erst nach seiner Thronbesteigung im Jahre 1840 konnte er seine Baupläne auf dem Zoller weiterverfolgen und schließlich im November 1845 per Vertrag zwischen dem königlichen Hause Preußen und den fürstlichen Häusern Hohenzollern den Wiederaufbau der Burg als Gemeinschaftsaufgabe des Gesamthauses absichern.

Bis zum 23. September 1850 schließlich sollte es dauern, bis Prinz Wilhelm von Preußen, der spätere König und deutsche Kaiser Wilhelm I., den Grundstein zum Neubau der Burg legen konnte. Inzwischen waren (am 7. Dezember 1849) die hohenzollerischen Stammlande per Staatsvertrag als süddeutsche Provinz an Preußen gekommen. Diesem bescherte die Erwerbung praktisch auch die alleinige Verantwortlichkeit für Burg Hohenzollern. War ursprünglich nur daran gedacht worden, allein die Hofburg, nicht aber die Festungsanlagen, wiederaufzubauen, gab Friedrich Wilhelm IV. nun den Auftrag, beides neu zu errichten.

Für die Burg selbst wurde Oberhofbaurat F. A. Stüler, ein Schüler Schinkels, verpflichtet, die Befestigungen sollte der damals berühmteste Festungsbaumeister Oberst von Prittwitz neu gestalten. Er hielt sich dabei weitgehend an die Grundrißpläne der spätmittelalterlichen zweiten Burg und schuf vor allem mit der einen Höhenunterschied von über 25 Metern überwindenden Auffahrtsanlage ein Meisterwerk damaliger Militärbaukunst.

Erst nach der Fertigstellung der Befestigungen im Jahre 1853 begann der Bau des eigentlichen Hochschlosses, dessen Rohbau am 18. November 1856 durch König Friedrich Wilhelm IV. eingeweiht wurde. Bis zur endgültigen Fertigstellung dauerte es dann noch einmal elf Jahre, bis am 3. Oktober 1867 König Wilhelm I., zusammen mit dem Fürstenpaar von Hohenzollern-Sigmaringen, die feierliche Einweihung begehen konnte.

Heute ist die vom Fürstenhaus nie bewohnte Burg mit ihren zahlreichen Zinnen, Türmchen und Türmen für die einen Inbegriff deutscher Burgenromantik im neugotischen Stil, für die anderen bestenfalls ein romantisches Märchen oder gar eine Theaterdekoration im Zuckerbäckerstil. Der Anziehungskraft selbst schadet die unterschiedliche Einschätzung jedoch keineswegs, finden doch alle auf der Burg ein gutes Stück deutscher, mit zahlreichen kostbaren Erinnerungsstücken zum Leben erweckter Geschichte.

Keiner, der Burg Hohenzollern am Horizont auftauchen sieht, kann sich ihrem beinahe magischen Reiz entziehen. Diesem Reiz tut es auch keinen Abbruch, daß die stolzen Mauern auf dem steilen Bergkegel nur gut 100 Jahre alt sind und mit der rund tausendjährigen Geschichte des Berges nur den Namen gemein haben. Was nämlich im vorigen Jahrhundert der junge preußische Kronprinz und spätere König Friedrich Wilhelm IV. auf dem Berg vorfand, waren lediglich einige Mauerreste und die baufällige St. Michaelskapelle. Erst 1846 wurde per Vertrag zwischen dem königlichen Hause Preußen und den fürstlichen Häusern Hohenzollern der Wiederaufbau der Burg als Gemeinschaftsaufgabe des gesamten Hauses abgesichert. 1850 erst konnte der Grundstein gelegt, 1864 der Rohbau fertiggestellt und 1867 die Einweihung durch den Fürsten von Hohenzollern-Sigmaringen vorgenommen werden. Auch wenn die Burg des "Romantikers auf dem Königsthron" heute an Zuckerbäckerstil erinnert, ist sie doch ein Inbegriff deutscher Burgenromantik im neugotischen Stil und vielleicht gerade deshalb ein ganz besonderer Publikumsmagnet.

Folgende Doppelseite: Schloß Sigmaringen, malerisch auf einem Felsen über der Donau gelegen, ist seit über vier Jahrhunderten Stammsitz der schwäbisch-katholischen Linie der Fürsten von Hohenzollern. Schon im vorigen Jahrtausend saßen hier allerdings die Alemannen aus dem Geschlecht des Sigmar und bewachten den wichtigen Donauübergang zwischen Neckar und Bodensee. Um die Jahrtausendwende gab es an dem Felsen bereits eine feste Burg. Das heutige Schloß ist gerade mal 100 Jahre alt, da der Vorgängerbau im Jahre 1893 fast vollständig ein Raub der Flammen wurde. Beim Wiederaufbau durch Emanuel von Seidel setzte sich der stark romantisierende Zeitgeist durch.

Die Burg auf dem Wilden Stein

Wie schwäbische Burgen im Mittelalter tatsächlich ausgesehen haben, ist nirgendwo so gut zu sehen wie wenig östlich von Beuron, mitten im Durchbruchtal der oberen Donau. Dort thront auf senkrechten Felsmauern das Juwel aller Burgen an der schwäbischen Donau: die Feste Wildenstein. Sie hat als einzige weit und breit alle Wirren der Zeit unbeschadet überstanden und vermittelt noch heute das Bild einer unverfälschten Trutzburg, da zu keiner Zeit wohlmeinend romantische Zutaten hinzukamen.

Auf dem Felsennest Wildenstein herrschten seit romanischer Zeit die Grafen von Zimmern. Hier überlebte der ob seiner Trinkfestigkeit legendäre Graf Gottfried die Pest von 1518 sowie die Bauernkriege. Hier schuf um 1536 der Meister von Meßkirch für die Burgkapelle den berühmten Wildensteiner Altar (Original heute in der Galerie des Fürsten zu Fürstenberg in Donaueschingen), und hier verfaßte zwischen 1564 und 1566 Graf Froben Christoph mit seinem Sekretär die Familiengeschichte der Grafen von Zimmern. Diese Chronik ist bis heute nicht nur eine wichtige Quelle für das ausgehende Mittelalter, sondern ob ihrer deftigen Sprache auch ein schwäbisches Juwel besonderer Art.

Wie eh und je ist Wildenstein nur von der mit Vorwerk und doppeltem Burggraben geschützten Bergseite her zugänglich, da an der Talseite die mächtigen Mauern übergangslos aus dem senkrechten Felsen wachsen. Meterdicke, massive Steinmauern bilden den Wehrgang. Eine Exerzierhalle mit einer für den Notfall abwerfbaren Decke fehlt ebensowenig wie die abgrundtiefen, nachtschwarzen Burgverließe (in ihnen überstand der fürstlich fürstenbergische Kunstschatz den letzten Krieg). Idyllisch ist das Burggärtlein mit dem Ziehbrunnen und seinem Schacht, der ebenso bis hinunter zur Donau gereicht haben soll wie der Fluchtweg als letzte Rettungsmöglichkeit. Sein Beginn ist noch unter dem Altarpodest der Kapelle zu sehen, auch wenn der Gang selbst heute verschüttet ist.

Das Schloß über der Donauschleife

Folgt man von Wildenstein dem Donaudurchbruch nach Osten, thront gleichsam wie ein Schlußakkord auf dem letzten Felsen unmittelbar über der Donau das Hohenzollernschloß Sigmaringen, seit über vier Jahrhunderten Stammsitz der schwäbisch-katholischen Linie der Fürsten von Hohenzollern. Anders als auf Burg Hohenzollern bei Hechingen waren in Sigmaringen die Grafen und Fürsten von Hohenzollern allerdings nicht die ersten Herrscher auf dem Schloßfelsen. Hier saßen bereits im vorigen Jahrtausend die Alemannen aus dem Geschlecht des Sigmar und bewachten den wichtigen Donauübergang im Verlauf der Verbindungsstraße zwischen Neckar und Bodensee. Anläßlich einer Belagerung der Burg durch Rudolf von Schwaben im Jahre 1077 entstand sogar der urkundliche Beweis für die Existenz der Burg über der Donau.

Noch aber war bei weitem nicht entschieden, wem der Felsen endgültig gehören sollte. Ab 1183 gab es zwar Grafen von Sigmaringen, doch wechselte die Herrschaft bald in die Hände der Grafen von Spitzenberg-Helfenstein, bis in der zweiten Hälfte des 13. Jahrhunderts die mächtigen Grafen von Montfort Burg und Städtchen in Besitz nahmen. Im Jahre 1290 scheint der Besitz immerhin so interessant gewesen zu sein, daß es Rudolf von Habsburg für notwendig hielt, Stadt und Herrschaft zu kaufen. 1399 kam die Grafschaft zunächst als Pfand und 1460 offiziell als österreichisches Lehen in den Besitz der Grafen von Werdenberg. Erst als diese 1534 ausstarben, erhielt Graf Karl von Hohenzollern im folgenden Jahr von Kaiser Karl V. die Grafschaft Sigmaringen verliehen.

Daß des Kaisers Wahl so falsch nicht war, sollte sich in den folgenden Jahrhunderten immer wieder zeigen. Schon 1623 erhielten die Sigmaringer Hohenzollern zusammen mit den Hechingern die Reichskurfürstenwürde, dreißig Jahre später beide auch Sitz und Stimme im Reichsfürstenkollegium. Einer von ihnen wurde sogar Fürstbischof des Ermlandes mit Sitz in Oliva. Unmittelbar in die Geschichte griffen die Sigmaringer ein, als Prinz Leopold 1870 mit Genehmigung von Karl Wilhelm I. für den spanischen Thron kandidierte. Frankreich nahm dies zum Anlaß, auf den Krieg gegen Preußen zu rüsten. Bismarck kam dies bekanntlich gerade recht, die *Emser Depesche* zu veröffentlichen und Frankreich damit vor die Wahl zu stellen, sich zu blamieren oder den Krieg zu erklären. Napoleon III. entschied sich für den Krieg und verlor nicht nur ihn, sondern auch seinen Thron. Parallel dazu amtierte Leopolds Bruder Karl ab 1866 als Fürst von Rumänien und wurde dort 1881 sogar König. Immerhin bis 1947 konnten sich die schwäbischen Hohenzollern in Rumänien halten.

Der älteste Teil des heute so weitläufigen Schlosses ist das Bossenquaderwerk des Bergfriedes aus dem 12. Jahrhundert. Was die Grafen von Montfort und Werdenberg an der damals schon stark befestigten Burganlage erneuerten oder ergänzten, ging in den folgenden Jahrhunderten in Neubauten auf. Von 1627 bis 1630 erfolgte der Ausbau der Burg zum repräsentativen Schloß – ein Schloß, das gerade drei Jahre alt werden sollte, bevor es die Schweden in Flammen aufgehen ließen.

Auch der Folgebau, eine von Johann Michael Beer 1659 errichtete, frühbarocke Schloßanlage sollte 250 Jahre nach dem großen Schwedenbrand ein ähnliches Schicksal haben. Im Jahre 1893 nämlich wurde der gesamte östliche Teil, mit allen, in zweieinhalb Jahrhunderten angehäuften Kunstschätzen neuerlich ein Raub der Flammen. Ähnlich wie auf Burg Hohenzollern setzte sich beim Wiederaufbau durch Emanuel von Seidl der stark romantisierende Zeitgeist durch.

Um so erstaunlicher ist es, was alles in Schloß Sigmaringen die Wirren der Zeit überstanden hat. Im Schloß selbst sind es zahlreiche, aufs Kostbarste ausgestattete Räume, wobei private Wohnräume und mehr öffentliche Repräsentationsräume nahezu nahtlos ineinander übergehen. In einem eigens bis 1867 in den Formen der englischen Spätgotik errichteten Galeriebau ist die Kunstsammlung der Fürsten von Hohenzollern ausgestellt. Sie enthält schwäbische Plastik und Malerei aus dem 15. und 16. Jahrhundert, darunter den großen Tafelaltar von Jörg Stocker und wichtige Werke des Meisters von Meßkirch. Eine vor- und frühgeschichtliche Sammlung umfaßt Funde von der Jungsteinzeit bis zur Zeit der Alemannen. Wie sich die hohen Herrschaften bewegten, als es noch keine Autos gab, zeigt ein Blick in den wohlbestückten Marstall, in dem heute ein ganzes Kutschenmuseum untergebracht ist.

Eine Sehenswürdigkeit für sich ist die riesige Waffenhalle. Sie birgt mit gut dreitausend Exponaten Europas größte, private Waffensammlung. Die Entwicklung von Schwert und Lanze ist hier ebenso nachzuvollziehen wie die der Feuerwaffen von der Pistole bis zur Kanone.

Das Schloß Sigmaringen erhielt von 1862 bis 1867 einen eigenen Galeriebau in den Formen der englischen Spätgotik. Hier stellt das Fürstlich-hohenzollerische Museum Bilder und Skulpturen süddeutsch-schwäbischer Werke aus. Vertreten sind u.a. der Meister von Meßkirche, der Meister von Sigmaringen sowie die Ulmer Schule. Zum Bestand der Kunstsammlungen zählen auch antike und prähistorische Geräte, Möbel und eine umfangreiche Waffensammlung.

Renaissanceschlösser um die älteste deutsche Burg

Die Burg des Merowingerkönigs

Der heute so idyllisch und eher etwas verschlafen wirkende Bodenseeraum war schon zu Römerzeiten und erst recht im frühen Mittelalter eine Landschaft voller strategischer und kulturpolitischer Spannungen. Unter Kaiser Tiberius hatten bereits die Römer im heutigen Konstanz einen Stützpunkt zur Sicherung des Rheinüberganges. Um 600 wurde das zuvor in Vindonissa (Windisch im Aargau) bestehende spätrömische Bistum hierher verlegt, womit die damals größte deutsche Diözese entstand. Schon um 615 hatte der Konstanzer Bischof seine eigene Kirche. Zur selben Zeit erreichten die Merowinger mit ihrem König Dagobert I. den Höhepunkt ihrer Macht.

Kein Geringerer als dieser Dagobert war es, der die Konstanzer Diözesangrenzen festlegte und um 628 am Meeresburger Hochufer, gegenüber von Konstanz, die *Merdesburch* (= Martinsburg) errichten ließ. Sie sollte als strategischer Stützpunkt gegen Rätien und sein mächtiges Bistum Chur sowie zum Schutz des Schiffsverkehrs nach Konstanz dienen. Noch aus dieser Zeit stammt der mit seinen gotischen Stufengiebeln weit über den See grüßende Dagobertsturm, ein ursprünglich nur über Leitern zugänglicher Wehrturm aus riesigen Buckelquadern und mit bis zu drei Meter dicken Mauern.

Ein Jahrhundert später diente der Wehrturm des Merowingerkönigs Karl Martell, dem Großvater Karls des Großen, als Hauptquartier, als dieser gegen die aufständischen Alemannenherzöge zu Felde ziehen mußte. Kaiser, Könige und Bischöfe gaben sich in der Folge buchstäblich die Klinke in die Hand. Welfische und hohenstaufische Grafen waren die Burgherren, der große Hohenstauferkaiser und «Wandler der Welt», Friedrich II., war ebenso hier zu Gast wie Konradin, der letzte Hohenstaufer. Er nahm hier Abschied von Deutschland, als er zu seinem tragischen Italienfeldzug aufbrach, um seine Erblande Unteritalien und Sizilien zurückzuerobern.

Im Jahre 1268 fiel die Anlage an die Bischöfe von Konstanz, die zusätzlich noch im gesamten Einflußbereich der Burg den Zehnten kauften. Bis zur Säkularisation im Jahre 1803 residierten hier immerhin 44 Konstanzer Bischöfe. Zunächst diente sie hauptsächlich als Sommersitz, als sich die Stadt Konstanz jedoch für den Protestantismus entschied, wurde die Burg ab dem 24. August 1526 ständige fürstbischöfliche Residenz. Diese Funktion verlor sie erst 1740, als das unter Beratung von Balthasar Neumann gebaute Neue Schloß fertiggestellt wurde.

Nach der Säkularisation sah es zunächst düster aus, versuchte der badische Staat als neuer Eigentümer doch, die Burg auf Abbruch zu verkaufen. Zum Glück fand sich ein Oberjägermeister des Fürsten zu Fürstenberg, der Freiherr Josef von Laßberg, als verständiger Käufer. Er war nicht nur der letzte, der im Heiligen Römischen Reich Deutscher Nation zum Ritter geschlagen wurde, sondern auch ein bedeutender Literaturhistoriker. Ihm ist etwa unter anderem die Entdeckung der Nibelungenhandschrift C zu verdanken, die heute das Prunkstück der Privatbibliothek des Fürsten zu Fürstenberg in Donaueschingen ist. Der Oberjäger mit den literarischen Ambitionen war zudem der Schwager von Annette von Droste-Hülshoff, die wiederum die bedeutendsten Literaten ihrer Zeit (unter anderem die Gebrüder Grimm) zu Gast auf der Burg hatte. Ab 1838 wurde die Burg des Merowingerkönigs so zu einem wichtigen, geistigen Mittelpunkt des gesamten Bodenseeraumes.

Die Baugeschichte der mit Abstand ältesten deutschen und nie zerstörten Burg mutet wie ein Spaziergang durch sämtliche Stilepochen der Kunstgeschichte an, da kaum ein Jahrhundert keine Spuren mit An-, Aus- oder Erneuerungsbauten hinterließ. Wertvollster Teil ist natürlich der alte Dagobertsturm mit seinen riesigen Buckelquadern aus Granit und Porphyr, die bis zu 45 Zentimeter aus der Mauerflucht hervorragen.

Bereits zur Zeit der Karolinger muß die Burg gleichermaßen sicher wie wohnlich gewesen sein, sonst hätte sie Karl Martell schwerlich zu seinem Hauptquartier gemacht. So richtig wohnlich

Als Deutschlands älteste Burg gilt die Meersburg hoch über dem Bodensee. In ihrem Kern wurde sie schom um 628 vom Merowingerkönig Dagobert I. als strategischer Stützpunkt gegen Rätien und sein mächtiges Bistum Chur errichtet. Noch aus dieser Zeit stammt der untere Teil des mit gotischen Stufengiebeln weit über den See grüßenden Dagobertturmes. Im Jahre 1268 fiel die Burg an die Bischöfe von Konstanz, von denen immerhin 44 auf der Burg residierten. Von 1526 bis 1740 diente sie sogar ausschließlich als fürstbischöfliche Residenz.

jedoch wurde sie erst unter den Hohenstaufern, die in ihr einen wichtigen Stützpunkt ihrer Politik sahen. Die größte Erweiterung erfuhr die Burg im 13. Jahrhundert, als die Konstanzer Bischöfe sich bequem einzurichten begannen. Nun mußte Platz für die bischöfliche Hofhaltung geschaffen werden, ohne daß die Wehrfähigkeit leiden durfte. Dazu wurde sie zunächst in die Befestigungsanlagen der Stadt einbezogen, ohne daß dadurch die Burg jedoch wirklich autark geworden wäre.

Erst Bischof Nikolaus von Kenzingen behob diesen Mangel endgültig, indem er vierhundert Bergknappen aus dem Schwarzwald einen neuen, tiefen Halsgraben zwischen der befestigten Kirche und der Bergseite der Burg graben ließ. Gleichzeitig wurde im Innern ein Brunnen durch den Fels, bis hinunter zum Seespiegel, getrieben. Parallel dazu entstand ein heute noch existierender, unterirdischer Gang durch den Fels hinunter zum See, über den die Burg bei Belagerung versorgt werden und der im äußersten Notfall als Fluchtweg dienen konnte. Wie wichtig all dies sein sollte, zeigte sich bereits 1334, als Kaiser Ludwig, der Bayer, die Belagerung der Burg nach vierzehn Wochen ergebnislos abbrach.

Gegen Ende des 14. Jahrhunderts vergrößerte Bischof Heinrich III. die Burg noch einmal wesentlich. Jetzt entstand der südliche Giebelbau gegen die Seeseite. Schon sein Nachfolger stockte den alten Dagobertsturm auf und ließ ihn 1509 mit den charakteristischen Stufengiebeln krönen. Zur gleichen Zeit wurden der Torbau und die zwei runden Ecktürme an der Bergseite errichtet.

Auch die Innenräume spiegeln die lange Entwicklung der Burg aufs Schönste wider. Wie spartanisch es einst zuging, ist in der aus gut drei Meter dicken Mauern um 1100 errichteten Dürnitz zu sehen. Zwar stammt die mächtige Balkendecke erst aus gotischer Zeit, doch läßt sich sehr wohl nachempfinden, wie hier die Mannschaft gehaust haben mag. Auch der aus dem 13. Jahrhundert stammende Rittersaal im Palas zeigt diese Kargheit noch überdeutlich. Sehr viel wohnlicher wird es dann in einem gotischen Gemach aus der Zeit um 1500. Jetzt gab es bereits Tafelbilder und in Schweinsleder gebundene Folianten. Noch einmal einen gewaltigen Sprung vorwärts symbolisiert ein Gemach aus der Renaissance, das bereits geschnitzte Möbel, einen Ulmer Schrank und einen Ofen mit Darstellungen und Szenen aus dem Landleben enthält.

Einen ganz besonderen Akzent setzte der Aufenthalt von Annette von Droste-Hülshoff, die die letzten sieben Jahre ihres Lebens auf der Meersburg verbrachte. Ihr Wohn- und Sterbezimmer ist ebenso original erhalten wie ihr Arbeitszimmer im runden Südturm. Hier entstand das Wertvollste von dem, was sie zur unvergessenen Dichterin machte.

Das Sommerschloß der Fürstenberger

Mehr sein als scheinen – kaum irgendwo sonst fühlt man sich an dieses urschwäbische Motto so intensiv erinnert, wie beim Besuch von Schloß Heiligenberg, auf dem höchsten Punkt des ersten Höhenzuges nördlich vom Bodensee. Das schlichte Äußere dieses Baus aus dem ausgehenden 16. Jahrhundert könnte genauso gut als Kaserne gedient haben, stünde er nicht an einem landschaftlich so exponierten Flecken. Um so Kostbareres verbirgt sich getreu schwäbischer Mentalität jedoch im Inneren.

Das vom Grafen und späteren Fürsten zu Fürstenberg ab 1560 über spätgotischem Kern errichtete Renaissanceschloß enthält in seinem Rittersaal den wohl schönsten, noch im Originalzustand erhaltenen, süddeutschen Renaissance-Prunkraum. Vergleichbares ist lediglich noch im Schloß zu Weikersheim zu finden, nachdem der Augsburger Goldene Ratssaal 1944 ein Raub der Flammen wurde.

Der um 1575 fertiggestellte, eineinhalbgeschossige Festsaal ist mit einer überreich geschnitzten, direkt im Dachstuhl aufgehängten Kassettendecke aus Lindenholz geschmückt. Gefertigt wurde die 36 Meter lange und elf Meter breite Decke vom Meßkircher Meister Jörg Schwartzenberger, der nach Hans Schwarz auch als Baumeister beim Schloßbau selbst verantwortlich zeichnete. Die Schmalseiten des mit hohen Rundfenstern großzügig erhellten Saales zieren Sandsteinkamine mit Nischen- und Säulenfiguren.

Ist der Rittersaal hauptsächlich Ausdruck fürstlicher Repräsentationsfreude, kommt in der Schloßkapelle auch noch die geistige Symbolik dazu. An der gewölbten Holzdecke der Kapelle hat Hans Dürner aus Biberach immerhin von 1590 bis 1599 gearbeitet. Die so überaus reichen Schnitzereien an den Emporen schuf Hans Ulrich Glöckler von 1593 bis 1607. Selbst die Fenster erfüllen den hohen Anspruch des Bauherrn, stammen sie doch mit ihren kostbaren Glasbildern ursprünglich aus dem Dominikanerkloster in Konstanz, wo sie im ersten Viertel des 14. Jahrhunderts gearbeitet worden waren.

Das von den Grafen und späteren Fürsten zu Fürstenberg ab 1560 errichtete Renaissanceschloß Heiligenberg enthält in seinem Rittersaal den wohl schönsten, noch im Originalzustand erhaltenen süddeutschen Renaissanceprunkraum. Die Kassettendecke aus Lindenholz wurde 1575 fertiggestellt.

Truchseß war der wörtlichen Übersetzung aus dem Althochdeutschen zufolge *der übers Gefolge Gesetzte.* An den mittelalterlichen Höfen war er der Vorsteher der Hofhaltung und meist auch der Küchenmeister. Weil der Truchseß der einflußreichste Hofbeamte war, gehörte im Deutschen Reich das Amt zu den Erbämtern. Einer der Erbtruchsesse war für lange Zeit der Graf von Waldburg, zu Hause am Rande des Altdorfer Waldes auf Schloß Wolfegg östlich von Weingarten.

Wo heute das mächtige Renaissanceschloß der Fürsten von Waldburg-Wolfegg-Waldsee den Höhenrücken über der Ortschaft Wolfegg beherrscht, gab es schon im 11. Jahrhundert eine Burg der Herren von Wolfegg. Welfische und staufische Ministerialen saßen hier und übten das Schenkenamt am schwäbischen Hof aus. 1214 schließlich erhielten sie von König Friedrich II. das schwäbische Truchsessenamt, verbunden mit dem Amtslehen Waldburg, wie Wolfegg nun genannt wurde. Entsprechend ihrem weiteren «sozialen Aufstieg» wurde Waldburg 1489 Reichslehen und 1628 Reichsgrafschaft.

Um 1444 errichteten die Waldburger Truchsesse ihr erstes, noch spätgotisches Schloß, von dem es in der Zimmerschen Chronik allerdings heißt, es sei nur ein *unwirriges Gebäu aus Holz und Riegelwerk.* Ein Kaminbrand war 1578 der Anlaß dafür, daß das gesamte «Gebäu» in Schutt und Asche sank. Weil Truchseß Jakob von Waldburg die Gelegenheit nutzte und vor dem Bau eines neuen Schlosses den gesamten Platz einebnen ließ, blieb von alter Bausubstanz nichts erhalten. Dafür entstand ab 1580 eine großzügige Vierflügelanlage mit quadratischen Eckpavillons nach französisch-italienischem Vorbild. Baumeister war hier wie in Heiligenberg Jörg Schwartzenberger aus Meßkirch.

Allzulange allerdings sollte das neue Schloß nicht unbeschädigt bleiben. Graf Maximilian Willibald hatte das Pech, als kaiserlicher Feldmarschalleutnant den Schweden den Weg zum Bodensee verlegen zu müssen. Aus Rache dafür setzten sie ihm 1646 sein schönes Schloß in Brand. Weil jedoch der Mauerbestand in den unteren Geschossen weitgehend unbeschädigt blieb, erfolgte der Wiederaufbau entsprechend dem alten Grund- und Aufriß des Renaissanceschlosses. Sogar eine Reihe der Holzdecken aus dem ersten Stock konnte aus der ersten Bauperiode gerettet werden. Bei der weiteren Innenausstattung kamen dann allerdings verschiedene Stilepochen zu ihrem Recht. Im zweiten Stock mit seinen Repräsentationsräumen sind es die frühbarocken Dekorationen des Wangener Stukkateurs Balthasar Krinner, im ersten Stock ist es biedermeierliches Spätbarock des 18. Jahrhunderts und durchaus auch der historisierende Stil des 19. Jahrhunderts.

Der eigentliche Prachtraum des Schlosses ist sein Rittersaal, der bei neun Meter Höhe, vierzehn Meter Breite und 52 Meter Länge jenen von Schloß Heiligenberg – zumindest was die Größe anbelangt – weit übertrifft. Anders als in Heiligenberg gibt es hier jedoch keine kunstvoll geschnitzte Kassettendecke aus Holz, sondern eine üppige Mischung aus Malereien und Stukkaturen. Das Einmalige im Rittersaal von Schloß Wolfegg aber sind seine überlebensgroßen Ritterfiguren aus Holz und Gips, von denen je zwölf auf einer Seite eine plastische Ahnengalerie ganz besonderer Art bilden. Die martialischen, das Burleske streifenden Barockhelden wurden von Balthasar Krinner und Wilhelm Hegenauer nach einer von Burgkmair bebilderten *Chronik der Truchsessen von Waldburg* geschaffen. In der Abgeschiedenheit von Wolfegg entstand so ein verspäteter Ableger des italienischen Ahnenkults aus der Zeit der Renaissance.

Ähnlich konservativ wie die Ahnengalerie geriet auch die Decke des Rittersaales. So zeigen die Gemälde der blinden Stuckkamine Allegorien der vier Jahreszeiten. Die Ecken sind mit Allegorien der vier Erdteile verziert, die zugehörigen Kartuschen mit Allegorien der Elemente. Im Zentrum aber sind die Taten des griechischen Helden Herakles dargestellt – unübersehbarer Hinweis dafür, daß der Bauherr getreu den Regeln des Barock sich den klassischen Heroenhimmel und die Welt mit ihren Naturkräften unter sein Dach holen wollte.

Ein Kleinod besonderer Art steht, äußerlich bescheiden, seitlich vom Schloß: die ehemalige Stiftskirche. Sie geht auf ein Gelübde des Grafen Johannes von Sonnenberg, Truchseß von Waldburg, zurück, der 1487 mit Erzherzog Sigismund von Tirol gegen Venedig gezogen war. Vor einem Zweikampf mit dem Cavaliere Antonio Maria d'Aragona gelobte er für seinen Sieg die Stiftung eines Klosters. Ab 1502 entstand so neben dem Schloß ein kleines Franziskanerkloster und daraus mit der Zeit ein Augustiner Chorherrenstift.

Unter Graf Ferdinand Ludwig begann ab 1733 der barocke Neubau der Stiftskirche. Als Baumeister wurde Johann Georg Fischer aus Füssen, der Erbauer des Innsbrucker Domes, gewonnen. Seinen großartigen Innenraum ziert früher Rokokostuck von Johannes Schütz aus Wessobrunn. Die hervorragenden Fresken schuf Franz Joseph Spiegler aus Wangen, dem auch die Ausmalung des Münsters in Zwiefalten zu verdanken ist.

Schloß Wolfegg war bereits im 11. Jh. eine Burg der Herren von Wolfegg. Ab 1580 entstand ein großzügiges, vierflügliges Renaissanceschloß, das die Schweden 1646 jedoch weitgehend einäscherten. Schönster Raum des folgenden Neubaus ist der mit 52 m Länge riesige Rittersaal mit seinen insgesamt 24 überlebensgroßen Ritterfiguren aus Holz und Gips.

Wittelsbacher Residenzen

Die herzogliche Stammburg

Wenn pünktlich morgens um Elf die Schöffler zum Glockenspiel am Münchner Neuen Rathaus ihren Tanz beginnen, wissen wohl die wenigsten Zuschauer, daß mit dem Spiel der Glocken und dem Tanz der verschiedenen Figuren an eine der glanzvollsten Hochzeiten im Hause der Wittelsbacher erinnert werden soll. Sie wurde beinahe drei Wochen lang, vom 19. Februar bis 10. März 1568 gefeiert, als Kronprinz Wilhelm, der Sohn des bayerischen Herzogs Albrecht V., Renata von Lothringen heiratete.

Nach den Festlichkeiten segelte der festfreudige Prinz zu Schiff isar-abwärts und bezog als neue Residenz oberhalb von Landshut die Burg Trausnitz, die älteste noch erhaltene Stammburg der Wittelsbacher. Für gut sieben Jahre erlebte daraufhin das alte Gemäuer die fröhlichste Zeit seiner Geschichte, denn der Prinz liebte es, auch weiterhin von einer Festlichkeit in die nächste zu taumeln. Erst 1575 sorgten seine immens gestiegenen Schulden, ein Machtwort des noch regierenden Vaters und eine schwere Krankheit für das Ende der Verschwendung.

Dabei hatte es 26 Jahre vor dem Einzug des lebenslustigen Prinzen ganz so ausgesehen, als hätte die bis dahin *Landeshute* genannte Festung schon völlig ausgedient. Damals nämlich zog Herzog Ludwig X. in seine neue Stadtresidenz Landshut, wo der erste Renaissancepalast Deutschlands entstanden war. Mit der Residenz verlor die Burg ihren Namen, der nun in Trausnitz geändert wurde. Prinz Wilhelm störte all dies überhaupt nicht, fand er doch eine gewaltige Anlage aus dem 13. Jahrhundert vor, die er sich nun nach und nach mit Laubengängen, Holzdecken, mit groteskem Schmuck und ausgedehnten Lustgärten wohnlich einrichten ließ. Vor allem die *Narrentreppe* mit ihren lebensgroß gemalten Figuren aus der Commedia dell'arte, gemalt von Alessandro Scalzi, erinnert an die unbeschwerte Zeit der Burg. Nach dem Auszug Wilhelms hielt kein Wittelsbacher mehr Hof in den alten Mauern. Der kontinuierliche Niedergang fand seinen Höhepunkt am 21. Oktober 1961, als ein nicht abgeschalteter Tauchsieder die Burg in Brand setzte und vor allem im Fürstenbau wertvolles Inventar zerstörte.

Die längste Burg Deutschlands

Auch die zweite alte Burg der Wittelsbacher ist besonders eng mit einem Sproß aus diesem Geschlecht verbunden. Als Herzog Ludwig der Gebartete 1445 nach Burghausen in die größte Burganlage Deutschlands gebracht wurde, kam er allerdings nicht, um fröhliche Feste zu feiern, sondern als Gefangener. Sein eigener Sohn, Ludwig der Höckrige, hatte ihn 1443 in Neuburg gefangen genommen. Heinrich der Reiche von Landshut brachte ihn zwei Jahre später schließlich in die Feste, die den Landshuter Herzögen schon seit jeher als Kerker gedient hatte. Auch unliebsame Gemahlinnen waren mit Vorliebe stets hierher verbannt worden. Allein zwischenn 1748 und 1775 sollen weit über tausend Menschen im Folterturm von Burghausen ihr Leben gelassen haben.

Dank ihrer strategisch besonders günstigen Lage galt die Burg von jeher als besonders sicher, für gut zweihundert Jahre diente sie deshalb den Herzögen von Landshut immer dann als Ausweichquartier, wenn unruhige Zeiten ins Haus standen. Darüberhinaus war die rund 1100 Meter lange Burganlage die Zollstation an der Salzstraße, die hier die Salzach überquerte, das Bollwerk gegen mögliche Türkeneinfälle und nicht zuletzt eine Bastion gegen den Machthunger der benachbarten Habsburger.

Daß die Wittelsbacher Burghausen als ihren sichersten Platz ansahen, beweist nichts besser als die Tatsache, daß sie hier in der eigentlich aus sechs einzelnen, aneinandergereihten Burgen bestehenden Abschnittsburg ihre Schatzkammer einrichteten. Bis zu 500000 Dukaten in gemünz-

Burghausen über der Salzach ist mit rund 1100 m die längste und größte Burganlage Deutschlands. Einst Zollstation an der Salzstraße und Bollwerk gegen mögliche Türkeneinfälle, war sie zuletzt eine Bastion gegen den Machthunger der Habsburger und eine Fliehburg der in Landshut residierenden bayerischen Herzöge. Weil die Wittelsbacher in der Burg ihren sichersten Platz sahen, richteten sie hier ihre Schatzkammer ein, in der zeitweise bis zu 500 000 Dukaten in gemünztem Gold gelagert haben sollen. Ihre größte Ausdehnung erreichte die Anlage unter Herzog Georg dem Reichen, der die Burg in der 2. Hälfte des 15. Jh. von 4000 Arbeitern zu ihrem heutigen Bestand ausbauen ließ.

Folgende Doppelseite
Die Burg Trausnitz oberhalb von Landshut ist die älteste noch erhaltene Stammburg der Wittelsbacher. Bis 1542 hatte die gewaltige Festung aus dem 13. Jh. den Wittelsbachern als Residenz gedient. Zu neuem Glanz kam die Festung 1568, als Kronprinz Wilhelm für elf Jahre auf die Burg zog und die Laubengänge des Hofes neu gestalten, die Holzdecken mit groteskem Schmuck versehen und die Narrentreppe ausmalen ließ. Bis heute ist die Burg Wahrzeichen von Landshut.

tem Gold sollen es gewesen sein und Barren in Gold und Silber zu hauf. Immerhin wurden siebzig sechsspännige Wagen benötigt, als der Pfalzgraf Rupprecht im Landshuter Erbfolgekrieg den Schatz des Hauses nach Neuburg an der Donau verfrachten ließ.

Eigentlicher Bauherr der 1253 von Herzog Heinrich XIII. von Niederbayern begonnenen Burganlage war Herzog Georg der Reiche, der von 1479 bis 1503 regierte und von dem ein Chronist 1488 berichtete: *Herzog Georg ließ sein Schloß Burghausen umbmauern und versehen mit großen dicken mauren und hett allerley maurer und arbeiter, auf einen tag wol 4 tausend oder mehr, eine lange zeit, und verbauet wol 100 000 Gulden.*

Zu den besonderen Sehenswürdigkeiten der Burg gehört heute die innere Burgkapelle Sankt Elisabeth mit ihrer, dem Terrain angepaßten, geknickten Längsachse, die äußere Schloßkapelle Sankt Hedwig, mit ihrem reichen Netzgewölbe und dem Stifterrelief Georgs des Reichen (ein kleines Meisterwerk spätgotischer Baukunst), und das Aventinshaus, das der bayerische Geschichtsschreiber Johannes Aventinus (Johannes Turmayr aus Abensberg) bezog, als ihn Herzog Albrecht IV. als Prinzenerzieher 1509 nach Burghausen geholt hatte.

Die Residenz zu München

Wie willkommen Herzog Ludwig der Strenge den Münchnern war, als er 1255 eine seiner Hofhaltungen hierher verlegte und am Nordrand der Stadt eine Burg errichten ließ (der Alte Hof), ist nirgends überliefert. Fest jedoch steht, daß die Münchner Bürger selbst dann noch dem Adel äußerst reserviert gegenüber standen, als Kaiser Ludwig der Bayer (1287–1347) München längst zu seiner ständigen Residenz gemacht hatte. Noch 1433 berichtete der Stadtschreiber über ein Fest, zu dem der Adel ins Rathaus geladen war: *Sie fraßen wie die Säue mit beiden Fäusten. Da redeten etliche Bürger dazu, ob sie sich dessen nit schameten.*

Ob diese feindselige Haltung der Bürger der Grund dafür war, daß es die Wittelsbacher bald aus ihrer alten Burg hinauszog, sei dahingestellt. Tatsache jedenfalls ist, daß die Wittelsbacher in den achtziger Jahren des 14. Jahrhunderts mit dem Bau einer *Neuveste* am Rand der Isarauen begannen. Bis um das Jahr 1500 war daraus eine vierflügelige Wasserburg geworden, die nach Zeitzeugen jedoch noch ein *innwendig zimblich finsteres, melancholisches wesen* hatte. Dem rückte erstmals Herzog Albrecht X. energisch zuleibe, indem er es wagte, über den alten Mauerring hinaus zu bauen, um für seine *Bibliotec unnd antiquitatibus* Raum zu schaffen. Was Jacopo Strada und Wilhelm Egckl daraufhin bis 1569 bauten und Friedrich Sustris später zu einer Festhalle umgestaltete, wurde der bedeutendste und größte profane Renaissanceraum des 16. Jahrhunderts nördlich der Alpen und dient als «Antiquarium» bis heute der bayerischen Staatsregierung als angemessener Rahmen für ihre Empfänge.

Auch danach haben alle bayerischen Herzöge, Kurfürsten und Könige an der Residenz weitergebaut, allen voran jedoch der erste bayerische Kurfürst Maximilian I. Er entwarf erstmals einen großzügigen Gesamtplan, der bis 1619 weitgehend ausgeführt wurde. Wichtigste Stationen waren schließlich noch der Einbau des Cuvilliés-Theaters von 1751 bis 1753 und die Vollendung des Königsbaus im Jahre 1835. Ihn errichtete Leo von Klenze im Auftrag von Ludwig I. nach dem Vorbild des *Palazzo Pitti* in Florenz.

Höhepunkte im Besichtigungsprogramm der Residenz sind heute die reichen Zimmer von François Cuvilliés dem Älteren, das rückwärtige Kurfürstenzimmer mit einer Sammlung feinster ostasiatischer Porzellane und das vordere Kurfürstenzimmer, gestaltet ebenfalls von François Cuvilliés, mit seinen wertvollen deutschen und französischen Möbeln.

In den achtziger Jahren des 14. Jh. begannen die Wittelsbacher den Bau ihrer "Neuveste" am Rand der Münchener Isarauen. Um 1500 war daraus eine vierflüglige Wasserburg geworden, die Herzog Albrecht V. bis 1569 um eine "neue Behausung" entscheidend erweitern ließ. Erst Kurfürst Maximilian I. aber wurde zum eigentlichen Baumeister der Münchener Residenz. Er entwarf erstmals einen großzügigen Gesamtplan, der bis 1619 weitgehend ausgeführt wurde. Im Zuge seiner Baumaßnahmen wurde auch der hier abgebildete Brunnenhof geschlossen und der große Wittelsbacher Brunnen errichtet.

Folgende Doppelseite: Herzog Albrecht V. baute nicht zuletzt deshalb über den alten Mauerring der Münchener Residenz hinaus, um für seine "Bibliotec und antiquitatibus" Raum zu schaffen. Was Jacopo Strada und Wilhelm Egkl daraufhin bis 1569 bauten und Friedrich Sustris später zu einer Festhalle umgestaltete, wurde der bedeutendste und größte profane Renaissancebau des 16. Jh. nördlich der Alpen und dient als "Antiquarium" bis heute der Bayerischen Staatsregierung als angemessener Rahmen für ihre Empfänge.

Das Gartenschloß bei der Nymphe Flora

Mitte des 17. Jahrhunderts herrschte auch in München bei Hofe italienischer Geist und italienische Lebensart. Die Oper spielte italienisch und auf dem Starnberger See fuhr das venezianische Prunkschiff *Buccentaurus.* Man gab sich poetisch, allen voran die Gemahlin von Kurfürst Ferdinand Maria, Henriette Adelaide von Savoyen. 1663 erhielt sie zur Geburt des Erbprinzen Max Emanuel einen Gutshof weit vor den Toren Münchens zum Geschenk. Bereits ein Jahr später beauftragte die Kurfürstin Agostino Barelli und später Enrico Zuccalli mit dem Bau eines Sommerhauses, das sie der Nymphe Flora widmete und deshalb Nymphenburg nannte.

Die im italienischen Stil errichtete *villa suburbana* wurde 1675 als kubischer Block mit fünf Geschossen fertiggestellt und damit der Kern und Kristallisationspunkt der späteren riesigen Schloßanlage, an der nahezu alle folgenden bayerischen Herrscher weiterbauten.

AMOR
VERUS
SEIPSO

Nach dem frühen Tod der poetischen Kurfürstin (sie starb nur 42-jährig im Jahre 1676) kümmerte sich zunächst niemand um die Nymphenburg, bis im Jahre 1702 die Bauwut auch Max Emanuel, den «Blauen Kurfürsten», packte. Ihn faszinierte das Vorbild von Versailles, an dem er seine Pläne für eine Sommerresidenz auszurichten begann. Giovanni Antonio Viscardi erhielt den Auftrag, nach den Plänen von Enrico Zuccalli an den Sommersitz seiner Mutter an jeder Seite zwei seitliche Wohnpavillons anzubauen und sie mit Galeriebauten an den Mittelpavillon anzubinden. Der 1671 zunächst als italienischer Garten angelegte, noch relativ kleine Schloßpark wurde von Charles Carbonet wesentlich erweitert und ebenso auf die Zentralachse ausgerichtet wie ein von der Würm abgezweigter Kanal.

Doch es ging nicht nur aufwärts. Mit der für Max Emanuel verlorenen Schlacht bei Höchstädt endete für zehn Jahre jede Bautätigkeit. Erst 1715 gab es mit der Ernennung Joseph Effners zum *Directeur des Lustbauwesens* einen neuen Anfang. Zusammen mit dem aus Paris mitgebrachten *fontainier* Dominique Girard, der für die Parkanlagen verantwortlich zeichnete, begann man nach äußerst großzügigem Plan energisch zu bauen. Neben der Renovierung und Neugestaltung der Fassade des alten Kernbaues wurden die beiden äußeren Pavillons fertiggestellt und die langgezogenen Flügelbauten in Angriff genommen. Bereits damals stand fest, daß die Anlage insgesamt 685 Meter breit sein würde.

Wesentlich zeitraubender war der Ausbau des Parks. Mehr als fünfzehn Jahre baute Girard daran, erst 1733 konnte die Umfassungsmauer errichtet werden. Effner jedoch störte dies keineswegs, baute er doch in dieser Zeit im Park die Kleinode Pagodenburg (1716–1719), die Badenburg (1718–1721) und die Magdalenenklause (1725–1728).

Als Max Emanuel 1726 starb, war Nymphenburg zwar zum damals größten Barockschloß Deutschlands geworden, das eine Hofhaltung für etwa tausend Personen ermöglichte und Platz für gut fünfhundert Pferde bot, doch fertig war die Anlage noch bei weitem nicht. Dazu waren ein weiteres Herrscherleben und – mindestens genauso wichtig – der Einfluß des Rokoko notwendig.

Geradezu geschaffen dafür war Kurfürst Karl Albrecht, der Sohn von Max Emanuel und spätere Kaiser Karl VII. Er war der Fürst des Münchner Rokoko und er holte François Cuvilliés den Älteren als wallonischen Kammerzwerg nach München und machte ihn zum größten Architekten des Rokoko. Als besonderes Juwel ist ihm die Amalienburg (1734–1739) zu verdanken. Karl Albrecht selbst lieferte die Vorgaben für die 1728 begonnene Anlage des großen Rondells auf der Stadtseite. Im Anschluß an ihre Auffahrtsalleen sollte sich eine *Carlsstadt* anschließen, ein Ansatz, der allerdings mit den Münchnern nicht zu verwirklichen war.

Den Nachfolgern Karl Albrechts blieb es vorbehalten, zu vollenden, zu verschönern und zu verändern. Kaum ein namhafter Künstler hinterließ in Nymphenburg keine Spuren und selbst die Umwandlung des barocken Parks mit seinen geometrischen Anlagen in einen englischen Landschaftsgarten durch Friedrich Ludwig von Sckell (ab 1804) geriet der Gesamtanlage nur zum Vorteil. Eine der berühmtesten Sehenswürdigkeiten des Schlosses, die Schönheitsgalerie König Ludwigs I., entstand sogar erst von 1827 bis 1850. In diesen 23 Jahren schuf Josef Karl Stieler für die Schönheitsgalerie des Königs 36 Portraits der schönsten Frauen seiner Zeit, darunter die *Schöne Münchnerin,* die Tochter eines Münchner Schusters, und das Portrait der Tänzerin Lola Montez, die Ludwig I. im Jahre 1848 um den Thron bringen sollte.

Das Gartenschloß bei der Nymphe Flora entstand in seinem Kern als "villa suburbana" bis 1675 im Auftrag der Kurfürstin Henriette Adelaide von Savoyen. Nach dem Tod der Kurfürstin dauerte es bis 1702, als Max Emanuel, der "Blaue Kurfürst", den alten Sommersitz seiner Mutter weiterbauen ließ. Beim Tod Max Emanuels im Jahre 1727 war die Nymphenburg bereits das damals größte Barockschloß Deutschlands, doch fertig war man noch lange nicht. Erst Kurfürst Carl Albrecht, der spätere Kaiser Karl VII., sorgte für die heutige Ausdehnung. Die Abbildung unten, zeigt den "Steinernen Saal". Er geht zwar noch auf die erste Bauzeit des Schlosses zurück, seine heutige architektonische Gestalt erhielt er jedoch unter Kurfürst Max Emanuel. Die heutige Ausstattung entstand von 1755 bis 1757 unter der Leitung von Francois Cuvilliés. Ausführender Meister war Johann Baptist Zimmermann. Die Abbildung oben zeigt die Schönheitsgalerie von König Ludwig I. von Bayern. Sie enthält eine Sammlung von Bildnissen schöner Frauen, die Joseph Stieler. 1827 bis 1850 im Auftrag des Königs malte.

Folgende Doppelseite: Erst aus der Vogelschau zeigt sich die ganze Weite der Riesenanlage in Nymphenburg. Von Kurfürst Carl Albrecht selbst stammt der Plan für die 1728 begonnene Anlage des großen Rondells auf der Stadtseite. Im Anschluß an ihre Auffahrtsalleen sollte sich eine "Carlsstadt" anschließen, ein Ansatz, dem die Münchener allerdings eine recht kalte Schulter zeigten. Noch einmal ein Jahrhundert später sorgte der Meister der "natürlichen" Gartenkunst, Friedrich Ludwig von Sckell dafür, daß die weiten Parkanlagen südlich und nördlich der Kanalachse im englischen Stil umgestaltet wurden.

Der Traum des Blauen Kurfürsten

Ein Mann wie der Blaue Kurfürst Max Emanuel war natürlich alleine mit dem Bau von Nymphenburg nicht ausgelastet. Als Statthalter in den spanischen Niederlanden hatte er seine Vorliebe für Wasser, Kanäle und Schiffe entdeckt – Elemente, auf die er auch in seiner Münchner Residenz nicht verzichten wollte. Als ihm Ludwig XIV. gar als Belohnung für seine Hilfe im Kampf gegen die Habsburger die Kaiserkrone versprach, gab es für den Bayern nur eins: eine Residenz mußte her, die Schönbrunn in Wien oder dem Louvre in Paris ebenbürtig sein würde.

Weil weder die Stadtresidenz in München noch die Anlage in Nymphenburg dafür ausbaubar waren, griff der Kurfürst auf ein von Kurfürst Maximilian I. errichtetes Herrenhaus in der Moorlandschaft nördlich von München zurück. Dies tat er umso lieber, als es ihm dort möglich war, von türkischen Kriegsgefangenen ein umfangreiches Kanalnetz ausheben zu lassen und der Landschaft damit einen holländischen Charakter zu geben. Im Endausbau sollte das System die Schlösser Schleißheim, Dachau, Nymphenburg und die Münchner Stadtresidenz miteinander verbinden. Bis zum Frieden von Karlowitz im Januar 1699 arbeiteten daran die Türken, danach Soldaten der Münchner Garnison und Sträflinge. Gleich drei Flüsse – Isar, Amper und Würm – wurden

in das Projekt eingebunden und bereits am 5. September 1702 war es soweit, daß der Kurfürst an Bord eines von italienischen Gondolieren geruderten Prachtschiffes das erste Teilstück von Schleißheim nach Dachau feierlich einweihen konnte.

Für den Ausbau von Schleißheim plante Max Emanuel eine riesige Vierflügelanlage, von der jedoch nur der Ostflügel ausgeführt wurde. Weil dem Fürsten höchste Eile geboten schien, sollten das vorhandene alte Schloß miteinbezogen werden und die neu zu errichtenden Teile möglichst schnell fertig werden. Nur ein Jahr nach der Grundsteinlegung, am 14. April 1701, stürzte denn auch bereits die neuaufgeführte Ostmauer wieder ein, weil man in der Eile ihr Fundament zu schwach dimensioniert hatte. Weil nicht sein kann, was nicht sein darf, wurde nach dem Einsturz keineswegs ein besseres Fundament gebaut, sondern lediglich die Mauer verstärkt. In der Folge mußte dafür ihre Höhe auf zwei Geschosse begrenzt und darüber eine Terrasse angelegt werden. Die eigenartige Stufung der parkseitigen Fassade war ursprünglich also keineswegs gewollt, sondern lediglich das Ergebnis technischer Zwänge.

Trotz aller Eile war nicht einmal der Ostflügel ganz im Rohbau fertiggestellt, als die Niederlage in der Schlacht von Höchstädt den Fürsten 1705 ins französische Exil zwang. Wie in Nymphenburg ruhten daraufhin sämtliche Arbeiten. In Schleißheim wurden sie sogar erst 1719 wieder aufgenommen. Zwar erlebte der Bayer, der so gerne Kaiser geworden wäre, noch die Fertigstellung des Ostflügels, alle anderen Pläne aber blieben unausgeführt.

Bauherr von Schloß Oberschleißheim bei München war ebenfalls Kurfürst Max Emanuel, der "Blaue Kurfürst". Als ihm Ludwig XIV. zur Belohnung für seine Hilfe im Kampf gegen die Habsburger die Kaiserkrone versprach, gab es für den Bayern nur eins: eine neue Residenz mußte her, die den größten Schlössern Europas gleichwertig werden sollte. Für die neue Residenz plante Max Emanuel eine riesige Vierflügelanlage, von der jedoch nur der Ostflügel ausgeführt wurde. Unser Bild zeigt einen Blick in das barocke Treppenhaus von Schloß Oberschleißheim.

Märchenkönigs Träume

Das Paradies der Erde

Wenn in Bayern vom König die Rede ist, weiß jedes Kind, daß natürlich kein anderer als Ludwig II. gemeint ist. Kein anderer bayerischer Herrscher regiert noch so drastisch die Vorstellung seiner Landeskinder wie der so geheimnisumwitterte und so früh verstorbene Märchenkönig. Zahllose Vereine, ein Weitwanderweg und sogar eine Biersorte berufen sich auf ihn, Touristen aus aller Herren Ländern bestaunen die Schlösser des bankerotten Königs, dessen Bauten auf der Einnahmenseite des bayerischen Finanzministers seit langem eine feste Größe darstellen.

Was am 13. Juni 1886 bei Schloß Berg so tragisch im Starnberger See endete, begann zunächst ganz harmlos. 1829 war Maximilian II., der Vater des Märchenkönigs, in der Nähe von Füssen auf die Burgruine Schwanstein gestoßen. Sie lag malerisch im Wald über dem Alpsee und hatte einst den Lehensträgern von Welfen und Staufern, den mächtigen Herren von Schwangau, gehört. Bereits seit 1820 war die Ruine auf Abbruch feilgeboten worden, doch selbst dafür wollte sie niemand haben. Erst 1832 erwarb sie der König, um sich als erster bayerischer Monarch eine Sommerresidenz in den Bergen zu schaffen.

Auch wenn der Monarch mit seinen romantischen Vorstellungen bereits etwas spät dran war – die Gebrüder Grimm hatten ihre Sammlung der *Kinder- und Hausmärchen* bereits zehn Jahre früher abgeschlossen – paßte das königliche Bauprojekt doch nahtlos in die spätromantischen Vorstellungen der Zeit. Genauso «stimmig» war es denn auch, daß die Entwürfe für den Ausbau der Ruine nicht von einem Architekten, sondern vom königlichen Zeichenlehrer und Theaterdekorateur Domenico Quaglio gefertigt wurden. Besonders bezeichnend ist es dabei, daß der Maler zwar eine ganze Serie von farbigen Ansichtsskizzen, aber keinen einzigen Grundriß schuf. Mit ganz geringfügigen Änderungen nutzten deshalb die Maurer die aus dem Jahre 1758 stammenden Grundrisse der alten Ruine. Quaglios Leistung beschränkte sich auf die regelmäßige Reihung der Fenster, ihre dekorative Bekrönung im Sinne der englischen Neugotik und auf die Schaffung einer repräsentativen Fassade.

Im Jahre 1836 konnte Maximilian II. seine Traumburg beziehen, die er als ein *Denkmal seiner Liebe sowohl für die Kunst als für die vaterländische Geschichte* ansah. Vor diesem Hintergrund wurde die Burg nun in Hohenschwangau umgetauft – ein früher Hinweis auf die später auf den Sohn übergegangene Vorliebe zum Schwanenmotiv. Es taucht denn auch immer wieder in den nach Skizzen von Moritz von Schwind gefertigten Wandgemälden im Inneren des Schlosses auf. Maximilian selbst ließ sich 1841 von Lorenz Quaglio in Öl malen, wie er – gekleidet in altdeutsche Tracht – vom Boot aus die Schwäne des Alpsees füttert. Oder andersherum: bereits der Vater des Märchenkönigs sah sich in Personalunion als Ritter von Schwangau und Schwanenritter Lohengrin. Nur folgerichtig ist es da, daß die Geschichte Lohengrins in den Fresken des Schwanenrittersaales festgehalten ist und eine Szene sogar in Hohenschwangau selbst spielt.

Zusammen mit seinen Eltern war der junge Ludwig II. von Kind an häufig auf Hohenschwangau. Nach dem Tod seines Vaters im Jahre 1864 wurde es sein Lieblingssitz, von dem er als Jüngling schon als dem *Paradies der Erde* schwärmte, *das ich mit meinen Idealen bevölkere und dadurch glücklich bin.* Dieses Glück allerdings verleidete ihm seine Mutter, Königin Marie Friederike, die offensichtlich wenig von den Schwärmereien ihres Sohnes hielt. Der allerdings wußte sich bei aller Träumerei zu helfen, indem er «sein eigenes» Schloß in Angriff nahm.

Der Tempel für Richard Wagner

Ich habe die Absicht, die alte Burgruine Hohenschwangau bei der Pöllat-Schlucht neu aufbauen zu lassen, im echten Styl der alten deutschen Ritterburgen, teilte der junge König am 13. Mai 1868 seinem Freund Richard Wagner mit. Wie dieses Schloß aussehen sollte, wurde im gleichen Brief

Schloß Hohenschwangau war ursprünglich der Sitz welfischer Ministrialen, deren Burg Schwanstein hieß und die 1809 zerstört wurde. Als Sommersitz des Kronprinzen Maximilian wurde die Burg als Schloß Hohenschwangau nach den Entwürfen des Theatermalers Domenico Quaglio neu errichtet. Auf Hohenschwangau kam Ludwig II. schon als Bub mit dem für sein späteres Leben so bestimmenden Schwanenmotiv in Berührung.

Folgende Doppelseite: Schloß Neuschwanstein, der Stein gewordene Traum des bayerischen Märchenkönigs Ludwig II., thront hoch auf steilem Fels über der Pöllat-Schlucht und vor dem Hintergrund des Forggensees. Des Königs Vorstellungen von einer Idealburg setzte, wie schon in Hohenschwangau, wieder kein Architekt sondern der Theatermaler Christian Jank in die Realität um. Vor allem ihm ist es zu verdanken, daß die Burg nach den Vorstellungen des Königs tatsächlich "eine Welt versinnlicht, in die nur die Sehnsucht, der Traum eindringen kann". Dieser Versuch wurde mit den Mitteln des Historismus und mit Anleihen an die Wartburg gewagt.

beschrieben: *Der Punkt ist einer der schönsten, die zu finden sind, heilig und unnahbar, ein würdiger Tempel für den göttlichen Freund, durch den einzig Heil und wahrer Segen der Welt erblühte. Auch Reminiszenzen an Tannhäuser (Sängersaal mit Ansicht auf die Burg im Hintergrunde) und Lohengrin (Burghof, offener Gang, Weg zur Kapelle) werden Sie dort finden; in jeder Beziehung schöner und wohnlicher wird diese Burg werden als das untere Hohenschwangau, das jährlich durch die Prosa meiner Mutter entweiht wird; sie werden sich rächen, die entweihten Götter und oben weilen bei uns auf steiler Höh, umweht von Himmelsluft.*

Des Königs Vorstellungen vom Tempel für Richard Wagner setzte wie schon bei seinem Vater wieder kein Architekt, sondern ein Theatermaler, diesmal Christian Jank, in die Realität um. Daß das Ganze überhaupt baubar wurde, dafür sorgte dann aber doch der Architekt Eduard Riedel, nach dessen Plänen am 5. September 1869 der Grundstein gelegt wurde.

Bis zu diesem Zeitpunkt hatte es immerhin gut drei Jahre gedauert, bis aus den Vorstellungen von einer kleinen Raubritterburg die monumentale «romantische»Burg geworden war, die heute in aller Welt als Paradebeispiel des mittelalterlichen Burgenbaus in Deutschland verstanden wird. Dabei ist die Burg nichts anderes als *eine Flucht aus der schlechten Nähe in eine schöne Ferne, der Versuch, eine Welt zu versinnlichen, in die nur die Sehnsucht, der Traum eindringen kann.* Dieser Versuch wurde mit den Mitteln des Historismus und mit Anleihen an die Wartburg (sie hatte der König 1867 kennengelernt) gewagt.

Knapp sieben Jahre wurde an der Verwirklichung des königlichen Traumes gebaut, seine Fertigstellung erlebte der König nicht. Ganze 102 Tage hatte er auf Neuschwanstein verbracht, sein Idol Richard Wagner ist nie dorthin gekommen. Zwar wurde unter der Leitung von Julius Hofmann bis 1892 halbherzig weitergebaut, fertiggestellt wurde das Schloß bis heute nicht.

Ein Gang durch die im Innern eher bedrückend wirkenden Mauern vermittelt denn auch bei allem Prunk auf Schritt und Tritt eher den Eindruck einer gewaltigen Opernszenerie, denn eines gewachsenen Ganzen. Eine Fülle hervorragend gearbeiteter Details findet vielleicht gerade deshalb nicht zur einheitlichen Wirkung, weil überall ein bißchen zu viel getan wurde, überall sich die Übertreibung ausleben durfte. All das kulminiert im Thronsaal, in dem man sich unversehens in eine byzantinische Basilika versetzt glaubt. Beinahe zum Aberwitz der Geschichte gerät das Ganze – betrachtet man die zwölf gemalten Apostel, die an der zum Thronpodest führenden Treppe Spalier stehen –, wenn man weiß, daß auf dem Podest nie ein Thron stand. Daß dieser Thronsaal noch an der Schwelle zum 20. Jahrhundert als Ausdruck eines als überzeitlich und ewig geglaubten Königtums verstanden werden sollte, vermag die Stimmung – zumindest für den Nachdenklichen – auch nicht gerade zu fördern.

Die Welt der Märchen

Ging es Ludwig II. beim Bau von Neuschwanstein darum, den Schwanenrittern einen Sitz und den «entweihten Göttern» eine neue Heimat zu geben, ist bei seinem zweiten Bauvorhaben im hinteren Graswangtal bei Oberammergau von all dem nichts zu spüren. Dort hatte Maximilian II. an der Stelle eines Zehenthofes des Klosters Ettal ein hölzernes Jagdhaus errichtet, und dorthin hatte es den jungen Kronprinzen schon früh immer wieder hingezogen. Im «Königshäuschen» sah er die Möglichkeit, sich sein ureigenstes, privates Refugium in der Abgeschlossenheit der bayerischen Alpen zu schaffen. 1869 erhielt denn auch Georg von Dollmann den Auftrag, in 942 Meter Höhe dem König sein «privates» Schloß zu errichten, das er nach der dort ansässigen Bauernfamilie Linder von Anfang an Schloß Linderhof nannte.

Bestand beim Bau von Neuschwanstein die Hauptschwierigkeit darin, den Träumen des Königs die gewünschte Form zu verleihen, waren es beim Bau von Linderhof hauptsächlich technische Schwierigkeiten, die sich den Wünschen des Königs in den Weg stellten. Zum einen endete die Eisenbahnlinie damals noch in Weilheim. Das gesamte Baumaterial mußte von dort mühsam mit Pferdewagen in das abgelegene Hochtal gebracht werden. Zum anderen war das Baugelände selbst in dem engen Trogtal alles andere als «architekturfreundlich». Felsen und Steilhänge mußten erst mühsam mit Stützmauern und Substruktionen vorbereitet werden, bevor der mit der Gestaltung des Parks beauftragte Hofgartendirektor Karl von Effner mit seiner eigentlichen Arbeit beginnen konnte. Zum dritten bereitete es sicher nicht geringe Schwierigkeiten, die technischen Voraussetzungen für die vom König gewünschten, umfangreichen Wasserspiele im Stil der italienischen Renaissance zu schaffen.

Immerhin gelang es Effner mit der geschickten Komposition unterschiedlichster Komponenten eine Verbindung zwischen dem im Geiste des französischen Rokoko gebauten Schloß und der Urwüchsigkeit der natürlichen Umgebung herzustellen. Als Bindeglied zwischen den barocken

Für die Innenausstattung von Neuschwanstein wurde kein Aufwand gescheut. Nicht zuletzt deshalb konnte bis zum Tode des Königs die Innenausstattung der Burg nur in Ansätzen fertiggestellt werden. Unser Bild zeigt das königliche Schreibzimmer.

Folgende Doppelseite: Das königliche Schlafzimmer in Schloß Linderhof ist schon beinahe eine Orgie in Gold. Gestaltet wurde es von Eugen Drollinger nach dem Vorbild der "Reichen Zimmer" in der Münchener Residenz.

Parterregärten am Schloß und dem englischen Landschaftsgarten als Übergang zum freien Hochgebirgswald nützte er die vielen an den Nord- und Südhängen des Parks gehäuften Terrassen mit ihren Wasserspielen.

Das aus einer Mischung von Barock und Rokoko überaus romantisch und phantastisch gestaltete Schlößchen wurde vom Münchner Hoftheaterdirektor Franz Seitz ausgestattet, das Schlafzimmer des Königs wurde von Eugen Drollinger nach dem Vorbild der *Reichen Zimmer* in der Münchner Residenz gestaltet.

Schlößchen und Park für sich alleine könnten als «gewöhnliche» Rokokoresidenz durchgehen, gäbe es da nicht darüberhinaus die *Venusgrotte* und den *Maurischen Kiosk*. Mit ihnen erst wird das Schlößchen zur Traumwelt, in die sich Ludwig nach den schweren Enttäuschungen seiner ersten Regierungsjahre in München flüchtete. Den Maurischen Kiosk entdeckte der König 1867 auf der Pariser Weltausstellung und kaufte ihn auf der Stelle, obschon es eigentlich eine Auftragsarbeit für einen böhmischen Rittergutsbesitzer war. Ludwig sah darin die Möglichkeit, Tschibuk rauchend sich in der Wunderwelt aus *Tausend und einer Nacht* zu verlieren.

Die Krönung des Ganzen aber entstand von 1876 bis 1877 am Abhang des Hennenkopfes. Dort baute August Dirigl die Venusgrotte als künstliche Tropfsteinhöhle, mit der der König das Innere des Hörselberges in Wagners Tannhäuser Wirklichkeit werden lassen wollte. Die Höhle aus Draht und Gips wurde im Hauptraum immerhin gut zehn Meter hoch, bekam zwei Nebengrotten und einen unterirdischen See. Im Geplätscher mit einem vergoldeten Muschelkahn wollte der träumende König sich in die Verzauberung des Tannhäusers versenken. Dabei störte es ausgerechnet den, der so irritiert auf das heraufziehende Industriezeitalter reagiert hatte, überhaupt nicht, daß Werner von Siemens die ersten in Bayern aufgestellten Dynamomaschinen für die Beleuchtung des Märchenreiches geliefert hatte.

Das bayerische Versailles

Ludwig II. war jedoch nicht nur der Träumer und Märchenkönig, er war auch der, wenn schon nicht mehr zeitgemäße, so doch sendungsbewußte, absolute Fürst. Als solcher hatte ihm wie vielen zuvor schon, Versailles in die Augen gestochen, als er es 1867 zum ersten Mal erlebte. Natürlich verspürte er sofort die Verkörperung des sakrosankten Königtums, für ihn Grund genug, dem Vorbild mit Ausdauer nachzueifern. Weil zunächst der geeignete Bauplatz fehlte, wurde erst für Linderhof, dann für die Insel im Staffelsee geplant. Erst 1873 gelang es ihm, die Insel Herrenchiemsee und damit den idealen Bauplatz für sein ehrgeiziges Projekt zu erwerben. Noch einmal fünf Jahre sollten allerdings ins Land gehen, bis am 21. Mai 1878 der Grundstein für Ludwigs letztes Königsschloß gelegt werden konnte.

Die Pläne des königlichen Hofbaudirektors Georg von Dollmann sahen eine dreigeschossige, hufeisenförmige Anlage vor, eingebunden in das Achsensystem eines großzügig geplanten Parkes. Der frühe Tod des Königs nur acht Jahre nach Baubeginn vereitelte die Fertigstellung. Die Kirche fehlte bei seinem Tode noch ganz, ebenso der südliche Flügel. Der im Rohbau steckengebliebene nördliche Flügel wurde später wieder abgetragen. Weitgehend fertiggestellt dagegen wurde der Kern des Schlosses samt seiner von Julius Hofmann gestalteten Ausstattung. Vollendet wurde vor allem auch die weitgehend nach dem Versailler Vorbild gebaute und ausgestattete Spiegelgalerie als Sinnbild des absoluten königlichen Machtanspruches.

Bei allem Eifer, dem großen Vorbild möglichst treu zu folgen, sind dennoch einige bezeichnende Abweichungen nicht zu übersehen. Zum einen bewohnte der König das Corps de logis nie selbst, seine eigene Wohnung verlegte er vielmehr in den Nordarm des Cour d'honneur. Während Ludwig XIV. sein Schloß noch buchstäblich als Staffage um sich selbst herum bauen ließ, sah der bayerische Ludwig sein Versailles nie als Dauerwohnung für sich selbst vor. Wohnen sollte hier das absolute Königtum, als dessen Vertreter er sich von Zeit zu Zeit sehen lassen wollte.

Torso blieb auch der nach den Plänen von Karl von Effner begonnene Park. Er sollte sich nahezu über die ganze Insel erstrecken und das Schloß von allen Seiten mit streng geometrisch angelegten Einzelgartenräumen einfassen. Ausgeführt wurden davon nur der Parterre-Sektor und die zum See hin folgenden Rechteckzonen – beides getreu dem Versailler Vorbild. Heute bilden sie das Kernstück eines knapp dreißig Hektar großen Naturparks mit artenreichem Baumbestand.

Von den zahlreichen, in der Planung vorgesehenen Brunnen wurden ganze drei verwirklicht. Zwei davon, der Fama- und der Flora-Brunnen, wurden nach dem Tod des Königs wieder zugeschüttet, ihre Bleifiguren jedoch blieben erhalten. Der ebenfalls zugeschüttete *Latona-Brunnen* von 1883 wurde 1979 mit seinem Marmoraufbau und den Bleifiguren wieder voll in Betrieb genommen. Latona und die in Frösche verwandelten Bauern sind heute eine der Hauptsehenswürdigkeiten auf Herrenchiemsee.

Schloß Linderhof im hintersten Graswangtal bei Oberammergau ist das privateste Schloß des bayerischen Märchenkönigs. Dort, wo schon Maximilian II. an der Stelle eines Zehenthofes des Klosters Ettal ein hölzernes Jagdhaus besaß und wo es den jungen Kronprinzen schon früh immer wieder hingezogen hatte, ließ Ludwig II. ab 1869 von Georg von Dollmann sein privates Refugium in der Abgeschiedenheit der bayerischen Berge errichten. Die Gestaltung des Parks lag wieder in den bewährten Händen des Hofgartendirektors Karl von Effner, dem es gelang, eine Verbindung zwischen dem im Geiste des französischen Rokoko gebauten Schloß und der Urwüchsigkeit der natürlichen Umgebung herzustellen. Das aus einer Mischung von Barock und Rokoko romantisch und phantastisch gestaltete Schlößchen selbst wurde vom Münchener Hoftheaterdirektor Franz Seitz ausgestattet.

Folgende Doppelseite:
Ähnlich wie das Schloß selbst blieb auch der von Karl von Effner begonnene Park auf Herrenchiemsee unvollendet. Nach Effners Vorstellungen sollte sich der Park nahezu über die ganze Insel erstrecken und das Schloß von allen Seiten mit streng geometrisch angelegten Einzelgartenräumen einfassen. Ausgeführt wurden davon nur der Parterresektor und die zum See hin folgenden Rechteckzonen. Zusammen mit der Gartenfront des Schlosses bieten sie heute dem Besucher noch das harmonischste Bild von Ludwigs Versailles.

Gasthof
zum Schloß
Gasthof zum Schloß

Um bayerische Hauptstädte

Städtische Wohnburgen

Die Stadt Ratisbona ist alt und neu zugleich. Sie ist die erste unter allen großen Städten und liegt im Nordgau, in der Mitte zwischen dem oberen Pannonien und Alamannien, den Blick der böhmischen Grenze zugewandt. Keine Stadt Deutschlands ist berühmter. An ihrer Nordseite bildet die Donau eine Schutzwehr. Groß ist ihr Überfluß an Gold, Silber und anderen Metallen, an kostbaren Geweben, Purpur und Waren aller Art. Ihren überragenden Reichtum verdankt die Stadt der Schiffahrt und den Zöllen und dem Zustrom wertvoller Handelsgüter aller Art.

Um das Jahr 1050 entstand diese Beschreibung Regensburgs, gefertigt vom Mönch Otloh aus dem Kloster Sankt Emmeram. Die Weltstadt des frühen Mittelalters diente zugleich dem ersten Herzogsgeschlecht der Bayern, den Agilolfingern als Residenzstadt. Auch nach den Karolingern wurde Regensburg wieder herzogliche Hauptstadt und sie blieb es auch, als Kaiser Friedrich Barbarossa den Welfen Heinrich den Löwen als bayerischen Herzog entthronte und damit 1180 den Weg frei machte für den Aufstieg der Wittelsbacher.

Vor allem die Welfen verstanden es, zusammen mit dem reichen Kaufmannspatriziat ihre Residenz großzügig auszubauen. Bestes Beispiel dafür ist die ab 1135 in nur elf Jahren errichtete und lange für ein Weltwunder angesehene *Steinerne Brücke.* Zur gleichen Zeit wuchsen überall in der Stadt die hohen Türme auf, die heute als Geschlechtertürme mit den Reiz Regensburgs ausmachen.

Kennengelernt hatten die reichen Handelsherren diese Türme in Italien, wo zum Beispiel die steinreichen Asinelli 1109 in Bologna einen hundert Meter hohen Turm als Zeichen ihres Reichtums und Ansehens errichtet hatten. Was heute in San Gimignano in der Toscana eine komplette Skyline bildet, sah bis im 13. Jahrhundert in Regensburg nicht anders aus. Weit über sechzig solcher Hausburgen waren entstanden, von denen noch Hans Sachs meinte, sie seien *den Bergschlössern gleich.*

Anstelle der heutigen Pyramiden- oder Walmdächer trugen sämtliche Türme einst Zinnen, zwischen denen als zusätzliches Symbol der Stärke nicht selten eine Eiche in luftiger Höhe wuchs. Die Schauseiten der Türme zeichnen sich noch heute durch aufwendig gestaltete Fensterarkaden und häufig durch Loggien im ersten Obergeschoß aus. Die teilweise an der Straßenseite zu findenden Schießscharten sind ebenso wie die Türme selbst lediglich Symbole des Machtanspruchs. Praktischen Wert hatten sie ebensowenig wie der Turm selbst. Er nämlich war ursprünglich weder bewohnt noch diente er als Stapelraum. Dazu waren ausreichend Nebengebäude vorhanden. Strenggenommen waren die Türme zwecklose Architektur im Dienst des gereckten Zeigefingers eines Mächtigen.

Die Burg des Unbesiegbaren

Burg Prunn, auf steilem Fels über der Altmühl thronend, bestand nachweislich schon 1037. Ende des 13. Jh. stand der mächtige, quadratische Bergfried mit seinen 3 m dicken Buckelquadermauern. Im 14. Jh. verirrte sich eine Handschrift des Nibelungenliedes in die Burg, die der bayerische Geschichtsschreiber Wiguleus Hundt 1567 dort fand. Nach wechselvoller Geschichte sorgte kein Geringerer als König Ludwig I. 1827 dafür, daß die Burg als "geschichtliches Wahrzeichen" erhalten wurde.

Westlich von Regensburg versteckt sich im unteren Altmühltal die Burg, die auf ganz besondere Weise Geschichte gemacht hat: Burg Prunn bei Riedenburg. Hier fand 1567 der bayerische Geschichtsschreiber Wiguleus Hundt eine Handschrift des Nibelungenliedes aus dem 14. Jahrhundert. Die Handschrift mit dem Titel *Das ist das Lied Chreimhildens* lieferte einen frühen Beweis für die tatsächliche Existenz des Nibelungenliedes und belegt darüber hinaus, daß die Burg ein Zentrum des Minnesangs gewesen sein dürfte. Der damalige Burgherr, Graf Joachim von Ortenburg, schenkte die Handschrift dem findigen *Historiographen* in den Diensten Herzog Albrechts V., der sie wiederum der herzoglichen Bibliothek in München *zum frommen Gedenken* vermachte. Von dort kam sie unter dem Namen *Prunner Codex* in den Besitz der Bayerischen Staatsbibliothek in München.

Die hoch, auf steilem Kalkfels gebaute Burg wurde wahrscheinlich von einem der angeblich 32 Söhne des Grafen Babo von Abendsberg, dem Grafen Wernherus de Prunne, errichtet. Jedenfalls war er 1037 im Besitz des Gemäuers. Ende des 13. Jahrhunderts dann stand der mächtige, quadratische Bergfried mit seinen drei Meter dicken Buckelquadermauern. Für gut eineinhalb Jahrhunderte kam die Burg in den Besitz der Fraunberger von Haag. Sie brachten nicht nur das noch heute an der Ostecke prangende Wappen mit dem sich bäumenden Schimmel auf rotem Grund, sondern auch ritterliches Leben in die Burg.

Als der stärkste und mutigste Hausherr wurde Hans Fraunberger der Freudige berühmt, der zeit seines Lebens den Berichten nach unbesiegt blieb. Allein mit seinem Schwert soll er 360 seiner Gegner niedergestreckt haben, ohne auch nur ein einziges Mal selbst verwundet worden zu sein. Selbst in 27 größeren Gefechten blieb er unverwundet. Vor diesem Hintergrund mag selbst der Bericht vom Zweikampf mit einem französischen Ritter nicht nur gut erfunden sein. Dem nämlich zog der starke Hans nach seinem Sieg buchstäblich das Fell über die Ohren. Die Haut wickelte er zum Zeichen seines Sieges um die Scheide seines Schwertes.

Das Ende der starken Fraunberger kündigte sich an, als Wolf Fraunberger dem *Löwenbund* beitrat, zu dem sich die Straubinger Ritter gegen den bayerischen Herzog verbunden hatten. Herzog Albrecht IV. von Bayern-München nahm dies als vielleicht gar nicht so unwillkommenen Anlaß, die Burg im Dezember 1491 erstürmen und «zerbrechen» zu lassen. Was damals übrig blieb, hielt Albrecht Dürer fünf Jahre später auf seinem romantischen Landschaftsaquarell *Ruine auf Felsen* fest.

Als die Fraunberger 1567 ausgestorben waren, erhielt Graf Joachim von Ortenburg von Herzog Albrecht V. das Lehen. Nur drei Jahre später brauchte der Herzog wohl Geld und verkaufte die Burg an seinen Geheimen Rat, Karl Köckk zu Mauerstetten und Bodenmais, für 18000 Gulden. Später folgten schließlich die Jesuiten aus Ingolstadt und danach die Johanniter, bis der bayerische Staat in der Säkularisation endgültig den Besitz übernahm. Keinem Geringeren als Ludwig I. war es dann zu verdanken, daß die Burg überhaupt erhalten blieb. 1827 nämlich verfügte der junge König, daß die Burg als *geschichtliches Wahrzeichen* erhalten und deshalb *der Baufälligkeit halber zu treffenden Verfügungen Antrag erstattet werden* solle.

Aus der Zeit der Jesuiten stammt denn auch noch die Burgkapelle, die in ihrer heutigen Form um 1700 an der Stelle einer älteren Vorgängerin gestaltet wurde. Das barocke Altarbild zeigt im Hintergrund eine Ansicht der Burg. Die kleinen Schnitzfigürchen in der Predella wurden aus der spätgotischen Vorgängerkapelle übernommen, sie dürften um 1500 geschnitzt worden sein. Die soliden Kachelöfen stammen ebenso aus der Zeit der Jesuiten wie die geschnitzten Türen. Daß die Burgherren einst die niedere Gerichtsbarkeit besaßen, bezeugt die noch mit Originalgeräten bestückte Folterkammer.

Die bayerische Landesfestung

Stets strategisch und zeitweise sogar hauptstädtisch ging es im wenig westlich an der Donau gelegenen Ingolstadt zu. Wo schon Kelten, Römer und Karolinger der Strategie zuliebe gebaut hatten, ließ der Wittelsbacher Herzog Ludwig der Strenge kurz nach 1255 eine nun bayerische Festung errichten. Am östlichen Eckpunkt des Mauerrings ließ der Herzog für sich selbst eine dreigeschossige Burg mit gotischen Treppengiebeln und einer Kapelle errichten. Ihr Chor ragt noch heute als Erker aus der westlichen Außenfassade des bis heute erhaltenen und von den Ingolstädtern liebevoll «Herzogkasten» genannten, ersten Residenzbaues.

Ingolstadts große Zeit brach an, als das Städtchen 1392 aufgrund der dritten Landesteilung für 49 Jahre zur Residenz eines selbständigen Herzogtums aufstieg. Um dem neuen Rang gerecht zu werden, begann Herzog Ludwig der Gebartete umgehend mit dem Ausbau seines Städtchens. Die Liebfrauenkirche wurde begonnen und ein neues, gewaltiges Schloß in Angriff genommen. Es sollte schnell zu einem der schönsten, gotischen Profanbauten Deutschlands werden, obwohl oder gerade weil es dafür im damaligen Deutschland noch kein Beispiel gab.

Ganz ohne Beispiel aber wurde in Ingolstadt dennoch nicht gebaut. Wo es zu suchen ist, verrät der im damaligen Deutschland ebenfalls ungewöhnliche Vollbart des Herzogs. Er war in Frankreich gewachsen, als der junge Herzog bei seiner Schwester Elisabeth (als *Isabeau de Bavière* Gemahlin des geistesschwachen Königs Karl VI. von Frankreich) am Hof des französischen Monarchen gelebt hatte.

Nach französischem Vorbild ließ Ludwig ab 1417 seine neue Residenz in Ingolstadt als dreigeschossigen Bau auf rechteckigem Grundriß errichten. Das Bollwerk aus bis zu vier Meter dicken Mauern bekam seine bis heute wirksamen, optischen Akzente durch einen über Eck an die Südostkante gestellten quadratischen Turm, einen fünfeckigen Turm an der Nordostecke und zwei Flankentürme an der der Stadt zugewandten Seite. Auch im Inneren folgte der Bau bei den

Ingolstadts große Zeit brach an, als das Städtchen 1392 zur Residenz eines selbständigen Herzogtums aufstieg. Um dem neuen Rang gerecht zu werden, begann Herzog Ludwig, der Gebartete ab 1417 mit dem Bau einer neuen Residenz. Sie geriet zu einem Bollwerk aus bis zu 4 m dicken Mauern, das seine optischen Akzente durch einen über Eck an die Südostseite gestellten quadratischen Turm, einen fünfeckigen Turm an der Nordostecke und zwei Flankentürmen an der Stadtseite erhielt.

Wölbungen der Räume klar französischem Vorbild. Im Großen Saal im Erdgeschoß (Dürnitz) tragen zwei Achtkantpfeiler ein feines Netzrippengewölbe, im Schönen Saal schwingen die Rippen sternförmig aus der gewundenen Mittelsäule heraus.

Auch wenn die Residenz bereits 1447 an die Landshuter Linie der Wittelsbacher fiel, verlor Ingolstadt dennoch wenig von seiner Bedeutung. Nicht umsonst gründete Herzog Ludwig IX. (der Reiche) ausgerechnet hier 1472 die erste bayerische Universität. Ludwig X. und Wilhelm IV. war die Stadt immerhin so wichtig, daß sie 1537 anordneten, die mittelalterlichen Stadtmauern *dermaßen zu befestigen, daß sie durch keine menschliche Gewalt so leicht abgedrungen* werden könnten. Zwei Jahre später sollte der Landtag das Projekt eines Festigungsbaues finanziell unterstützen, *dieweil solche Befestigung nicht Unserer Person allein, sondern Unserem ganzen Fürstentum und euch samt und sonders, dazu euren Nachkommen zur Wohlfahrt und zum Vorteil gereichen soll und ihr Trost und Zuflucht darauf haben sollt und mögt.*

Mit den nach langem Hin und Her vom Landtag gebilligten 100000 Gulden begann der Baumeister Reinhard Graf zu Solms-Münzenberg mit dem Bau von Wall und Gräben vor der alten, noch aus dem Mittelalter stammenden Stadtmauer und errichtete nach und nach die bayerische Landesfestung. Knapp hundert Jahre später bewies sie die Weitsichtigkeit der Herzöge, als die Schweden unter Gustav Adolf im Jahre 1632 fünf Tage lang vergebens versuchten, die Festung zu stürmen. Erst nach der für die Bayern verlorenen Schlacht von Hohenlinden sorgte Napoleon dafür, daß die unbezwungene Feste geschleift wurde.

Neuerlich große Zeiten für die Ingolstädter Festung kamen unter König Ludwig I., der die Stadt noch einmal zur größten Festung Bayerns ausbauen ließ. Nach dem Zweiten Weltkrieg übernahmen die Amerikaner die napoleonische Rolle und befahlen erneut die Zerstörung. Heute sind von den alten Befestigungsanlagen nur noch Bruchstücke zu sehen. Die alte Militärtradition jedoch lebt weiter im bayerischen Armeemuseum, das 1972 in der Residenz von Ludwig dem Gebarteten errichtet wurde.

Die Hochburg des Deutschen Ordens

Fährt man von Ingolstadt über Eichstätt auf die südliche Fränkische Alb, taucht nach dem noch mit alter Stadtmauer wohl versorgten Städtchen Weißenburg mitten in der weiten Wiesenlandschaft plötzlich ein mächtiger Schloßkomplex auf, der so gar keine Beziehung zu seiner Umgebung zu haben scheint. Hier gab es weder einen strategisch wichtigen Punkt zu verteidigen noch Anlaß, eine Residenz zu errichten, nicht einmal für ein Sommerschloß scheint der Platz geeignet.

Die seltsame Disharmonie zwischen der Großzügigkeit der Anlage und ihrer Umgebung wird verständlich, wenn man erfährt, daß es in Ellingen bereits um 1180 ein vom örtlichen Ritter gestiftetes Spital für Arme und Kranke gab, das bis 1216 bereits so bedeutend geworden war, daß es Kaiser Friedrich II. persönlich in die Obhut des Deutschen Ordens übergab. Neben dem Spital entstand darauf zunächst eine Kommende und später eine gotische Wasserburg. Alles zusammen legte der brandschatzend durch die Lande ziehende Markgraf Albrecht Alcibiades von Brandenburg-Kulmbach Ende April 1552 in Schutt und Asche.

Die Zerstörung nahm der Landkomtur Wilhelm von Lochinger zum Anlaß, seinen Amtssitz mit dem bedeutendsten Renaissanceschloß Frankens zu schmücken. Es sollte gleichermaßen der Repräsentation als auch dem Machtanspruch des Landkomturs gegenüber dem Hoch- und Deutschmeister Ausdruck verleihen. Daß dem Anspruch in jeder Hinsicht wenig Erfolg beschieden war, lag zum einen an den Wirren des Dreißigjährigen Krieges, in dessen Verlauf die Kaiserlichen das Renaissanceschloß zerstörten, zum anderen am Durchsetzungsvermögen der Hoch- und Deutschmeister, die die Machtgelüste des Ellinger Landkomturs sehr wohl zu beschneiden verstanden. Das heutige Schloß wurde erst 1708, und dann auch zunächst mit zweifelhaftem Erfolg begonnen. Erst der Ellinger Landkomtur Carl Heinrich von Hornstein engagierte 1717 den vom «Kaiserstil» Fischer von Erlachs geprägten Franz Keller zum Bau der ihm vorschwebenden, barocken Vierflügelanlage.

Besonders wertvoll ist die in Ellingen noch weitgehend erhaltene Originalausstattung der Wohnräume des Landkomturs, der Paradezimmer und des Festsaales. Zwar gab es in den napoleonischen Kriegen auch hier eine französische Besatzung, doch wurde das Schloß nicht wie so viele andere ausgeraubt. Ein zusätzlicher Glücksfall war es dann, daß König Max I. von Bayern 1815 das Schloß als *mannlehenbares Thronlehen* seinem Feldmarschall Carl Philipp Fürst von Wrede übergab. Der Fürst tat alles, um nach Möglichkeit den ursprünglichen Zustand wiederherzustellen, so daß sich der Besucher heute durchaus in die Zeit des Deutschen Ordens versetzt glauben kann.

Das Ellinger Schloß sollte als Hochburg des Deutschen Ordens gleichermaßen der Repräsentation wie dem Machtanspruch des Landkomturs gegenüber dem Hoch- und Deutschmeister Ausdruck verleihen. Der Ellinger Landkomtur Carl Heinrich von Hornstein engagierte dafür 1717 den vom "Kaiserstil" Fischer von Erlachs geprägten Franz Keller zum Bau der barocken Vierflügelanlage. Die reich verzierte Fassade des Zentralbaus unterstreicht mit den Figuren von Mars und Minerva diesen Anspruch.

Bei den fränkischen Rittern

Des Heiligen Reichs Veste

In keiner deutschen Burg hielten sich jemals so viele Kaiser und Könige auf wie in der Kaiserburg Nürnberg. Nicht weniger als 32 deutsche Herrscher waren es zwischen 1050 und 1571 in ununterbrochener Folge. Salier und Staufer gaben sich hier ebenso ein Stelldichein wie Habsburger, Luxemburger und Wittelsbacher. Gut dreihundert Mal hielt sich ein deutscher Herrscher mehr oder weniger lang auf der Burg auf.

Kaiser Karl IV. wählte sogar die Form einer *Goldenen Bulle,* um im Jahre 1356 zu verfügen, daß jeder neugewählte deutsche König seinen ersten Reichstag in Nürnberg abzuhalten habe. Erst Kaiser Karl V. durchbrach diese Vorschrift nach fast zweihundert Jahren; erst mit dem letzten Aufenthalt von Kaiser Wilhelm II. im Jahre 1915 endeten rund neunhundert Jahre Herrschertradition auf dem Nürnberger Burgberg.

Der außerordentlichen Bedeutung der Burg für die Reichsgeschichte entspricht ihre Ausdehnung, die mit einer Gesamtlänge von rund 220 Meter zu den größten deutschen Wehrbauten aus dem Mittelalter zählt. Allerdings geht die Gesamtausdehnung keineswegs nur auf das Konto der Kaiserburg. Ihr östlich vorgelagert war vielmehr die Burggrafenburg, die ursprünglich die Aufgabe hatte, als Vorburg den einzigen Zugang zur Kaiserburg von der Stadt her abzusichern. Der östlichste Turm schließlich, der *Luginsland,* entstand 1377 als Wachturm, den die Nürnberger Bürger errichteten, *darumb, daß man in die Markgrafenburg möcht sehen.*

Die Kaiserburg selbst entstand im wesentlichen in drei Bauetappen. Begonnen wurde von den Saliern in der ersten Hälfte des 11. Jahrhunderts, die eigentliche Kaiserburg errichteten die Staufer in der zweiten Hälfte des 12. Jahrhunderts, im 15. Jahrhundert entstanden schließlich die Wehrbauten der Stadt und erfolgte ein Umbau des Palas. Aus der ersten Bauetappe sind nur Fragmente erhalten. Neben dem Erdgeschoß der Burgamtmannswohnung könnte vor allem der Fünfeckturm *Altnürnberg* noch aus dieser Zeit stammen. Unter dem Staufer Konrad III. wurde der salischen Königsburg (der späteren Burggrafenburg) die eigentliche Kaiserburg im Westen vorgebaut. Sie wurde von Anfang an zum eigentlichen Zentrum der staufischen Reichspolitik.

Die Burggrafenburg bezog 1192 der schwäbische Graf Friedrich III. von Zollern, der als Friedrich I. zum Stammvater aller späteren Hohenzollern wurde. Bald schon gerieten jedoch Friedrichs Nachfolger in Gegensatz zur stetig mächtiger werdenden Freien Reichsstadt Nürnberg. Ihre Patrizier sorgten dafür, daß die ungeliebte Zollernburg Schritt für Schritt buchstäblich eingemauert wurde. Im Norden wurde der Zugang durch das Vestnertor, im Süden der Abgang zur Stadt durch eine Mauer versperrt. Selbst den Bau des Luginsland konnten die Zollern trotz heftiger Klage beim Kaiser nicht verhindern.

Den Todesstoß erhielt die Burggrafenburg schließlich vom Landpfleger des Herzogs Ludwig VII. von Bayern-Ingolstadt, Christoph Laiminger, der die Burg in einer stürmischen Oktobernacht 1420 in Brand steckte. Nach soviel «Vorarbeit» konnten die Nürnberger die Ruine 1427 für 120000 Gulden von Kurfürst Friedrich I. erwerben. Nur allzugerne übernahmen die Nürnberger anschließend selbst den Schutz der kaiserlichen Reichsburg.

Eine entscheidende Neuerung gab es unter dem Habsburger Kaiser Friedrich III., der 1440 den unter Kaiser Barbarossa errichteten romanischen Palas bis auf die Ostwand abreißen und durch einen spätgotischen Neubau ersetzen ließ. Zum Glück blieb jedoch der eigentliche Schatz, die Burgkapelle, unangetastet. Ebenfalls unangetastet blieb die Anbindung der Kapelle an den Palas im Obergeschoß mit der Kaiserempore und im Untergeschoß mit der Oberkapelle. Insgesamt kam durch den Umbau erstmals etwas Wohnlichkeit in die alten Mauern. Zuvor hatte man die kahlen Repräsentationsräume für einen bevorstehenden Kaiserbesuch jeweils mit Ausstattungsstücken aus der Stadt eingerichtet. Wie stark es Kaiser Friedrich III. um Wohnlichkeit ging, verrät

Der Sinwellturm der Nürnberger Kaiserburg ist der einzige mittelalterliche Rundturm der alten Reichsstadt. Obwohl erst 1313 urkundlich erwähnt, stammt er doch aus dem 12. Jh. Nach 1560 erhielt sein Obergeschoß die simsartig vorkragenden Quaderringe in der Art der "Dicken Türme" Nürnbergs und das heutige Zeltdach mit Spitzhelmaufsatz. Die Schildmauer im Hintergrund des Turmes bildete die Grenze zwischen der Kaiserburg, zu der der Sinwellturm gehörte, und dem Lehensgebiet der Burggrafen von Hohenzollern, die mit ihrer Burggrafenburg den Zugang zur Kaiserburg zu schützen hatten.

nichts besser als die Tatsache, daß er erstmals *Hängende Gärten* anlegen ließ, von denen der Humanist Konrad Celtis in den höchsten Tönen schwärmte.

Kostbarster Bestandteil der Burg ist heute ihre doppelstöckige Kapelle, die sowohl als reguläre Burgkapelle, als Hofkapelle und als kaiserliche Privatkapelle diente. Je nach Bedarf konnte säuberlich getrennt werden: die Unterkapelle (Margarethenkapelle) war für die niedere Gefolgschaft bestimmt, die Oberkapelle (Kaiserkapelle) für den Hofstaat. Die Westempore in der Oberkapelle war ausschließlich für die kaiserliche Familie reserviert. Ober- und Unterkapelle sind neunjochig, haben Kreuzgratgewölbe und sind durch eine quadratische Öffnung in der Mitte verbunden. Die untere Kapelle mit ihren hervorragend skulptierten Würfelkapitellen zählt zu den schönsten Räumen der Romanik.

Die Burg der Schatzsucher

In keiner deutschen Burg gab es jemals so viele Schatzsucher wie auf Veldenstein an der Pegnitz. Sie untersuchten nach Ende des letzten Krieges den Untergrund der Burg systematisch, da Gerüchte nicht verstummen wollten, Hermann Göring habe seine gesamten Schätze von Karinhall nach Veldenstein verlagert und auf der Burg vergraben. Möglich wäre dies durchaus gewesen, hatte doch schon der preußische Ministerpräsident Heinrich Göring von 1898 bis 1912 auf der Burg gewohnt und sein Sohn Hermann sogar die Volksschule in Neuhaus besucht. 1937 hatte Hermann Göring die Burg geerbt und unter dem Herrenhaus in fünfzehn Meter Tiefe einen bombensicheren Bunker mit eigener Strom-, Luft- und Wasserversorgung einbauen lassen. Daß der Glaube des neuen Burgherrn an den «Endsieg» besonders fest gewesen war, beweist der bereits 1942 einsatzbereite Bunker jedenfalls nicht unbedingt. Das Gerücht vom Schatz allerdings war entweder falsch oder die Schatzsucher nicht geschickt genug: außer einigen bronzenen Leuchtern und einer Sammlung guter Tropfen wurde bisher nichts gefunden.

Heute sind von der mittelalterlichen Burg, die auf einem Dolomitfelsen in 56 Meter Höhe über Neuhaus thront, noch der rechteckige, schlanke Bergfried, der Zwinger sowie der doppelte Mauerring mit seinen Mauertürmen erhalten. Sie vermitteln einen hervorragenden Eindruck von der ursprünglichen Bedeutung der den Bamberger Bischöfen gehörenden Burg.

Bis 1435 hatten sie ihren inneren Mauerring erhalten, ein halbes Jahrhundert später hatte Fürstbischof von Henneberg den äußeren Mauerring errichten lassen. Im 16. und 17. Jahrhundert diente die Anlage den Bischöfen als Residenzburg, die sie zeitweise sogar bewohnten. Selbst den Dreißigjährigen Krieg überlebte die Burg nahezu ungeschoren, auch wenn der bayerische General Wahl 1635 die Burg im Sturm nahm und nahezu die gesamte Besatzung ermorden ließ. Das Ende der Burgenherrlichkeit kam erst am 2. April 1708, als ein Blitz das Pulvermagazin in die Luft jagte und die Burg von einer Sekunde zur anderen zur Ruine machte. Wiederaufgebaut wurde sie erst nach 1897 im Auftrag des Berliner Gutsbesitzers Dr. Hermann Eppenstein.

Die Burgen der feindlichen Brüder

Burgen waren zu allen Zeiten gleichermaßen Machtsymbole und Streitobjekte. Wechselten die Machtverhältnisse, wechselten meist auch die Besitzer der Burgen. Natürlich war dies für den Verlierer nicht gerade ehrenvoll, verlor er doch damit auch sein Einkommen. Nur allzu verständlich ist es deshalb, daß die Burgherren stets alles taten, um im weitesten Sinne des Wortes «Herr» im Hause zu bleiben.

Wie Bedrohungen von innen und außen selbst alten Familienbesitz in Gefahr bringen konnten, ist kaum irgendwo besser zu sehen als an den Burgen Unter- und Oberaufseß nördlich von Ebermannstadt. Auf Burg Unteraufseß residierten die Reichsritter von Aufseß nachgewiesenermaßen ohne Unterbrechung seit 1114, als im Dezember 1791 der verschuldete Markgraf von Ansbach-Bayreuth sein Land mit allen Hoheitsrechten an den preußischen König Friedrich Wilhelm II. abtreten mußte. Für den Freiherrn von Aufseß bedeutete dies, daß er über Nacht nicht mehr vom Kaiser in Wien, sondern plötzlich vom preußischen König abhängig wurde.

Weil er diesen Wechsel keineswegs mitzumachen bereit war, sollte er 1796 vor einem preußischen Regierungskommissar in Bayreuth den Huldigungseid auf Preußen ablegen. Obschon aus Wien keinerlei Hilfe zu erwarten war, verweigerte der Freiherr den Eid und streckte erst nach drei weiteren Jahren die Waffen, nachdem seine eigenen Untertanen unter militärischem Zwang zum Eid auf Preußen gepreßt worden waren und ihm selbst durch die Konfiszierung der Steuereinnahmen die Existenzgrundlage entzogen worden war. Selbst dann aber noch leistete der Freiherr nicht selbst den Eid, sondern ließ ihn von einem Beamten in Bayreuth erledigen.

Auch die Entstehung zweier Burgen hat mit dem Bestreben der Bestandssicherung zu tun. Entsprechend der Familienverfassung von 1395 ist *die Stammburg Aufseß gemeinsamer Besitz der erbberechtigten männlichen Familienmitglieder und wird durch den Senior des Geschlechts verwaltet. Kein Burganteil darf an einen höheren und mächtigeren Herrn verkauft werden.* An diesen Grundsätzen wagten auch noch zu Beginn des 18. Jahrhunderts die beiden feindlichen Brüder Friedrich und Carl-Heinrich von Aufseß nicht zu rütteln. Carl-Heinrich zog es da lieber vor, auf seinen Anteil an der Stammburg und auf seine Wohnung im Stammhaus zu verzichten und sich in der Nachbarschaft seine eigene Burg zu bauen.

Perfiderweise nannte er sein eigenes Haus Oberaufseß und sorgte dafür, daß rundum die Stammburg nur noch Unteraufseß genannt wurde. Dies wiederum ärgerte seinen Bruder so, daß er auf einem höheren Punkt, gegenüber von Oberaufseß, noch einen Neubau errichtete und ihn Höchstaufseß nannte. Nach einem Brand wurde dieser Bau allerdings nicht mehr erneuert. Geblieben aber sind bis heute Unter- und Oberaufseß als steinerne Beweise brüderlichen Streites im engen Rahmen einer Familienverfassung.

Die fürstbischöfliche Schatztruhe

Das *Castrum in Altenburch,* gerade eineinhalb Kilometer vom Bamberger Dom entfernt, erscheint schon in der ersten Hälfte des 12. Jahrhunderts unter diesem Namen. Die Altenburg dürfte von Anfang an als Vorwerk der Burg auf dem Bamberger Domberg gedient haben, kam 1109 an das Kollegiatsstift Sankt Jakob und 1251 zurück in den Besitz der Bamberger Bischöfe. Von 1305 bis 1553 diente sie auf dem 386 Meter hohen Bergkegel immerhin 23 Bamberger Fürstbischöfen als Residenz, als wehrhafte Fluchtburg und nicht zuletzt als sichere Schatzkammer.

Ihr Ende kam, als der raubende, mordende und brennende Markgraf Albrecht Alcibiades von Brandenburg-Kulmbach, der auch schon das Schloß des Deutschen Ordens in Ellingen in Schutt und Asche gelegt hatte, die Altenburg umzingelte und damit drohte, ganz Bamberg in Flammen aufgehen zu lassen, wenn die Burgbesatzung seiner Forderung nach Übergabe nicht nachkomme. Um die Stadt zu retten, räumte der Burgvogt Michel von Löffelholz kampflos die Burg und machte damit dem Raubbuben den Zugang frei zu den Schätzen des Hochstiftes und der Bamberger Klöster. Glaubt man dem Bericht der Äbtissin Caritas Pirkheimer, brauchte der Räuber zum Abtransport seiner kostbaren Beute nicht weniger als vierhundert Wagen.

Weil das Rauben nur die Hälfte seines strategischen Konzeptes war, ließ der Markgraf nach der Plünderung die Altenburg von seinem Brandmeister am 27. Mai 1553 in Brand stecken und weitgehend zerstören. Nur die Ringmauern, der Bergfried, die Kellergewölbe und die Fundamente der Burgbauten überstanden das Zerstörungswerk der Barbaren. Da ist es nur ein geringer Trost, daß letztendlich die eigentliche Absicht des Markgrafen, aus den Städten Bamberg, Würzburg und Nürnberg ein neues weltliches Fürstentum unter seiner Leitung zu schaffen, kläglich mißlang.

Zwar ließ der Fürstbischof Georg Fuchs von Rügheim wenigstens den Festungsteil der Altenburg bereits im folgenden Jahr wieder aufbauen, doch Residenz wurde die Burg nie wieder. Statt dessen geriet sie zum nach und nach verkommenden Staatsgefängnis, bis im Jahre 1801 der Bamberger Arzt Adalbert Friedrich Marcus die Anlage erwarb und die Burg vor dem Untergang rettete. Prominentester Gast des burgenfreundlichen Arztes war kein Geringerer als der Dichter und Komponist E. T. A. Hoffmann, der sich im Turmzimmer des mittleren Mauerturmes auf der Nordseite der Burg einrichtete, um den richtigen Rahmen für seine romantischen Visionen zu bekommen. 1815 kam die Anlage schließlich in den Besitz des Altenburg Vereines, der seither für ihre Instandsetzung sorgt.

Fränkische Residenzen

Die Residenz des «Bauwurmbs»

Hier ist das Haupt der Welt, meinte 1020 ein Hofdichter, als sich Kaiser und Papst dreizehn Jahre nach der Gründung des Bistums Bamberg auf dem Domberg zu Gottesdienst und Beratung trafen. Dem Kaiser schwebte dabei ein zweites Rom mitten im Deutschen Reich vor, und selbst dem Papst schien diese Vorstellung so abwegig nicht zu sein. Aus der kaiserlichen Pfalz Heinrichs des Heiligen war an dieser Nahtstelle von geistlicher und weltlicher Macht bereits eine bischöfliche Hofhaltung geworden – die erste in der nahezu ein Jahrtausend umfassenden Geschichte Bamberger fürstbischöflicher Residenzen.

Die *Alte Hofhaltung* im Norden des Doms präsentiert sich heute als ein ganzer Komplex von Residenzen und Kapellen aus drei verschiedenen Epochen bis hin zum so reizvoll asymmetrischen, 1577 fertiggestellten Renaissancebau des Fürstbischofs Veit II. von Würzburg. Sein «Hinterhof» ist noch heute ein spätgotischer Fachwerkhof von außergewöhnlicher, altfränkischer Schönheit. Bis ins frühe 11. Jahrhundert zurück reicht die Mauer der oktogonen Pfalzkapelle Sankt Andreas.

Erst Fürstbischof Johann Philipp von Gebsattel genügte Anfang des 17. Jahrhunderts diese Residenz nicht mehr. Nördlich der alten ließ er ab 1603 nach den Plänen des Nürnberger Ratsbaumeisters Jakob Wolff des Älteren den Schloßbau *Neue Hofhaltung* errichten. Die zweiflügelige Anlage entspricht mit ihren geschlossenen Wandflächen, dem sparsamen Schmuck und der vorherrschend horizontalen Gliederung ganz den Vorstellungen der späten Renaissance.

Knapp hundert Jahre genügte dieser Bau den Anforderungen, und als 1693 Lothar Franz von Schönborn zum neuen Fürstbischof gewählt wurde, mußte er sich in einer Wahlkapitulation sogar noch ausdrücklich verpflichten, *keine neuen Schlösser bauen oder kostbarlich reparieren* zu lassen. Allerdings hinderte dies den neuen Herrn keineswegs daran, vierzehn Tage nach der Wahl bereits mit dem Baumeister Johann Leonhard Dientzenhofer über den Ausbau der Oberen Hofhaltung wie sie damals hieß, zu verhandeln. Unter dem Vorwand, lediglich die vorhandenen Trakte ausbauen zu wollen, ließ der für seine Bauwut bekannte neue Bischof großzügigste Erweiterungen planen.

Obschon der Bischof nach wie vor an seine Wahlkapitulation gebunden war, wurden Verträge darüber bereits im Juli 1695 abgeschlossen. Wie gerufen kam da, daß der Papst im September desselben Jahres Wahlkapitulationen von Bischöfen grundsätzlich verbot und der Kaiser dieses Verbot für das Reich übernahm. Eleganter hätte der nach seiner eigenen Aussage vom *Bauwurmb* besessene Bischof gar nicht aus seiner Verpflichtung herauskommen können.

Konsequent und in rascher Folge wurden nun die beiden alten Trakte als *accessorium* umgebaut und der Neubau gegenüber dem Dom in Angriff genommen. Bereits 1701 wurden beide Flügel des Neubaus im Rohbau fertiggestellt.

Teilweise schon parallel zum Rohbau wurde an der Innenausstattung gearbeitet. Die üppigen Stukkaturen sind ein Werk von Johann Jakob Vogel, die Stuckmarmorarbeiten lieferte Caspar Hennevogel aus Wessobrunn. Eine ganz besondere Ausstattung sollte der große Kaisersaal bekommen, doch tat sich hier der Bauherr mit der Auswahl der Künstler ausgesprochen schwer. Teils waren sie ihm zu teuer, teils waren sie nicht an dem Auftrag interessiert. Den Zuschlag bekam schließlich der aus Tirol stammende Würzburger Hofmaler Melchior Steidl, der den Saal nach dem vom Fürstbischof vorgegebenen Programm bis 1709 bemalte.

Dank des glücklichen Umstands, daß die Bamberger Residenz im Zweiten Weltkrieg von Schäden verschont blieb, präsentiert sich der weitläufige Komplex heute mit umfangreichen Raumdekorationen des späten 17. und 18. Jahrhunderts. In annähernd fünfzig Räumen sind Kunstschätze aus gut vier Jahrhunderten erhalten und lassen die Entwicklung von der Spätgotik bis zum Historismus lebendig werden.

Die exakte Raumvorgabe für das Treppenhaus in Schloß Weißenstein kam bezeichnenderweise vom Kurfürsten selbst. Er sorgte mit seinem Gespür für theatralische Wirkungen dafür, daß der riesige Raum zum Zentrum des gesamten Schlosses wurde und als Nahtstelle zwischen Himmel und Erde verstanden werden mußte. Wer hier empfangen wurde, sollte sich schon fast an der Pforte des Himmels wähnen.

Folgende Doppelseite: Schloß Weißenstein bei Pommersfelden verdankt seinen Standort einer Erbschaft. Fürstbischof Lothar Franz von Schönborn nämlich erbte 1710 die Herrschaft von Pommersfelden und sah dort den idealen Standort für sein "Privathaus". Wem als "Dienstwohnungen" die Residenzen in Mainz und Bamberg von Staats wegen zustanden, für den waren die besten Baumeister der Zeit gerade gut genug. Für das Schloß selbst, die Säle und die Außenarchitektur zeichnete Johann Dientzenhofer, der Erbauer des Fuldaer Domes und der Bantzer Klosterkirche, verantwortlich. Für die Gestaltung des großartigen Treppenhauses mit seinen Arkaden wurde der kaiserliche Baumeister Johann Lucas von Hildebrandt aus Wien geholt.

Die Residenz mit dem schönsten Treppenhaus

Fürstbischof Lothar Franz von Schönborn war nicht nur Bischof von Bamberg, sondern auch Erzbischof von Mainz und gleichzeitig Mainzer Kurfürst. Mit dieser Würde war das Ehrenamt des Reichs-Erzkanzlers und der erste Platz unter allen Reichsfürsten nach dem Kaiser verbunden. Dem «zweiten Mann» im Staat standen die Residenzen in Mainz und Bamberg von Staats wegen zu, doch genügten sie seiner Bauwut bei weitem nicht. 1710 kam er durch Erbschaft in den Besitz der Herrschaft von Pommersfelden, wo er sich sogleich mit ungeheurem Eifer daranmachte, sein eigenes, privat finanziertes Schloß Weissenstein zu errichten.

Als Baumeister wurde wieder, wie bei der Residenz in Bamberg, Johann Dientzenhofer, der Erbauer des Fuldaer Doms und der Banzer Klosterkirche, verpflichtet. Er gestaltete die gesamte Außenarchitektur und die Säle. Ein Wiener Neffe des Kurfürsten vermittelte zusätzlich noch den kaiserlichen Baumeister Johann Lucas von Hildebrandt, dem die Gestaltung des großartigen Treppenhauses mit seinen Arkaden zu verdanken ist.

Bezeichnenderweise stammt die exakte Raumvorgabe für das Treppenhaus vom Kurfürsten selbst, der mit feinem Gespür für theatralische Wirkungen dafür sorgte, daß der gut achttausend Kubikmeter große Raum zum Zentrum der gesamten Anlage wurde. In einem solchen Treppenhaus mußte jeder Empfang zwangsläufig zur Staatsaktion an der Nahtstelle zwischen Himmel und Erde werden. Ganz gezielt zeigt denn auch das große Deckenfresko von Rudolf Byss den offenen Himmel, aus dem Apoll als Sonnengott den vier Erdteilen so das Licht spendet, wie die Tugend den Menschen erhellt und ziert.

Den großen Schlußakkord in dieser gelungenen Inszenierung bildet der Marmorsaal mit seiner monumentalen Säulenarchitektur, mit seinen gewaltsam gebogenen Gesimskurven und dem bis ins Dach hinein stoßenden Gewölbe. Daniel Schenk als Stukkateur und Johann Michael Rottmayr als Maler haben ihr Bestes gegeben, um wieder den nahtlosen Übergang zum Himmel anzudeuten: Aurora vertreibt die Mächte der Finsternis, genauso wie Weisheit und Gutes Gewissen das Laster vertreiben.

Ähnlich wie in der Residenz in Bamberg gab es auch auf Schloß Weissenstein in Pommersfelden keine Kriegsschäden. Das 1717 fertiggestellte Schloß ist noch heute in Familienbesitz und so erhalten, daß der 1729 verstorbene Kurfürst jederzeit das Regiment erneut übernehmen könnte.

Die Residenz mit dem ältesten Landschaftsgarten

Es war eine Schwester Friedrichs des Großen, die Markgräfin Wilhelmine von Brandenburg-Bayreuth, die als glühende Verehrerin der revolutionären Ideen des englischen Landschaftsgartens aus einer Marotte ihres Schwiegervaters das machte, was heute einen der Hauptreize Bayreuths ausmacht: die Gartenanlagen um die Eremitage.

Die erste Eremitage hatte Markgraf Georg Wilhelm am 15. August 1719 eingeweiht und sich anschließend dort im neuerrichteten *Alten Schloß*, vier Kilometer von der Innenstadt entfernt, als Eremit vom höfischen Leben in der Residenz zurückgezogen. Zusammen mit einigen Brüdern lebte er dort in Mönchskutte, schlief in einer winzigen, kahlen Zelle und aß mit einem Holzlöffel aus einfachstem Geschirr. Sein Sohn, Markgraf Georg Wilhelm, wußte mit der Eremitage wenig anzufangen und schenkte sie deshalb 1735 seiner Gemahlin Wilhelmine. Sie ließ dort bereits im folgenden Jahr nach dem Vorbild des ebenfalls von ihr geschaffenen Felsengartens *Sanspareil* auf einer Fläche von weit über fünfzig Hektar einen großzügigen Landschaftsgarten gestalten. In kürzester Zeit erhielt der Park mehr künstliche Ruinen als jede andere Anlage Deutschlands, so daß die Fürstin später in ihrem Memoiren schreiben konnte: *Jeder Waldweg führt zu etwas Neuem; der Fluß zieht sich rings um den ganzen Berg, wohin man auch geht, kommt man auf herrliche Spazierwege und Aussichtspunkte.*

Von 1749 bis 1753 schließlich ließ die Fürstin auch noch wenige Meter westlich vom Alten Schloß das *Neue Schloß* errichten. Stück für Stück wurde aus der ursprünglich als Menagerie mit Tiergehegen errichteten Anlage ein Lustschloß mit einem Sonnentempel als Zentrum. Von ihm schwingen nach jeder Seite Rundflügel mit auf Zwillingssäulen ruhenden Arkaden. Noch gesteigert wird die Phantastik der Anlage mit phantasiereichen Inkrustationen der Mauern und Säulen mit bunten Steinen und Glasflüssen.

Die Bayreuther Eremitage ist das Werk einer Schwester Friedrichs d. Großen, der Markgräfin Wilhelmine von Brandenburg-Bayreuth. Sie ließ ab 1735 auf über 50 ha einen großzügigen Landschaftsgarten nach englischem Vorbild anlegen.

Die Residenz des geächteten Markgrafen

Im Teutschland dergleichen Vestung nit zu finden sey, heißt es in einer Chronik von 1573 über die Plassenburg hoch über Kulmbach. Daß dieser Spruch in keiner Weise eine Übertreibung war, belegen zahlreiche Zeugnisse bis weit zurück ins hohe Mittelalter. Bereits damals war die Plassenburg geschichtlicher Mittelpunkt Ostfrankens und später die Residenz des Markgrafen von Kulmbach-Bayreuth. Sie hatte damit schon früh die Doppelfunktion einer Residenz und Landesfestung zu erfüllen. Die Doppelfunktion als Repräsentations- und Wehrbau schuf dabei den seltenen Typ einer komplexen Schloßburg, in der luxuriöse Pracht von wehrhaften Mauern beschirmt war.

Nach einem kurzen Gastspiel der Grafen von Andechs kam die Plassenburg 1338 bereits in die Hände der hohenzollerischen Burggrafen von Nürnberg, denen die dortigen Patrizier schon damals das Wasser abzugraben begonnen hatten. Im gleichen Maße wie ihnen in Nürnberg ihre Machtbasis beschnitten wurde, bauten die Hohenzollern diese auf der Plassenburg so aus, daß sie *mit den berühmtesten und unüberwindlichsten Festungen in ganz Teutschland* wetteifern konnte. Die verschiedensten Kriege konnten der damals gewaltigen Anlage nichts anhaben, dies vermochte erst die Hausmachtpolitik der fränkischen Hohenzollern.

Die Markgrafen Albrecht Achilles und vor allem Albrecht Alcibiades nämlich versuchten noch einmal alles, um ein fränkisches Herzogtum zu begründen. Wieder aber schoben das *trutzige Krämervolk* der Freien Reichsstadt Nürnberg und diesmal zudem noch die Heere der Fürstbischöfe von Bamberg und Würzburg dem Machtstreben einen Riegel vor. Am 26. November 1553 legten sie zunächst Kulmbach in Schutt und Asche und belagerten im folgenden Jahre die Plassenburg selbst. Sieben Monate hielt die Festung stand, mußte dann aber doch der Übermacht nachgeben. Im Oktober 1554 schließlich wurde das *beruhmbte und stadtliche veste Haus Blassenburg ausgebrennt* und die Mauern und Basteien von *kunstreichen Nürnberger Maschinen* eingerissen.

Markgraf Albrecht Alcibiades verlor damit seine Markgrafschaft, wurde vom Kaiser geächtet und flüchtete nach Pforzheim, wo er 1557 mit nur 36 Jahren als Heimatloser starb. Die Reste seiner wehrhaften Residenz aber fielen an Bamberg, dem er mit der Plünderung der Altenburg so immensen Schaden zugefügt hatte.

Noch aber hatte die Stunde der Plassenburg keineswegs geschlagen. Markgraf Georg Friedrich von Ansbach verstand es, aus der Niederlage seines gleichermaßen machthungrigen wie undiplomatischen Vorgängers sogar noch Kapital zu schlagen. Weil die Zerstörung der Burg nicht aus Notwehr, sondern *aus Übermut und dem Hause Brandenburg zum Spott* geschehen sei, verlangte er 175000 Gulden Entschädigung und erhielt sie sogar. Kaiser Ferdinand I. legte noch 82000 Gulden drauf, so daß der berühmte Renaissancearchitekt Caspar Fischer 1562 mit dem Neubau beginnen konnte. Bis zu seinem Tode 1579 schuf Fischer nicht nur den Schönen Hof, der mit seinen sehenswerten Arkaden heute zu den bedeutendsten architektonischen Schöpfungen der Renaissance Deutschlands zählt, sondern auch die wichtigsten Bauten um den Kasernenhof.

Als Markgraf Georg Friedrich 1603 starb, hinterließ er zwar eine völlig erneuerte Burg und bei aller Bauwut dennoch sogar einen geordneten Staatshaushalt, aber keinen Erben, so daß die altfränkische Linie der Hohenzollern mit ihm erlosch. Sein Nachfolger, Markgraf Christian, kehrte nur ein Jahr später der Plassenburg den Rücken, machte Bayreuth zu seiner neuen Residenz und bewirkte damit, daß auf der verschmähten Burg die glanzvollen Tage höfischer Zeit endgültig vorbei waren.

Keineswegs vorbei waren kriegerische Bedrohungen. Der Dreißigjährige Krieg sorgte dafür, daß die Festung stetig ausgebaut wurde und der Markgraf von Zeit zu Zeit aus Sicherheitsgründen auch dort residierte. Selbst Wallenstein gelang es damals nicht, die Burg zu brechen; er mußte unverrichteter Dinge wieder abziehen. Während der napoleonischen Kriege schließlich wurde die jetzt preußische Festung eingeschlossen und kapitulierte am 25. November 1806, ohne daß ein Schuß gefallen wäre. Bayerische Truppen schleiften daraufhin die Befestigungsanlagen und machten mit der Zeit ein Zuchthaus daraus. Heute birgt die Burg unter anderem das Deutsche Zinnfigurenmuseum mit der größten Zinnfigurensammlung der Welt.

Die Plassenburg oberhalb von Kulmbach gehörte einst den Grafen von Andechs und war dann von 1397 bis 1602 markgräfliche Residenz. Die heutige Burg entstand 1559 - 1585. Berühmt ist ihr "Schöner Hof", dessen Westflügel hier zu sehen ist. Seine beiden Arkadengeschosse sind auf jeder freien Fläche mit ornamentalem und figürlichem Relief geschmückt, das aus der Entfernung wie ein Teppich wirkt.

Die «Residenz» Martin Luthers

Mit keinem anderen Namen ist die weithin sichtbar auf einem 464 Meter hohen Granitfelsen hoch über dem Itztal gelegene Feste Coburg so verbunden wie mit dem Martin Luthers. Zwar weilte der Reformator nur sechs Monate, vom 23. April bis 5. Oktober 1530, als Gast und unter dem Schutz seines Landesherren, des sächsischen Kurfürsten Johann des Beständigen, auf der Burg, doch mußte er in diesen sechs Monaten die größte Enttäuschung seines Lebens verkraften.

Zu gleicher Zeit nämlich beriet in Augsburg der Reichstag über das Schicksal der Reformation, und Luther hoffte, trotz Reichsacht seine Sache dort vertreten zu können. Doch weder seine auf der Burg geschriebene *Vermahnung an die Geistlichen, versammelt auf dem Reichstag zu Augsburg* noch sein *Bekenntnis, einzulegen auf dem Reichstag in 17 Artikeln* waren in Augsburg gefragt, denn der *Reichstag der Dohlen und Krähen* verhandelte ohne die *Wittenbergisch Nachtigall* (Hans Sachs). Das Ende ist nur allzu bekannt: Deutschland zerfiel in ein katholisches und in ein protestantisches Lager.

Trotz seines persönlichen Scheiterns nutzte Luther seine Zeit auf der Coburg zu erstaunlicher Produktivität: 26 reformatorische Schriften entstanden neben 25 *Coburger Psaltern.* Außer für über zweihundert Briefe fand der Reformator auch noch Zeit für sein *Sendschreiben vom Dolmetschen,* worin er seine Grundsätze für seine Bibelübersetzung erläuterte. Mit ihr wurde Luther immerhin der Schöpfer der Deutschen Schriftsprache.

Was bis heute Symbol der Stadt und *Krone Frankens* ist, reicht in seiner Geschichte bis in das 13. Jahrhundert vor Christus zurück. In der Völkerwanderungszeit gab es eine Fliehburg, der Name Coburg ist bereits 1056 in einer Schenkungsurkunde der Polenkönigin Richeza belegt. 1075 wohnte ein Vogt hier, 1225 wurde die Burg in einer Urkunde schon als *sloss* im Besitz der Grafen von Andechs beschrieben. Als die Sachsenherzöge aus dem Hause Wettin 1353 die Burg und die Herrschaft erbten, begann ein erster systematischer Ausbau zur Festung.

Nach einem Brand im Jahre 1500 entstanden im wesentlichen die spätgotischen Formen, die noch heute den Reiz der Festung ausmachen. Daß dabei die Befestigungen keineswegs vernachlässigt wurden, erwies sich nur 25 Jahre später in den Bauernkriegen, als zahlreiche fränkische Ritter aus ihren von den Bauern gestürmten Burgen flüchten mußten und auf der Coburg sichere Zuflucht fanden. Weder den Bauern noch ein Jahrhundert später Wallenstein gelang es, trotz zehnfacher Übermacht die Burg zu brechen. Erst am 17. März 1635 fiel die Feste nach fünfmonatiger Belagerung durch eine Kriegslist an die Kaiserlichen.

Heute beherbergt die Feste die reichen Kunstschätze der Coburger Herzöge, die Carl Eduard als ihr Letzter nach seiner Abdankung 1918 in die *Coburger Landesstiftung* einbrachte. So gibt es auf der Coburg heute neben einem Kupferstichkabinett mit rund 300000 Stichen von rund fünftausend verschiedenen Meistern eine Glassammlung mit etwa dreitausend Stücken und ein Münzkabinett mit über 20000 verschiedenen Münzen.

Kostbarstes Stück der Ausstattung ist das Intarsien-Jagdzimmer von Herzog Johann Casimir aus dem Jahre 1632. Auf insgesamt sechzig Intarsien sind höfische Jagdszenen dargestellt. In dem von der herzoglichen Familie zur Besichtigung freigegebenen Fürstenbau wird die einst so weitreichende Bedeutung des Hauses Sachsen-Coburg und Gotha aufs lebendigste nachvollziehbar.

Residenzen am Main

Der Bischofssitz auf der Keltenburg

Unbestrittener Mittelpunkt der ganzen Macht und Pracht Mainfrankens war und ist Würzburg. Auf seinem Burgberg hatten die Kelten gut ein Jahrtausend vor Christus schon einen Ringwall und später die Germanen ihre Volksburg *Uburzisburg*. Im 6. Jahrhundert hatten fränkische Herzöge das *castrum wirteburch* in Besitz genommen und den erstbesten Störenfried 689 auch gleich geköpft – nicht ahnend, daß aus dem so beseitigten irischen Wanderprediger Kilian der Patron einer völlig neuen Epoche würde.

Sie begann mit der Errichtung des ersten offiziellen Bischofssitzes durch Bonifatius im Jahre 741 unter dem geistigen Patronat des inzwischen heiliggesprochenen Kilian. Außer einer Marienkirche in der Burg (vermutlich der älteste östlich des Rheins und nördlich des Limes erhaltene Kirchenbau Deutschlands) brachte die Christianisierung für den Burgberg selbst zunächst keine Veränderung. Die Bischöfe residierten im Tal und mehrten dort stetig ihre Macht, bis es ihnen im 11. Jahrhundert gelang, die Gerichtshoheit und damit die Souveränität über die zuvor königliche Stadt zu erreichen. Jetzt zeigte sich schnell, daß freier Kaufmannsgeist und Kircheninteresse sich keineswegs immer vertragen mußten. Krummstab und Rechenstift gerieten miteinander in Streit, der in die offene Feindschaft zwischen Bischof Konrad von Querfurt und König Philipp mündete.

Bischof Querfurt war es denn auch, der die alte Herzogburg ab 1201 zur Festung auszubauen begann. Für knapp ein halbes Jahrtausend wurde die Festung dann von 1253 bis 1720 ohne Unterbrechung der ständige Sitz der Fürstbischöfe von Würzburg. Daß die Residenz klug gewählt war, zeigte sich spätestens in den Bauernkriegen, als alle Sturmangriffe der Bauern (darunter auch Götz von Berlichingen) blutig abgeschlagen wurden und der Stadt 1525 einmal mehr gezeigt werden konnte, wem sie zu gehorchen habe.

Ihre heutige Form erhielt die Festung weitgehend unter Würzburgs großem Gegenreformator, Bischof Julius Echter von Mespelbrunn, der Jakob Wolff dem Älteren den Auftrag gegeben hatte, die Burg in ein Renaissanceschloß zu verwandeln, ohne dabei die Befestigungen zu vernachlässigen. Wie wichtig dies sein sollte, erwies sich bereits im Oktober 1631, als die Schweden sich den Weg in die Festung freischossen und die gesamte Besatzung bis zum letzten Mann niedermachten. Das gesamte Schloß wurde geplündert, Teile der reichen Bibliothek wanderten nach Uppsala. Daß Königin Christine von Schweden daraus dem Vatikan ein Legat erließ, machte den Raub auch nicht mehr ungeschehen.

Noch einmal gebaut wurde auf Marienberg ab 1648, als Fürstbischof Johann Philipp von Schönborn nach den Regeln des französischen Festungsbaumeisters Vauban den Kranz der gewaltigen, äußeren Bastionen anlegen und die Residenz damit zur *Reichsveste* ausbauen ließ. All das aber änderte nichts daran, daß sich ihre hohe Zeit dem Ende zuneigte. Es kam schneller als erwartet, als Johann Philipp Franz von Schönborn 1719 beschloß, seine Residenz in ein neues, mächtiges Schloß im Tal zu verlegen. Heute beherbergt die alte Festung das Mainfränkische Museum.

Folgende Doppelseite
Die Architektur des Treppenhauses im Würzburger Residenzschloß ist ganz das Werk Balthasar Neumanns. Die Ausmalung des Gewölbes übernahm der wohl genialste Freskomaler seiner Zeit, der Venezianer Giovanni Battista Tiepolo. Die Statuen auf der Treppenbrüstung sind ein Werk von Peter Wagner, den Stuck schuf Ludovico Bossi.

Der schönste Pfarrhof Deutschlands

Achtung und Verachtung schwang gleichermaßen mit, als Napoleon die Würzburger Residenz respektierlich-despektierlich den *schönsten Pfarrhof Europas* nannte. Aus seiner Sicht und im Vergleich zu französischen Schlössern mag er nicht Unrecht gehabt haben, der Würzburger Residenz jedoch wurde er in ihrer Eigenständigkeit nicht gerecht. Offensichtlich hatte er weder das Besondere eines deutschen Fürstbistums noch die Genialität eines Balthasar Neumann erkannt. Dabei war gerade das Zusammentreffen dieser beiden Komponenten – geniale Künstler und große Bau-

herren – Voraussetzung dafür, daß aus der Würzburger Residenz nicht irgendein Schloß, sondern ein Gesamtkunstwerk von europäischem Rang werden konnte.

Auf der Seite der Bauherren waren es wie im benachbarten Bamberg die Fürstbischöfe aus dem Hause Schönborn. Ihnen gelang es innerhalb einer einzigen Generation, gleich mehrere geistliche Fürstentümer im Dreieck Trier, Mainz und Bamberg zu besetzen und damit kurz vor dem Untergang des Heiligen Römischen Reiches im Zentrum Deutschlands noch einmal einen politischen und kulturellen Schwerpunkt zu bilden. Während in Bamberg und Pommersfelden Fürstbischof Lothar Franz von Schönborn baute und in Mainz als Erzkanzler des Reiches waltete und Friedrich Carl von Schönborn Reichsvizekanzler in Wien war, kam Johann Philipp Franz von Schönborn, der Neffe des Bambergers Lothar Franz, in Würzburg auf den Bischofsstuhl.

Der Zufall wollte es, daß dem ganz im Geiste des Absolutismus lebenden Fürstbischof bei seinem Regierungsantritt aus einem Unterschlagungsprozeß 600000 Gulden zufielen, die den auch bei ihm wütenden *Bauwurmb* natürlich erst recht anstachelten. Noch im Jahr seines Regierungsantritts wurde so der noch junge, aus Eger stammende, gerade 32 Jahre alte Balthasar Neumann (seines Zeichens eigentlich Geschützgießer und Ingenieur) zum leitenden Hofbaumeister bestellt und mit den Entwürfen zu einer ausgedehnten, neuen Residenz beauftragt.

Hauptproblem Neumanns war es dabei, sich gegen eine wahrhafte «Invasion» führender Architekten aus Deutschland und Frankreich durchzusetzen: gegen den kaiserlichen Hofarchitekten in Wien, Lucas von Hildebrandt, gegen den kurfürstlichen in Mainz, Maximilian von Welsch, gegen den stolzen Robert de Cotte, *architecte du Roy et inspecteur general,* und gegen den Pariser Germain Boffrand. Sie alle brachten ihre Vorschläge ebenso ein wie der Bauherr selbst. Neumann blieb die Sisyphusarbeit, all dies unter einen Hut zu bringen, französischen Schloßbau und Wiener Kaiserbarock miteinander zu versöhnen und dennoch ein eigenständiges Werk zu schaffen.

Daß ihm bei diesem Hintergrund seine unvergleichliche Raumfolge aus Vestibül, Treppenhaus, Weißem Saal und Kaisersaal gelang, ist ebenso ein kleines Wunder wie der Erfolg, den er bei der Suche der Dekorationskünstler hatte. In Antonio Bossi, dem «ornamentalen Genie» und Giovanni Battista Tiepolo, dem größten Freskenmaler des 18. Jahrhunderts, fand er die Künstler, die seine Raumfolge kongenial ausstatteten und damit die eigene Welt des *Würzburger Rokoko* schufen.

Um so erstaunlicher wird das Ganze, bedenkt man, daß Balthasar Neumann es gleich mit drei Bauherren zu tun hatte. Sein erster Auftraggeber, Johann Philipp Franz von Schönborn, fiel nur vier Jahre nach Baubeginn vermutlich einem Giftanschlag zum Opfer. Um die bischöfliche Bauwut zu bremsen, wurde als Nachfolger Christoph Franz von Hutten gewählt, der es mehr mit den Büchern als mit dem Bauen hatte. Er ließ nur den Nordblock notdürftig errichten, alle anderen Arbeiten jedoch einstellen. Wider Erwarten starb auch Hutten nur fünf Jahre später. Diesmal kam Reichsvizekanzler Friedrich Carl von Schönborn, der Bruder des ersten Bauherrn, auf den Würzburger Bischofsthron. Er brachte es immerhin fertig, bis zum Dezember 1744, 24 Jahre nach der Grundsteinlegung, den Rohbau zu vollenden.

Auch die Innenausstattung ging alles andere als problemfrei über die Bühne. Friedrich Carl von Schönborn erlebte zwar noch die Fertigstellung der zweiten Bischofswohnung, der Kaiserzimmer und der Hofkirche; die Ausmalung des Kaisersaals und des Treppenhauses durch Tiepolo blieb jedoch seinem übernächsten Nachfolger, Carl Philipp von Greiffenklau, vorbehalten. Am 8. November 1753, kurz nach dem Tode Baltharsar Neumanns, legte Tiepolo den Pinsel aus der Hand – das Werk war geglückt.

Daß all dies Würzburgs schwärzeste Stunde, den 16. März 1945, weitgehend überstand, ist hauptsächlich der außergewöhnlichen Wölbungstechnik Baltharsar Neumanns zu verdanken, der gegen den Rat von Lucas von Hildebrandt die gewaltigen Spannweiten mit freitragenden Steindecken überwölbt hatte. Diese Wölbungen hielten dem Bombenhagel stand und retteten damit auch die Fresken Tiepolos. Da das gesamte bewegliche Inventar in Sicherheit gebracht worden war, konnte die Residenz Stück für Stück restauriert werden, so daß sie den Besucher heute wieder in strahlendem Glanz empfängt.

Bei aller Prachtentfaltung – ein Manko hatte die Würzburger Residenz zu allen Zeiten: an ihrem, von allen Seiten von der Stadt beengten Standort gab es keine Möglichkeit, für die Anlage eines der Größe des Schlosses entsprechenden Parks. Als Behelf wichen die Fürstbischöfe schon früh nach Veitshöchheim aus, wo es seit 1682 einen «Tiergarten», einen kleineren Park und ein kleines Sommerschlößchen gab. Baltharsar Neumann erweiterte das Schlößchen um zwei seitliche Pavillons, der Garten selbst wurde nach Ideen des Böhmen Prokop Mayer neugestaltet.

Zum eigentlichen Rokokojuwel wurde der Park jedoch erst unter Fürstbischof Adam Friedrich von Seinsheim, der die Anlage ab 1763 von Johann Philipp Geigel (Planung) und Ferdinand Dietz (Bildhauerarbeiten) umgestalten ließ. Obwohl sich der eher intime Garten zwischen zwei Dorf-

Die fürstbischöfliche Residenz in Würzburg verdankt ihr Entstehen nicht zuletzt einem Unterschlagungsprozeß, bei dem Fürstbischof Johann Philipp Franz von Schönborn 600 000 Gulden gewonnen hatte. Noch 1719, dem Jahr seines Amtantritts, beauftragte er deshalb den gerade 32-jährigen Geschützgießer Balthasar Neumann, Entwürfe für eine neue Residenz anzufertigen. Als zusätzliche Planer wirkten der kaiserliche Hofarchitekt Lucas von Hildebrandt aus Wien, der kurfürstliche Baumeister Maximilian von Welsch aus Mainz sowie die beiden Pariser Robert de Cotte und Germain Boffrand mit. Ziel des Bauherrn war es dabei, die Glanzlichter des französischen Schloßbaues mit denen des Wiener Kaiserbarocks zu vereinen und ein neues Ganzes daraus zu machen. Der Aufriß der hier abgebildeten Südfassade stammt so nicht von Neumann, sondern von Lucas von Hildebrandt.

Folgende Doppelseite:
Der Kaisersaal der Würzburger Residenz ist architektonisch ein Gemeinschaftswerk von Neumann und Hildebrandt, bei der Ausstattung arbeiteten wie beim Treppenhaus Tiepolo und Bossi nebeneinander. Alle drei zusammen haben mit diesem Raum ein Gesamtkunstwerk geschaffen, in dem sich die Grenzen zwischen illusionistischem und realem Raum verwischen und die Architektur zur Bühne der in den Fresken dargestellten visionären geschichtlichen Ereignisse wird (Seite 173). Tiepolos Freskenprogramm gilt Themen der mittelalterlichen Geschichte Würzburgs. Dargestellt ist die Brautfahrt von Beatrix von Burgund im Sonnenwagen des Apoll und ihre Trauung mit Friedrich Barbarossa (Seite 172).

straßen zwängen und hinter hohen Mauern verstecken mußte – also in keiner Weise den Vorstellungen einer großzügigen Gartenanlage der Feudalzeit entsprechen konnte – entwickelte er sich dennoch – oder gerade deswegen – zu einem der Meisterwerke deutscher Gartenkunst.

Zwar durchaus noch dem Gartenideal des Franzosen André Le Nôtre verpflichtet, gelang es doch, die auch hier zugrundegelegte geometrische Ordnung ganz im Sinne des Rokoko ins Leichte, Graziöse und Intime abzuwandeln. Den wichtigsten Anteil daran hat vor allem die verschwenderisch eingesetzte Gartenplastik des Bamberger Hofbildhauers Ferdinand Dietz.

Sein Hauptwerk im Garten ist der 1766 fertiggestellte *Parnaß* in der Mitte des Großen Sees. In Anlehnung an die antike Sintflutsage von Ovid gestaltete Dietz einen Musensitz aus Tuffstein, Tropfstein und Muschelbildungen, auf dem Apollo als Herrscher des ihm heiligen Parnaß die neun Musen um sich versammelt. Über der Götterversammlung erscheint das geflügelte und himmelstürmende Roß Pegasus.

Die Nebenresidenz der Mainzer Fürstbischöfe

Von der *herrlich alt reichskanzley, die nimmermehr mag restauriert werden,* sprachen die Grafen von Zimmern noch 1566 in ihrer berühmten Chronik. Damals war die Aschaffenburger Johannisburg bereits vierzehn Jahre Ruine – ein weiteres Opfer der mordenden und raubenden Horden des Markgrafen Albrecht Alcibiades von Brandenburg-Kulmbach, der die Burg am 10. August 1552 geplündert und angezündet hatte.

Dennoch sollte sich der Chronist getäuscht haben. Als Kurfürst Johann Schweikart von Kronberg 1604 auf den Mainzer Bischofsthron berufen wurde, versprach er in seiner Wahlkapitulation, dafür zu sorgen, *darmit das Schloß zue Aschaffenburg wider mögt erbawet werden.* Schon im folgenden Jahr berief der Kurfürst den Straßburger Baumeister Georg Ridinger, der Schloß Johannisburg innerhalb von neun Jahren für insgesamt rund eine Million Gulden von Grund auf neu errichtete. Termingerecht zum zehnten Jahrestag der Bischofswahl des Auftraggebers konnte am 17. Februar 1614 die feierliche Einweihung begangen werden.

Ridinger errichtete in zwanzig Meter Höhe über dem Main auf einer mächtigen Terrassenmauer eine streng symmetrische Vierflügelanlage mit einem quadratischen Innenhof. Von der alten Burg übernahm der Baumeister lediglich auf der Nordseite den ehemaligen Bergfried. Während die dreigeschossigen Flügel nur durch waagerechte Gurtgesimse und in der Mitte aufliegende dreistufige Zwerchgiebel gegliedert sind, zeigen die wie gedrungene Eckpfeiler wirkenden vier Türme mit ihren über dem Dachfirst der Flügel umlaufenden Turmgalerien, mit den jeweiligen Übergängen zum Achteck und mit den knapp aufgesetzten Kuppeln eine betontere Gliederung.

Schloß Johannisburg in Aschaffenburg entstand im Auftrag von Kurfürst Johann Schweikart von Kronberg, als er 1604 auf den Mainzer Bischofsthron berufen wurde. In nur zehnjähriger Bauzeit schuf der Straßburger Baumeister Georg Ridinger in 20 m Höhe über dem Main eine streng geometrische Vierflügelanlage mit einem quadratischen Innenhof. Wahrzeichen des Schlosses sind seine vier wie gedrungene Eckpfeiler wirkenden Türme mit ihren über dem Dachfirst der Flügel umlaufenden Turmgalerien und den luftigen welschen Hauben.

Mit der Wucht des Baukörpers drückte Ridinger an der Schwelle des Dreißigjährigen Krieges und mehr als ein Jahrhundert vor den berühmten Barockschlössern in Pommersfelden oder Würzburg den Machtanspruch des ranghöchsten deutschen Kirchenfürsten in der Zeit der Gegenreformation aus. Als *heroisches Werk* bezeichnete denn auch der Baumeister selbst seinen Schloßbau, von einer *mediocre Architecture Allemande* ist dagegen in einem französischen Reisebericht aus dem 17. Jahrhundert die Rede. Aus heutiger Sicht errichtete Ridinger wohl *eine Synthese zwischen mittelalterlicher Wehrarchitektur und neuzeitlichem Repräsentationsbau, zwischen Wasserschloß und Höhenburg, Stadtpalast und Landschloß sowie zwischen introvertierter Vierflügelanlage und Fassadenarchitektur* (E. Bachmann).

Im letzten Krieg schwer beschädigt, enthält das Schloß heute die Staatsgalerie der Bayerischen Staatsgemäldesammlungen, das städtische Schloßmuseum und die staatliche Hof- und Stiftsbibliothek.

Burgen und Schlösser in Thüringen

Die Burg des Sängerkrieges

Keine Burg in deutschen Landen ist so Mittelpunkt deutscher Kultur und Geschichte wie die hoch vom Wartberg weit ins Land grüßende Wartburg. Als Ludwig der Springer 1067 hier seine erste Burg baute, war sie eine unter vielen Burgen, die der Sicherung (und Kontrolle) der Handelsstraße zwischen Thüringen und Hessen diente. Nur etwa 60 Jahre später erlebte sie aber bereits ihren ersten Höhepunkt, als die Landgrafen Ludwig III. und Hermann I. die Burg zur prächtigen Residenz ausbauen ließen und sie zum Mittelpunkt einer kunstverständigen Hofhaltung machten. Als Gäste von Hermann I. trugen die berühmtesten Minnesänger des Hochmittelalters, darunter Wolfram von Eschenbach, Heinrich von Ofterdingen, Heinrich von Veldecke und Walther von der Vogelweide ihren legendären Sängerkrieg aus.

Landgraf Hermann I. brachte dies den Ruf eines großen Gönners der Künste ein, seine Schwiegertochter, die ungarische Königstochter Elisabeth, wandte sich aber dennoch vom höfischen Leben auf der Wartburg ab, als ihr Gemahl Landgraf Ludwig IV. 1227 bei einem Kreuzzug starb. Die gerade 20jährige Witwe starb vier Jahre später im Ruch der Heiligkeit, löste eine Wallfahrt aus und sorgte damit 48 Jahre später dafür, daß mit der Marburger St. Elisabethkirche Deutschlands erste stilreine Kirche der Gotik fertiggestellt werden konnte...

Drei Jahrhunderte später, als die Wartburg längst den sächsischen Kurfürsten gehörte, nutzte Junker Jörg, den der Papst in Acht und Bann setzen wollte, den Schutz des Kurfürsten Friedrichs des Weisen und bezog ein Kämmerlein der Burg. Der Junker war niemand anderer als Martin Luther, der von 1521 bis 1522 das Neue Testament aus dem Griechischen ins Deutsche übersetzte und damit nicht nur die Bibel dem Volk zugänglich machte sondern auch einen nicht zu überschätzenden Beitrag zur Herausbildung der deutschen Schriftsprache leistete...

Noch einmal drei Jahrhunderte später versammelten sich am 18. Oktober 1817 die Abgesandten von 12 deutschen Universitäten zur Erinnerung an das Reformationsjahr 1517 und an die Leipziger Völkerschlacht von 1813. Dieses erste Wartburgfest der Burschenschaften wurde wiederum zum wichtigen Schritt in Richtung auf ein vereintes und demokratisches Deutschland...

Sogar bis an den Hof der bayerischen Könige wirkte die Wartburg. Inspiriert durch den Rückgriff Wagners auf den Sängerkrieg in seiner Oper Tannhäuser, reiste König Ludwig II. zusammen mit seinem Bruder Otto am 31. Mai 1867 inkognito nach Eisenach, um den Schauplatz des sagenhaften Sängerkrieges selbst kennenzulernen. Dieser Besuch stachelte Ludwigs Phantasie und Ehrgeiz so an, daß er von der Verwirklichung eines Sängersaales im Rahmen einer romanischen Ritterburg in seinen bayerischen Bergen zu träumen begann. Aus dem Traum sollte Ludwigs Ritterburg Neuschwanstein werden...

Neben der Bedeutung der Burg als Symbol nationaler Traditionen gibt es hier aber auch hohe kunsthistorische Werte. Kernstück ist nach wie vor der zwischen 1190 und 1250 errichtete Palas, das dreigeschossige Landgrafenhaus. Im Erdgeschoß öffnet er sich zum Hof hin mit sechs großen, von Säulen getragenen Doppelarkaden. Sie werden durch drei Bogenreihen im Obergeschoß glücklich ergänzt. Die mehr als 200 Säulenkapitelle an den Bogengalerien und im Inneren des Landgrafenhauses sind mit ihren reichen Verzierungen wichtige Zeugnisse spätromanischer Bauplastik.

Der Sängersaal, die um 1320 eingebaute gotische Kapelle und die Elisabeth-Kemenate sind im Erdgeschoß und im zweiten Geschoß des Palas untergebracht. Moritz von Schwind stattete in den Jahren 1854 und 1855 mehrere Räume, darunter auch den Sängersaal, mit Fresken aus. Der Festsaal nimmt das gesamte zweite Obergeschoß ein, er ist mit historisierenden Dekorationen aus dem vorigen Jahrhundert geschmückt.

Wie keine andere deutsche Burg ist die Wartburg Symbol nationaler Traditionen. Landgraf Hermann I. ließ hier die berühmtesten Minnesänger des Hochmittelalters den legendären Sängerkrieg austragen, Martin Luther übersetzte als Junker Jörg das Neue Testament aus dem Griechischen in verständliches Deutsch, und 1817 versammelten sich die Abgesandten von zwölf deutschen Universitäten zum ersten Wartburgfest der Burschenschaften. Selbst der bayerische König Ludwig II. besuchte die Wartburg und machte sie zum Vorbild seiner Traumburg Neuschwanstein.

Vom Grimmenstein zum Friedenstein

Den ersten Beleg für die Existenz von Gotha lieferte 775 Karl der Große, als der dem Kloster Hersfeld den Gothaer Königszehnten zusprach. Der Ort an der "guten Au" entwickelte sich an der Handelsstraße von Frankfurt am Main nach Leipzig so gut, daß sich zu Beginn des 12. Jahrhunderts die Thüringer Landgrafen hier festsetzten, eine Schutz- und Trutzburg bauten und ab 1168 eine neue, befestigte Stadt anlegen ließen.

Das Werk der Landgrafen kam 1247 an die Wettiner, die ihre Weitsichtigkeit mit zwei herausragenden Leistungen dokumentierten: zum einen ermöglichten sie der Kaufmannschaft 1292 die Errichtung einer Pfarr- und Stiftsschule, die sich zu einer wichtigen Stätte für die Wissenschaften entwickelte und 1612 zu einem Gymnasium ausgebaut wurde. Zum anderen ließen sie 1369 für die stets vom Wassermangel bedrohte Stadt den heute noch existierenden Leinakanal erbauen.

Als im 15. und 16. Jahrhundert der Handel mit dem damals in Thüringen viel angebauten Färberwaid (Pflanze für blauen Farbstoff) Gotha eine wirtschaftliche Blütezeit brachte, wuchs auch die erste Landgrafenburg auf dem heutigen Schloßberg zur mächtigen Burg Grimmenstein. Nach der Reformation war sie eine der stärksten Festungen des protestantischen Deutschlands.

Gothas einflußreichster Humanist war Mutianus Rufus, er trug die ideologische Offensive gegen die Papstkirche entscheidend mit und war wohl auch Mitverfasser der berühmten "Dunkelmännerbriefe", die sich gegen mittelalterliche Scholastik und Duckmäusertum richteten. Schon 1527 gründete dann Gothas Reformator, der humanistische Gelehrte Myconius, sein "gymnasium illustre", aus dem bereits 1612 ein öffentliches Gymnasium und im Endergebnis die heutige Albert-Schweitzer-Oberschule wurde.

Gefährliche Tage kamen für Gotha, als Kurfürst Johann Friedrich der Mittlere sich mit dem Abenteuerer Grumbach verbündete. Nach einem Bürgeraufstand stürmte 1567 ein Reichsheer die Stadt und schleifte die Festung Grimmenstein. Grumbach selbst wurde zusammen mit einigen Rädelsführern öffentlich hingerichtet.

Eine neue Blütezeit begann mit der Einrichtung des Herzogtums Sachsen-Gotha. Herzog Ernst I. ließ als äußeres Zeichen seines Friedenswillens Schloß Friedenstein errichten, leitete eine Verwaltungsreform ein und initiierte ein für seine Zeit beispielhaftes Bildungssystem. Seine Nachfolger nahmen es dann allerdings mit dem sozialen Engagement nicht mehr so ernst. Sie organisierten in Gotha das einzige stehende Heer Thüringens und verliehen es gegen klingende Münze.

Im 18. Jahrhundert hielt die Aufklärung Einzug am Gothaer Herzoghof. Voltaire besuchte Friedenstein und Konrad Ekhof gelang es ab 1774, der realistischen deutschen Schauspielkunst das erste ortsfeste Theater zu schenken und damit die Vorstellungen Lessings Wirklichkeit werden zu lassen.

Beherrschendes Bauwerk Gothas ist der imposante Bau von Schloß Friedenstein, der erste Schloßbau in Deutschland nach dem 30jährigen Krieg. Vollendet wurde die imposante Dreiflügelanlage mit 100 bzw. 140 m langen Flügeln im Jahre 1654. Mächtige Ecktürme setzen die äußeren Akzente, den weiten Innenhof umzieht ein Arkadengang. Leider ist von der Innenausstattung aus dieser Gründerzeit der Residenz nichts erhalten.

Im Inneren herrscht heute opulentes Barockdekor, einige Räume wurden 1751 von Gottfried Heinrich Krohne neu mit grazilen Rokokostukkaturen ausgestattet. Besonders sehenswert ist die 1695 fertiggestellte Schloßkapelle mit der protestantischen Anordnung von Altar, Kanzel und Orgel übereinander. Ihr schönes Renaissanceportal stammt noch vom Vorgängerbau, der Burg Grimmenstein. Das 1683 eingerichtete und später klassizistisch umgebaute Ekhoftheater ist das älteste Schloßtheater Thüringens und die erste ständige Einrichtung dieser Art an einem deutschen Fürstenhof. Seine Bühnentechnik ist bis heute im ursprünglichen Zustand erhalten.

Neben einer Forschungsbibliothek beherbergt das Schloß heute ein Museum mit Werken des Mittelalters und der Renaissance, darunter so berühmte Werke wie das "Gothaer Liebespaar". Allein das Kupferstichkabinett besitzt etwa 30 000 Blätter, das Münzkabinett etwa 100 000 Exponate. Die Bibliothek umfaßt allein etwa 8 000 Handschriften als Beweis für die Sammelleidenschaft der Gothaer Fürsten. Im ehemaligen Pagenhaus gibt es das erste und bisher einzige Kartographische Museum Europas.

Der Landschaftspark um Schloß Friedenstein entstand in seiner ersten Fassung 1770. Bis 1811 wurde er von Hofgärtner Wehmeyer in die heutige Form gebracht. Die Wasserkunst an der Frontseite von Friedenstein entstand 1892 als neobarocke Neufassung des im 14. Jahrhundert angelegten Leinakanals.

Schloß Friedenstein oberhalb von Gotha ist der erste Schloßbau in Deutschland nach dem Dreißigjährigen Krieg. Die imposante Dreiflügelanlage hat 100 bzw. 140 m lange Flügel, wurde 1654 vollendet und ist von mächtigen Eckturmbauten dominiert.

Glaubt man Wilhelm von Humboldt, dann gehört das alte Residenzstädtchen Rudolstadt am Mittellauf der Saale zu den "schönsten Gegenden Deutschlands". Die nicht nur schöne sondern auch strategisch günstige Lage sorgte dafür, daß es auf dem gratigen Bergrücken oberhalb der Stadt bereits im 13. Jahrhundert eine Burg gab, Rudolstadt selbst ist schon 1326 als Stadt belegt.

Acht Jahre später wurden die Grafen von Schwarzburg die Herren auf der ursprünglich karolingischen Grenzstation und erneuerten auf dem Schloßberg die Heidecksburg. Aus ihr wurde nach und nach ein repräsentatives Renaissanceschloß, das jedoch 1735 völlig ausbrannte. Einige Jahre zuvor schon hatten die Schwarzenburger Ärger mit ihren Untertanen. Von 1716 bis 1732 prozessierten im sogenannten Landstreit die Bürger der Städte Rudolstadt, Blankenburg, Stadtilm und Königsee vor dem Reichskammergericht gegen das Fürstenhaus, dem sie maßlose Hofhaltung und allzu kostspielige Bauten vorwarfen. Am Ende siegte natürlich das Fürstenhaus, die Steuerbelastung wurde schlimmer denn je, und der Bau des heutigen Schlosses wurde 1737 in Angriff genommen.

Die ersten Entwürfe lieferte der Dresdener Baumeister Johann Christoph Knöffel, 1743 folgte ihm Gottfried Heinrich Krohne. Ihm vor allem ist die Raumgestaltung im Stil des Rokoko zu verdanken. Den Grafen von Schwarzburg ging es vor allem darum, ihren 1710 erworbenen Reichsfürstenstand angemessen zum Ausdruck zu bringen und ihren Kunstsinn zu beweisen. Bestes Beispiel dafür ist die überaus großzügige Raumgestaltung des über zwei Stockwerke reichenden Festsaales.

Finanziell sanierten sich die Fürsten nicht nur durch drückende Steuern sondern vor allem durch eine glückliche "Nacherfindung". Dem jungen Theologen Heinrich Macheleid nämlich war es 1760 gelungen, ebenfalls Porzellan herzustellen. Noch im selben Jahr ließen die Fürsten deshalb im Dörfchen Volkstedt eine Porzellanmanufaktur einrichten. Sie konkurrierte erfolgreich mit der Manufaktur in Meißen und half dem Fürstenhaus zu einem "angemessenen" Lebensstil.

Zu ihm gehörte auch, daß das Fürstenhaus gegen Ende des 18. Jahrhunderts versuchte, in Rudolstadt ein kleines Weimar einzurichten. Nun wurden Gelehrte und Dichter in die Residenz eingeladen, allen voran die Gebrüder Humboldt sowie Goethe und Schiller. Das 1792 eingerichtete Hoftheater wurde auf Bitten des Fürsten sogar durch Johann Wolfgang von Goethe von Weimar aus geleitet. Der Dichterfürst seinerseits revanchierte sich dadurch, daß er die Weimarer Hofbühne häufig zu Gastspielen in die Rudolstädter Residenz brachte.

Glückliche Umstände haben dafür gesorgt, daß die Heidecksburg sich heute unversehrt als prunkvolles Barockschloß präsentiert. Im Inneren belegt die reiche Rokokoausstattung in Festsälen und Kabinetten mit prächtigen Fußböden, kunstvollen Schnitzereien und hervorragenden Malereien, was fürstliche Prachtliebe unter Repräsentation verstand.

Schönster Raum des Schlosses ist der Große Festsaal in der Mittelachse des Westflügels. Für ihn lieferte J. Ch. Knöffel 1741 den Entwurf, doch wurde der von G. H. Krohne mehrfach modifiziert. So schlug er vor, "die vier scharfen Ecken mit runden Abschnitten als doppelt übereinanderstehende Arkaden" auszubauen. In halber Höhe des zweigeschossigen Saales entstanden vier Logen für die Hofgesellschaft. Eine weitere Auflockerung des Raumes wurde durch das Vorwölben des Musikantenbalkones an der Ostseite und das Einschwingen der Schmalseiten erreicht. Die fein modellierten Stuckdekorationen lieferte J. B. Pedrozzi nach den Entwürfen von Krohne. Rocaillen zieren Nischen und bekrönen Türen. An den Schmalwänden flankieren vier vollplastische Figuren der Kardinalstugenden die Wappen von Schwarzburg-Rudolstadt und von Sachsen-Weimar. Das gewaltige Deckenfresko ist das in nur drei Wochen fertiggestellte Werk des Bamberger Malers Lorenz Deisinger. Dargestellt ist der Rat der Götter auf dem Olymp. Sie lauschen dabei dem Saitenspiel der Lichtgestalt Apolls.

Der Rote Saal diente als Audienzsaal, seine Ausstattung hat deshalb einen "offiziellen" Grundtenor. Das 1744 fertiggestellte Deckenfresko ist wieder das Werk von Lorenz Deisinger. Dargestellt ist eine Allegorie der Tugenden. In den vier Ecken ergänzen Symbolgestalten der vier Erdteile in Sepiamalerei das Hauptfresko. Damit sollte an die erstrebte Weltgeltung absolutistischer Macht erinnert werden.

Festräume und fürstliche Wohnsäle sind heute zusammen mit der Gemäldegalerie zum Kunstmuseum Heidecksburg zusammengefaßt. Im Nordflügel des Schlosses sind interessante natur- und kulturgeschichtliche Sammlungen sowie die berühmte Waffensammlung "Schwarzburger Zeughaus" untergebracht. Sie enthält zahlreiche seltene Stücke wie frühe Steinbüchsen, Degen aus Toledo, perlmuttverzierte Radschloßpistolen, alte Harnische und manch andere Rarität.

Die Heidecksburg hoch oberhalb von Rudolstadt sollte den von den Grafen von Schwarzburg 1710 erworbenen Reichsfürstenstand angemessen zum Ausdruck bringen. Ende des 18. Jh. versuchte das Fürstenhaus um das Schloß herum ein kleines Weimar einzurichten. Dichter und Gelehrte wurden in die Residenz eingeladen, die Brüder Humboldt, Goethe und Schiller gingen ein und aus. Im Innern belegt die reiche Rokokoausstattung in Festsälen und Kabinetten mit prächtigen Fußböden, kunstvollen Schnitzereien und hervorragenden Malereien, was fürstliche Prachtliebe unter Repräsentation verstand.

Weimar an der Ilm gab es bereits 975 unter Otto II. als "Wimares". Im Jahre 1372 kam das Städtchen in wettinischen Besitz und wurde zehn Jahre später Residenzstadt. Nachdem 1485 die Ernestiner die Herrschaft übernommen hatten, wurde Weimar 1547 die Hauptstadt des Herzogtums Sachsen-Weimar. In ihr blühte früh kulturelles Leben. 1617 war hier der "Palmenorden" zur Förderung der deutschen Sprache gegründet worden, seit 1650 gab es eine Hofkapelle, und 1696 wurde die erste deutsche Opernbühne eingeweiht. Von 1708 bis 1717 prägte Johann Sebastian Bach als Hoforganist wie auch als Konzertmeister das Musikleben Weimars.

Die Fundamente zum "Musenhof" der Klassik begann Herzogin Anna Amalia mit ihrem Regierungsantritt im Jahre 1758 zu legen. Sie berief 1772 Christoph Martin Wieland als Erzieher für den Erbprinzen Karl August. Dem Dichter des Rokoko gelang es, dem jungen Fürsten die Welt der Musen so zu erschließen, daß der 18-jährige Regierungschef 1775 den damals 26-jährigen Juristen und schon als Dichter bekannten Johann Wolfgang Goethe nach Weimar holte. Nur ein halbes Jahr später ernannte er ihn zum Geheimen Rat und schenkte ihm das Gartenhaus im Park am Stern. Die Freundschaft Goethes mit Herzog Karl August überdauerte alle Wechsel der Zeitläufe, 1825 konnten die beiden ihr 50-jähriges Regierungs- bzw. Amtsjubiläum mit einem großen Fest feiern.

Die vielfältigen Interessen des Weimarer Fürstenhofes verlangten natürlich entsprechende Bauten. Zentrum der Residenz war das auf dem Gelände einer mittelalterlichen Wasserburg errichtete Schloß. Es war Anfang des 16. Jahrhunderts unter der Leitung von Nicolaus Gromanns errichtet worden, nachdem die alte Wasserburg 1424 völlig ausgebrannt war. Nach einem neuerlichen Brand im Jahre 1618 errichtete Giovanni Bonalino Richter den Folgebau bereits als großzügige Dreiflügelanlage, die in den folgenden Jahrzehnten für manchen Schloßbau in Thüringen und Sachsen zum Vorbild geriet.

Der heutige Bau entstand nach einem Brand im Jahre 1774 bereits unter der planerischen Mitwirkung von Johann Wolfgang Goethe. Als Baumeister wirkten ab 1789 J.A. Arens, ab 1798 N.F. Thouret und ab 1801 Heinrich Gentz. Im Ergebnis entstand eine dreigeschossige Dreiflügelanlage mit klassizistischer Säulenhalle an der Ostseite zur Ilm. An der Südwestecke des Schlosses steht der mittelalterliche Schloßturm, dessen reicher Barockaufsatz im Todesjahr von Goethe 1732 fertiggestellt wurde. Die anschließende Bastille ist im Kern noch spätgotisch, gebaut wurde sie Mitte des 15. Jh.

Im Inneren des Schlosses beeindrucken vor allem das Treppenhaus, der große Festsaal sowie die Falkengalerie. Alle drei Räume gehören zu den wohl besten und schönsten Schöpfungen klassizistischer Raumkunst. Heute beherbergt das Schloß die Staatlichen Kunstsammlungen mit Kunstwerken von der Antike bis zur Gegenwart sowie die Nationale Forschungs- und Gedenkstätte der klassischen deutschen Literatur. Die Cranachgalerie präsentiert Sammlungen zur niederländischen Kunst des 17. Jahrhunderts sowie zur Kunst des Klassizismus. Allein die Graphische Sammlung umfaßt weit mehr als 10 000 Zeichnungen und etwa 50 000 Graphiken.

Südlich vom Stadtschloß, am Rand des Ilmparkes, steht das Grüne Schloß, das von 1562 bis 1569 als Wohnhaus für Herzog Johann Wilhelm errichtet worden war. Der Renaissancebau wurde von 1761 bis 1766 zur reich ausgestatteten Bibliothek umgebaut. Bei dieser Gelegenheit entstand auch der prächtige Rokokosaal mit seinem ovalen Pfeilerumgang und den Portraitplastiken von Trippel, Dannecker, Schadow, David und Houdon. In den Räumen des Schlosses ist heute die Zentralbibliothek der deutschen Klassik untergebracht. Sie besitzt weit über 800 000 Bände, davon allein etwa 11 000 Bände zum Thema Faust. Damit ist sie die größte Faust-Bibliothek der Welt.

Untrennbar mit Stadtschloß und Grünem Schloß verbunden ist der Park an der Ilm. Goethe selbst schuf in jahrzehntelanger Planungsarbeit mit Gärtnern diesen Landschaftsgarten, in dem Natur und Kunst zu einer harmonischen Einheit in klassischem Sinne verschmolzen wurden. Mitten im Park steht Goethes Gartenhäuschen, ein Geschenk von Karl August an Goethe nach dessen Übersiedlung nach Weimar. Hier entstanden die Hauptwerke von Goethes Lyrik, vor allem die zahlreichen Naturgedichte sowie die Anfänge der "Iphigenie".

Auch die weitere Umgebung von Weimar wurde zur Entfaltung des Hoflebens genutzt. Auf den nordwestlich gelegenen Waldhöhen wurde Schloß Ettersburg als Jagdschloß genutzt, Schloß Belvedere im Süden diente als Jagd- und Lustschloß. Den reizvollen Barockbau errichteten J.A. Richter und G.H. Krohne. Das Innere birgt eine reiche Rokokoausstattung. Das 1732 fertiggestellte Schloß hatte 1758 einen Barockgarten erhalten, den Goethe in einen Landschaftsgarten umgestaltete. Wie es damals üblich war, erhielt der Garten verschiedene Kleinarchitekturen wie die Orangerie, das Naturtheater, den Roten Turm und eine künstliche Ruine.

Das Weimarer Stadtschloß entstand auf dem Gelände einer mittelalterlichen Wasserburg. Der heutige Bau entstand nach einem Brand im Jahre 1774 unter der planerischen Mitwirkung von Johann Wolfgang Goethe. Die Südwestecke des Schlosses dominiert der mittelalterliche Schloßturm, dessen reicher Barockaufsatz im Todesjahr von Goethe 1732 fertiggestellt wurde.

Die Kaiserpfalz im Pleißenland

Das 1000-jährige Altenburg wurde 976 erstmals urkundlich erwähnt als Marktsiedlung niedersächsischer Kaufleute im Schutz der Burg. Die Stauferkaiser erhoben die Siedlung als Mittelpunkt des reichsterritorialen Pleißenlandes zur Reichsstadt, die Burg selbst wurde zur Kaiserpfalz, in der Kaiser Friedrich I., Barbarossa, häufig residierte. Als die Macht der Staufer zerfiel, kam die Stadt 1328 als Reichslehen an die Wettiner. Sie bauten die Burg nach und nach zum Schloß aus und machten es von 1603 bis 1672 und von 1826 bis 1918 zur Residenz des Herzogtums Sachsen-Altenburg.

Der älteste Teil des Schlosses stammt noch aus dem 10. Jahrhundert. Er findet sich im Unterbau des später aufgestockten Hausmannsturmes, in dem ein stufenloser Wendelgang emporführt. Im 11. Jahrhundert entstand der romanische Bergfried, die sogenannte "Flasche", die später als Kerker benutzt wurde. Von der Pfalz Kaiser Barbarossas allerdings ist leider nichts erhalten.

Am heutigen Schloß wurde vom 15. bis ins 19. Jahrhundert hinein gebaut. Die Renaissancegalerie wurde 1604 fertiggestellt, die übrigen Schloßteile stammen im wesentlichen aus dem 18. Jahrhundert. Bis 1712 wurden die Residenzgebäude im Stil des Barocks erweitert und bis 1744 im Barockstil neu ausgestattet. Ein Brand im Jahre 1864 machte die Neuausstattung des Festsaales notwendig, die 1868 fertiggestellt werden konnte.

Einer der markantesten Bauteile des Schlosses ist seine spätgotische Kirche. Ihr Bau wurde um 1400 begonnen, die Einwölbung des langgestreckten Chores wurde 1444 vollendet. Diesen Chor ziert ein reiches Maßwerkrippennetzgewölbe. Von der reichen mittelalterlichen Ausstattung der Kirche ist allerdings nichts erhalten. Ältester Teil der Ausstattung ist heute das um 1500 entstandene Chorgestühl. Die Kanzel wurde 1595 gefertigt. Die große Orgel ist ein Werk des Altenburger Orgelbauers Heinrich Gottfried Trost. Geweiht wurde das mit über 2000 Pfeifen ausgestattete Instrument 1739.

Den Festsaal des Schlosses prägt das antike Märchen "Amor und Psyche". Die Abenteuer von Amor und Psyche sind in den Lünetten auf der Galerie dargestellt. Das große Deckengemälde zeigt die Hochzeit von Amor und Psyche, die von einer Vielzahl von Göttern umringt sind und vor dem Thron Jupiters und Junos stehen. Die Fresken sind das Werk des Münchner Schwind-Schülers Karl Moßdorf.

Der Johann Sebastian Bach Saal entstand bis 1609 und war ursprünglich überaus kostbar ausgestattet. Alles wurde jedoch 1905 ein Raub der Flammen. Die heutige Ausstattung im Stil der Neorenaissance wurde von Bodo Ebhardt gestaltet. Gegliedert ist der Saal von zwei mittig eingestellten Säulen mit ionischen Kapitellen und reichem Beschlagwerk. Die Balkendecke schließt zehn großformatige Gemälde von Wilhelm Böhland ein. Dargestellt sind Ereignisse aus der sächsischen und frühen deutschen Geschichte.

Im Schloßmuseum ist die Entwicklung der Spielkarte nachgezeichnet. Zu sehen ist unter anderem eine Kartenmacherwerkstatt aus der Zeit um 1600 sowie eine umfangreiche Spielkartensammlung.

Daß Entführungs- und Erpressungsversuche keineswegs Erfindungen unserer Zeit sind, dafür bietet das Altenburger Schloß ein besonderes Beispiel: im Jahre 1455 entführte der Ritter Kunz von Kaufungen die beiden Söhne Ernst und Albert des Kurfürsten. Einem Köhler gelang jedoch die Befreiung der Geiseln, der Ritter aber wurde samt seinen Helfern auf dem Markt von Freiberg öffentlich enthauptet.

Zu den ältesten Teilen des Schlosses Altenburg zählt der im 11. Jahrhundert errichtete romanische Bergfried, die sogenannte "Flasche". Der Turm diente später als Kerker.

Schlösser an der Elbe

Die sächsische Landesfestung

Burg Hartenfels, an strategisch günstigem Platz über der Elbe zwischen Dübener und Dahlener Heide gelegen, bestand schon vor 973. Damals entwickelte sich das heutige Torgau als Marktsiedlung im Schutz der Burg. Im Jahre 1485 kamen Burg und Siedlung unter die Herrschaft der ernestinischen Kurfürsten, die sich sofort daran machten, die Burg zu einer der schönsten deutschen Schloßbauten der Frührenaissance auszubauen. Als Baumeister fungierten Arnold von Westfalen, Conrad Pflüger und Konrad Krebs.

Die ernestinischen Kurfürsten machten aus ihrer Residenz ein Zentrum der Reformation. 1525 wurde hier der Torgauer Bund geschlossen, fünf Jahre später entstanden die Torgauer Artikel, beides auf Betreiben von Luther und Melanchthon. Nach der Schlacht bei Mühlberg im Jahre 1547 kamen Stadt und Schloß dann an die Albertiner, die Schloß Hartenfels nun als Nebenresidenz neben der in Dresden benutzten. Das letzte bedeutende kulturelle Ereignis auf dem Schloß war 1627 die Uraufführung der ersten deutschen Oper "Daphne" von Heinrich Schütz. Ab 1815 wurde das Schloß von den Preußen zur Kaserne degradiert, nachdem es zuvor schon der napoleonischen Armee als Stützpunkt gedient hatte. Heute wird es unter anderem als Museum genutzt.

Zu den bedeutendsten architektonischen Details von Schloß Hartenfels zählt der 1534 fertiggestellte Große Wendelstein, eine freitragende Wendeltreppe und ein Meisterwerk von Konrad Krebs. Dieses Treppenhaus besteht aus einem rechteckigen Unterbau mit Altan und doppelter Freitreppe, darüber ein in offene Pfeiler aufgelöstes Polygon mit innerer Treppe, die sich spiralförmig um eine zylindrische Hohlachse windet. Ursprünglich waren die korridorlosen Obergeschosse sowie der rund 600 qm große Festsaal nur über diesen Wendelstein erreichbar. Die großen Figuren an seinem Eingang stellen Kurfürst Johann Friedrich und Herzog Johann Ernst dar.

Der schöne Erker mit seiner überreichen Verzierung ist ein Werk von Stephan Hermsdorf und wurde 1544 fertiggestellt. Den westlichen Teil des nördlichen Traktes nimmt die Schloßkirche ein. Sie wurde von Nickel Gromann errichtet und am 5. Oktober 1544 von Martin Luther geweiht. Ihr 23 m langer und 11 m breiter Wandpfeilersaal ist mit einem Netzrippengewölbe geschlossen und mit zwei Emporengeschossen gegliedert. Die Emporenbrüstungen sind mit biblischen Szenen wie etwa der "Austreibung der Wucherer aus dem Tempel" verziert. Die im Zentrum stehende Kanzel zur Verkündung des Wortes wurde 1554 von Simon Schröter fertiggestellt. Mit dieser Kanzelanordnung war die Kirche von Schloß Hartenfels der erste protestantische Kirchenneubau und der Prototyp protestantischen Kirchenbaus überhaupt.

Der Jagdsitz von August I.

Wie eine Festung liegt die Augustusburg auf einem 516 m hohen Porphyrkegel hoch über der Zschopau. Das größte Schloß des Erzgebirges wurde von 1568 bis 1572 von Kurfürst August I. im Stil der Renaissance zum "ewigen Gedächtnis des gemachten Friedens" errichtet. Hintergrund war die Beendigung der Grumbachschen Händel, bei denen Kurfürst August im Auftrag des Kaisers die über den Herzog von Sachsen verhängte Reichsacht vollstreckte und Gotha eroberte. Als lohnendes Denkmal für sich selbst und die Macht der Wettiner wurde der Schloßbau begonnen. Dafür wurden die Reste der alten Burg Schellenberg aus dem Ende des 12. Jahrhunderts vollständig abgetragen.

Baumeister für das zweigeschossige Jagdschloß waren der Leipziger Hieronymus Lotter, der Freiberger Oberbergmeister Martin Planer und später Rochus Carl Graf von Lynar. Ihnen geriet die Augustusburg zum ersten, ganz symmetrisch angelegten Schloß in Sachsen. Am 30. Januar 1572 wurde der Prunkbau eingeweiht, vom Hof genutzt aber wurde er nur bis 1632. Danach folgten 150 Jahre Vernachlässigung: das Äußere bröckelte, die Innenausstattung kam nahezu völlig abhanden.

Die Burg Hartenfels schützte den Elbübergang bei Torgau schon im vorigen Jahrtausend. Vor allem die zur Elbe ausgerichtete Seite verrät bis heute die ursprüngliche Verteidigungsfunktion der Burg. Daran kann auch das spielerisch gestaltete Jagdtor nichts ändern.

Landratsamt Torgau-Oschatz

Erst ab 1799 begann Christian Traugott Weinlig mit einer umfassender Restaurierung im klassizistischen Stil. Dabei wurde vor allem die ursprünglich reich gegliederte Dachzone radikal vereinfacht. Hintergrund der Restaurierung war die Anpassung des Gebäudes an seinen neuen Verwendungszweck. Von 1790 nämlich bis 1849 diente die Augustusburg als Haftanstalt, ab 1933 sogar als Konzentrationslager.

Schönstes Portal des Schlosses ist das in Etappen entstandene Südportal mit Löwen und kurfürstlichem Wappen von 1614. Das Tor wird überragt vom alten Glockenturm mit einer 1734 in Dresden gegossenen Glocke. Unmittelbar alte Zeiten lebendig werden läßt das bis 1882 genutzte Brunnenhaus im Wirtschaftshof. Es steht über dem 170 m tiefen Brunnen, den der Oberbergmeister Planer in siebenjähriger Bauzeit bohrte. Das dazugehörige Göpelwerk ist bis heute betriebsbereit.

Von der Ausstattung der alten Wohn- und Festräume ist wenig erhalten. Im sogenannten Hasensaal sind der Bilderzyklus "Krieg der Hasen gegen die Menschen" (also das Motiv der verkehrten Welt) von Hofmaler Heinrich Göding und das Wandgemälde im Venussaal interessant. Der Hasensaal ist heute Teil des Museums für Jagd- und Vogelkunde des Erzgebirges.

Die 1568 von Erhard van der Meer errichtete Schloßkapelle ist ein einschiffiger Raum mit Tonnengewölbe und an drei Seiten umlaufenden Emporen. Ihr aus Holz geschnitzter und vergoldeter Altar entstand 1571 in einer Salzburger Werkstatt. Den Rahmen im Stil der Renaissance schnitzte Wolfgang Schreckenfuchs. Eines der Altargemälde zeigt den Kurfürsten mit Familie vor dem Gekreuzigten. Gemalt wurde es von Lucas Cranach d.J.

Die 1573 fertiggestellte Kanzel ruht auf einer Halbsäule. Die Gemälde auf den sechs Kanzelfeldern zeigen Szenen aus dem Leben von Maria und Jesus. Gefertigt wurden sie in der Werkstatt von Lucas Cranach d.J. Die barocke Orgel von Georg Renkewitz kam erst 1758 in die Kirche.

Im Schloß ist heute das Museum für Jagd-, Tier- und Vogelkunde des Erzgebirges, ein Motorrad-Museum und in den Wirtschaftsräumen eine Kutschensammlung mit Kutschen des Dresdner Königshofes untergebracht.

Die Wiege Sachsens

Der Meißener Burgberg ist steinerner Zeuge der Geschichte des Landes Sachsens, hier manifestiert sich ein Jahrtausend deutscher Architekturgeschichte als kulturhistorisches Erbe allerersten Ranges. Immerhin wurde die Meißener Burg der Merseburger Chronik zufolge bereits 928 durch Heinrich I. als damals Misni genannter erster Stützpunkt der Deutschen in slawischen Landen errichtet. Schon 968 wurde Meißen Bischofssitz und entwickelte sich schnell zum strategischen Stützpunkt ersten Ranges.

Ende des 10. Jahrhunderts entstand unterhalb des Burgberges eine erste Siedlung, die um das Jahr 1000 das Marktrecht erhielt. Unter Markgraf Dietrich von Meißen erfolgte um 1205 der planmäßige Ausbau der Stadt. Im Jahre 1125 schließlich kam die Markgrafschaft Meißen in den erblichen Besitz der Wettiner. Reiche Silberfunde im Erzgebirge brachten den sächsischen Herrschern Reichtum und Macht, ihre planmäßig angelegte Stadt erreichte ihre erste Blüte.

Zum äußeren Zeichen dieser Blüte geriet der 1260 begonnene Bau des gotischen Domes, des Bischofsschlosses und der Albrechtsburg auf dem Burgberg. Herausragender Baumeister der Burg- und Domanlage wurde Arnold von Westfalen, der zu den bedeutendsten Baumeistern des ausgehenden Mittelalters gerechnet werden muß. Prächtige Hofhaltung und kulturelle Entfaltung prägten den Herrschaftsstil in der neuen Residenz. Den in Meißen heimischen Minnesängern Heinrich der Erlauchte und Heinrich von Meißen (genannt Frauenlob) wurde in der Heidelberger Liederhandschrift ein angemessenes Denkmal gesetzt.

Mit der politischen Bedeutung der Meißener Burg ging es rapide bergab, als mit der sächsischen Landesteilung die Residenz nach Dresden verlegt wurde und in der Reformation das Bistum aufgelöst wurde. Im Dreißigjährigen Krieg hausten obendrein die Schweden. Ein neuer Aufschwung begann erst mit der neuen Ratsordnung von 1726, mit der August der Starke eine neue Grundlage für eine bessere Entwicklung schuf.

Einen entscheidenden Beitrag dazu lieferte die Königliche Porzellanmanufaktur, die August bereits 1710 von Dresden auf die Albrechtsburg verlegt hatte. Nun begann die Burg eine wesentliche Rolle in der Geschichte der Entwicklung des Porzellans zu spielen. Im Jahre 1723 lösten die Blauen Schwerter als weltweit anerkanntes Markenzeichen des Meißener Porzellans die zuvor geführten

Schloß Augustusburg liegt wie eine Festung auf einem 516 m hohen Porphyrkegel hoch über der Zschopau. Das größte Schloß des Erzgebirges wurde bis 1572 von Kurfürst August I. im Stil der Renaissance fertiggestellt. Der Glockenturm über dem Südportal trägt eine 1734 in Dresden gegossene Glocke.

Buchstaben AR für Augustus Rex ab. In die Gewölbe der Albrechtsburg kam die Porzellanmanufaktur vor allem deshalb, weil August der Starke nur hier das Produktionsgeheimnis des Weißen Goldes sicher glaubte. Für Johann Friedrich Böttger allerdings, der die Rezeptur für das Porzellan gefunden hatte, wurde die Albrechtsburg bis zu seinem Tode im Jahre 1719 zum unentrinnbaren Gefängnis. Immerhin durfte sich der Porzellanmeister nur in bestimmten Bereichen der Burg bewegen. Versuchte er die zu überschreiten, wurde mit Blasrohren auf ihn geschossen. Zu seiner "Sicherheit" wurde eine eigene, große Wachmannschaft unterhalten.

Der Meißener Burgberg hoch über dem linken Elbufer ist praktisch ein Dreieck, auf dem sich um den zentral gelegenen Dom die Burg, der Bischofssitz, die Domherrenhöfe und das Kornhaus gruppieren. Die Bebauung des Dreiecks begann 929 mit der Errichtung der ersten Markgrafenburg, die heutige Burganlage entstand im wesentlichen zwischen 1471 und 1485 nach Plänen von Arnold von Westfalen. Jakob Heilmann von Schweinfurt errichtete dann noch bis 1525 wesentliche Erweiterungsbauten. Der spätgotische Bau mußte dabei auf zwei Bauherren, auf Kurfürst Ernst und Herzog Albrecht, abgestimmt sein. Nur die Wirtschaftsräume im Keller und im Erdgeschoß waren für eine gemeinsame Nutzung eingerichtet.

Dank der zwei Bauherren wurden auch zwei Wendelsteine, ein größerer und ein kleinerer, errichtet. Bauhistorisch besonders interessant ist das in der Albrechtsburg erstmals gebaute Zellengewölbe, das sich im Großen Gerichtssaal besonders schön präsentiert.

Als sich die beiden Bauherren 1485 zerstritten, war der Bau noch im vollen Gange. Nun wurde Dresden Residenz, Meißen blieb die Albrechtsburg. Da die Steuern der Landeskinder nun nach Dresden flossen, blieben der Albrechtsburg spätere Umbauten erspart. Sie gehört deshalb heute zu den wenigen unverfälscht erhaltenen, spätgotischen Profanbauten Deutschlands.

Erst Mitte des 19. Jahrhunderts sorgte der kunstsinnige König Johann 1864 für die Verlegung der Porzellanmanufaktur aus den Räumen der Burg. Als Sachsen 1871 von Frankreich umfangreiche Kontributionen erhielt, zweigte Johann 500 000 Mark für die Erneuerung der Burg ab. Die Dresdener Kunstakademie schließlich übernahm 1873 die Ausmalung der Räume mit Darstellungen aus der Geschichte der Burg. Vollendet wurden diese Arbeiten 1882. Heute beherbergt die Burg ein Architekturmuseum und eine Kunstsammlung. Zu ihren bedeutenden Schätzen gehört ein romanisches Kruzifix aus der Jahrtausendwende, ein um 1080 gearbeitetes Tympanon aus Elstertrebnitz sowie gotische Skulpturen und Altäre.

Untrennbarer Bestandteil der Meißener Burg ist ihr Dom, das steinerne Symbol des bereits 968 durch Kaiser Otto I. gegründeten Bistums Meißen. Als Heinrich IV. im Investiturstreit 1073 den Meißener Bischof Benno und andere Anhänger des Papstes gefangen setzte, zwang ihn der Papst 1077 zum berühmten "Gang nach Canossa". Mit dem Tod des letzten Meißener Bischofs fielen Dom und Bistum 1581 an den Kurfürsten. Der allerdings hatte den lutherischen Gottesdienst schon 1540 eingeführt.

Vorgängerbau des heutigen Domes war eine viertürmige, romanische Basilika, die 1006 begonnen und 1073 vollendet worden war. Der heutige, gotische Dom wurde um 1260 begonnen und 1410 vollendet. Benutzt wurde der hochgotische, einschiffige Chor des Domes zum ersten Mal im Jahre 1268. Das große Chorfenster mit seinem prächtigen Maßwerk wurde allerdings erst zwei Jahre später fertig. Die achteckige Johanniskapelle wurde im Jahre 1291 vollendet, der prächtige Kapitelsaal sechs Jahre später.

Um 1260 wurden der Kreuzgang und die im Osten angrenzende bischöfliche Hauskapelle errichtet. Zum Bau des Langhauses benötigte man das gesamte 14. Jahrhundert, was jedoch der architektonischen Einheitlichkeit keinen Abbruch tat. Die beiden Westtürme wurden 1315 begonnen, das um 1400 gebaute Westportal markiert die Fertigstellung des Langhauses. Die ursprüngliche Doppelturmfassade stürzte 1413 nach einem Blitzschlag in ihren oberen Teilen ein. Dadurch konnte Arnold von Westfalen bis 1477 das formenreiche dritte Geschoß gestalten. Das vierte Geschoß und die neogotischen Türme kamen erst bis 1909 durch den Karlsruher Architekten Karl Schäfer dazu.

Zu den kostbarsten Ausstattungsstücken des Domes zählen die der Werkstatt des Naumburger Meisters zugeschriebenen Stifterfiguren von Kaiser Otto I., Kaiserin Adelheid und des Evangelisten Johannes. Sie sind Spitzenleistungen der Bildhauerkunst des 13. Jahrhunderts. Das geschnitzte Chorgestühl wurde 1530 eingebaut, die ursprünglich etwa 30 gotischen Altäre fielen den Bilderstürmern der Reformation zum Opfer. Lediglich ein Triptychon von Lucas Cranach d.Ä. aus dem Jahre 1534 überlebte in der Georgskapelle.

Der Meißener Burgberg ist steinerner Zeuge der Geschichte des Landes Sachsen. Hier präsentiert ein Jahrtausend deutscher Architekturgeschichte ein kulturhistorisch Erbe allerersten Ranges. Dom und Albrechtsburg waren für Jahrhunderte Ausdruck von Reichtum und Macht sächsischer Herrscher. Heute ist die Burg bereits weitgehend restauriert. An der Restaurierung des Domes wird eifrig gearbeitet.

BAUMGARTNER

Das Elbflorenz von August dem Starken

"Die Fürsten schaffen sich Unsterblichkeit durch ihre Bauten" war der Leitsatz von Kurfürst Friedrich August dem Starken, als er mit aller verfügbaren Konsequenz daran ging, Dresden zur glanzvollen Barockstadt ausbauen zu lassen. Innerhalb einer einzigen Generation gelang es dem "sächsischen Herkules", Bauwerke von Weltgeltung errichten und Kunstsammlungen von Weltruf zusammentragen zu lassen. Die berühmtesten Künstler der Zeit arbeiteten hier und brachten Dresden den Ruf ein, "Weltstadt der Kunst" zu sein. All das aber ereignete sich keineswegs "von heute auf morgen" sondern vor dem Hintergrund einer langen Geschichte.

Die Sorbensiedlung Drjezdzany (das Dorf der Auwaldleute) lag an einem wichtigen Elbübergang und wurde deshalb früh von deutschen Siedlern übernommen. Sie vereinfachten den sorbischen Namen zum deutschen Dresden. Aus dem Jahre 1206 stammt die erste urkundliche Erwähnung, nur 10 Jahre später wurde die Siedlung bereits als Stadt genannt. 1275 gab es die erste Elbbrücke.

Der erste richtige Aufschwung begann 1485, als die Wettiner ihren ständigen Sitz nach Dresden verlegten. Als Herzog Moritz 1547 die sächsische Kurwürde erhielt, erfolgte der erste schloßähnliche Ausbau der mittelalterlichen Burg. Bis 1563 entstand das Zeughaus, Stallhof und Langer Gang folgten als prächtige Renaissancebauten bis 1589. Noch im 16. Jahrhundert wurde das rechtselbische Altendresden (heute Neustadt) mit der links-elbischen Stadt (heutige Altstadt) vereinigt.

Der Ausbau Dresdens zur Barockstadt begann 1694, als August der Starke als 24-jähriger sächsischer Kurfürst und drei Jahre später polnischer König wurde. Matthäus Daniel Pöppelmann errichtete das Taschenbergpalais, den Zwinger und Schloß Pillnitz, Johann Christoph Knöffel, der Vater des Dresdner Rokoko, schuf das Kurländer Palais, die Brühlschen Terrassen und das Alte Rathaus. Großzügige Gartenanlagen faßten nun die Bürgerstadt ein, und das 1685 abgebrannte Altendresden entstand planmäßig neu. Hauptziel war es, mit höfischer Prachtentfaltung den preußischen Hof in Berlin auszustechen.

Augusts Sohn, Friedrich August II., konzentrierte sich ganz auf die Sammlung von Kunstwerken aller Art. Sein Premierminister, Graf Brühl, sorgte für die nötigen Mittel, so daß etwa Raffaels "Sixtinische Madonna", Tizians "Zinsgroschen" oder Gemälde von Tintoretto, Holbein, Rubens und Velazques gekauft werden konnten. Im 19. Jahrhundert zogen Biedermeier und Romantik in Dresden ein. Ludwig Tieck wurde Dramaturg am Hoftheater, übersetzte Shakespeare und wurde der Begründer der Romantik. Hofkapellmeister wurde Carl Maria von Weber. Aber auch die erste deutsche Lokomotive entstand 1838 in der Elbstadt. 1834 errichtete Gottfried Semper sein erstes Opernhaus. Ab 1842 war Richard Wagner Hofkapellmeister.

Kern der Dresdener Residenz war das Schloß der Wettiner im Süden der Hofkirche. Es geht auf eine im 12. Jahrhundert errichtete Burg zurück, deren Ausbau 1382 begonnen hatte. Im Jahre 1471 errichtete Arnold von Westfalen den Westflügel, der eigentliche Ausbau der mittelalterlichen Burg zum Renaissanceschloß begann jedoch erst 1485, als Dresden endgültig sächsische Residenz geworden war. Die nächste wichtige Bauphase markiert das 1530 bis 1535 errichtete Georgentor. Auftraggeber war Herzog Georg, der Bärtige, als Baumeister fungierte Bastian Kramer. In den Jahren 1900 und 1901 erneuerten Gustav Dunger und Gustav Fröhlich das Georgentor im Stil der Neorenaissance. Ab 1547 erfolgte unter Kurfürst Moritz der weitere Ausbau des Schlosses nach Westen. Nach Plänen von Caspar Voigt von Wierandt schufen Hans und Bastian Kramer den prächtigen Moritzbau und den großen Schloßhof. Damals entstand auch das Portal der Schloßkapelle, die sogenannte Schöne Pforte. Fertiggestellt wurde sie 1554 von Juan Maria da Padua und Hans Walther II. Die Schöne Pforte steht heute am Johanneum.

Als das Schloß 1701 abbrannte, ging auch der berühmte Riesensaal in Flammen auf. August der Starke jedoch ließ sich nicht entmutigen, holte die besten Künstler der Zeit an seinen Hof und begann sein Schloß prunkvoller denn je neu auszubauen. Raymond Leplat vollendete 1710 das Schlafzimmer, Louis de Silvestre 1719 den Thronsaal und Leplat gemeinsam mit Matthäus Daniel Pöppelmann und Johann Melchior Dinglinger bis 1727 das Grüne Gewölbe im Westflügel. Nahezu das gesamte Schloß sank 1945 in Schutt und Asche, der Wiederaufbau ist zur Zeit im vollen Gange.

Im Osten schloß sich an das Residenzschloß der bis 1591 von Paul Buchner errichtete Stallhof mit dem Langen Gang an. Während der Renaissance diente er als Turnier- und Festspielplatz. Der Lange Gang präsentiert sich als zweigeschossiger Arkadenbau mit 22 toskanischen Säulen. Die Wappen zwischen den Bögen zeigen die wettinischen Besitzungen. Die Wand zur Augustusstraße hin schmückte Wilhelm Walther bis 1776 mit einem riesigen, in Sgraffitotechnik gestalteten Fürstenzug. In ihm sind

Der spätgotische Erweiterungsbau der Meißener Albrechtsburg entstand zwischen 1471 und 1485 nach Plänen von Arnold von Westfalen. Schönstes Stück dieses Baues ist der spätgotische Wendelstein im Innenhof der Burg.

nahezu alle Markgrafen, Kurfürsten und Könige aus dem Hause Wettin vereinigt. Als das Original Anfang unseres Jahrhunderts zu verwittern drohte, wurde es auf gut 25 000 Kacheln aus Meißner Porzellan übertragen.

Die katholische Hofkirche im Norden des Schlosses plante schon August der Starke. Mit dem Bau begonnen wurde jedoch erst 1738 unter der Leitung von Gaetano Chiaveri. Bauherr war Friedrich August II., selbst Katholik und König des katholischen Polen aber Kurfürst des protestantischen Sachsen. Daß ausgerechnet in einer Hochburg der Reformation eine katholische Kirche errichtet werden sollte, mußte natürlich auf Widerstand stoßen. Nicht zuletzt deshalb holte der Kurfürst den italienischen Barockbaumeister Chiaveri, denn der sprach kein Wort Deutsch. Immerhin gelang es damit lange, die eigentliche Bauabsicht zu verschleiern. Selbst Johann Christoph Knöffel als oberster Baumeister des Landes wußte nicht, was hier gebaut werden sollte.

Und gebaut wurde großzügig: mit einer Grundfläche von 4800 qm entstand Sachsens größte Kirche und mit der Fertigstellung im Jahre 1755 auch der letzte große Barockbau Dresdens. Unter dem Strich erhielt das protestantische Dresden als schönsten Sakralbau eine katholische Hofkirche, für deren Kosten von weit mehr als einer Millionen Taler die protestantischen Steuerzahler aufkommen durften.

Die dreischiffige Basilika hat ein 52,5 m langes und 18 m hohes Mittelschiff, zwischen den Schiffen einen Prozessionsumgang und neben einer Scheitelkapelle vier Eckkapellen. Der 91 m hohe, zweistöckig durchbrochene Turm verdankt sein charakteristisches Erscheinungsbild dem architektonischen Trick, daß die unteren Geschosse einen ovalen, die oberen aber einen runden Grundriß haben. Die Balustraden sind mit insgesamt 78 Statuen von Aposteln und Heiligen geschmückt. Geschaffen wurden sie von Lorenzo Mattielli.

Wichtige Teile der Innenausstattung konnten durch rechtzeitige Auslagerung vor der Zerstörung bewahrt werden. Nach der Restauriering der Kirche konnten so die prachtvoll geschnitzte und teilweise vergoldete Kanzel von Balthasar Permoser (1722), das Altarbild Christi Himmelfahrt von Raphael Anton Mengs (1750) und die kostbare Silbermannorgel (1753) wieder ihre angestammten Plätze einnehmen. Auch die Ausmalung der Kapellen konnte wieder rekonstruiert werden.

Wohl berühmtestes Baudenkmal Dresdens ist sein Zwinger im Westen des Residenzschlosses, ursprünglich der Festspielplatz des Hofes. Der Hofbaumeister Matthäus Daniel Pöppelmann und der Bildhauer Balthasar Permoser schufen hier in enger Verzahnung von Architektur und Plastik einen einmaligen "Festsaal im Freien". 36 Achsen zählt allein die Langgalerie an der Südseite. Ihr Kronentor trägt die von vier Adlern getragene polnische Krone als Symbol für die Machtfülle von August dem Starken.

Die gesamte Zwingeranlage sollte der von August dem Starken erstrebten Selbstdarstellung des Absolutismus bildhaften Ausdruck verleihen. Konzeptionelle "Aufhänger" sind der Wallpavillon und der Glockenspielpavillon. Beide liegen 204 m auseinander und künden ebenso vom Ruhm des Kurfürsten wie die Eckskulpturen der vier Winde oder die Figuren von Hera, Athene und Aphrodite als die Göttinnen der Macht, der Weisheit und der Liebe, die König August ebenso die Last der Welt zu tragen helfen wie der die Weltkugel tragende "Herkules Saxonicus".

Im Nymphenbad hinter der westlichen Galerie gelang B. Permoser mit seinen mythologischen Frauengestalten im Zusammenspiel von Architektur, Plastik und Natur ein Barockkunstwerk von außergewöhnlichem Rang. An der Elbseite des Zwingers sollte ursprünglich ein repräsentativer Schloßflügel entstehen. Statt dessen schloß Gottfried Semper die Lücke bis 1854 mit einem im Stil der italienischen Hochrenaissance gehaltenen Galeriebau.

Der Theaterplatz zwischen Zwinger und Elbe gehört für nicht wenige zu den schönsten Plätzen Deutschlands. Gegen die Elbe hin begrenzt die berühmte Semperoper den Platz. Sie war ab 1869 anstelle des ebenfalls von Semper errichteten aber abgebrannten Hoftheaters errichtet worden. Ähnlich wie bei der Gemäldegalerie nützte Semper auch hier Bauformen der italienischen Hochrenaissance. 1985 konnte die Oper nach sorgfältiger Restaurierung feierlich wieder in Betrieb genommen werden.

Östlich der Dimitroff-Brücke (dort stand die erste Elbbrücke von 1275) schließt sich die einst nur "Balkon Europas" genannte Brühlsche Terrasse an. Graf Brühl hatte hier seinen Lustgarten auf den Resten der um 1550 angelegten Wehranlagen eingerichtet. Von den einstigen "Brühlschen Herrlichkeiten" ist nur noch der Delphinbrunnen in der Grünanlage erhalten. Der Moritzbrunnen in der Nordostecke entstand 1553 im Stil der Renaissance und ist Dresdens ältestes Denkmal. Die auffallende Glaskuppel gehört zur Hochschule für Bildende Künste (Lipsius, 1894). In den Gewölben unterhalb der Terrasse hatte Böttger seine erste "Schmelzküche" für das Porzellan.

Berühmtestes Baudenkmal Dresdens ist sein Zwinger im Westen des Residenzschlosses. Er war ursprünglich der Festspielplatz des Hofes. Hofbaumeister Pöppelmann und Bildhauer Permoser schufen hier in enger Verzahnung von Architektur und Plastik einen einmaligen "Festsaal im Freien".

Die Sommerresidenz der Wettiner

Die Schlösser und Parks von Pillnitz sind ein Kleinod unter den in der Zeit Augusts des Starken geschaffenen Anlagen. Das unmittelbar an der Elbe gelegene Alte Schloß hatte bis 1718 der Gräfin Cosel gehört. Danach fiel sie in Ungnade und August der Starke ließ durch Matthäus Daniel Pöppelmann und Zacharias Longuelune das "Lustschloß für Park- und Wasserfeste" bauen. 1720 wurde gegen die Elbe hin das dreigeschossige Wasserpalais mit Treppen zum Strom errichtet. Bis 1723 kam aus Symmetriegründen bergseitig das spätbarocke Bergpalais dazu. Bis 1791 wurden beide Anlagen um zweigeschossige Flügelbauten nach Entwürfen von Christian Traugott Weinlig und Johann Daniel Schade verlängert. Die beiden Palais wurden bis 1826 von Christian Friedrich Schuricht mit dem klassizistischen Neuen Palais verbunden. Damit wurde das 1818 abgebrannte Renaissanceschloß der Gräfin Cosel ersetzt. Insgesamt bietet Pillnitz eines der frühesten Beispiele für die Benutzung chinesischer Formen in der Baukunst des Barock.

Das Schloß Pillnitz besticht heute vor allem durch seine originale Freskenmalerei aus der Zeit nach 1722. Sie ist das früheste Beispiel für Chinoiserie-Malerei in der europäischen Innenarchitektur. Im Neuen Palais beeindrucken der Festsaal und der Kapellenflügel, die Carl Christian Vogel von Vogelstein ausmalte. Sie gelten als die bedeutendsten Raumschöpfungen der Dresdener Kunstlandschaft. Heute ist im Schloß das Museum für Kunsthandwerk untergebracht. Das Wasserpalais beherbergt damit Möbel, Gobelins, Musikinstrumente, Spiegelgefäße und Hausgeräte aus dem Jahrhundert Pöppelmanns sowie Kunsthandwerk der Gotik und Renaissance.

Im Bergpalais sind die hervorragend restaurierten Weinlig-Zimmer eine Kostbarkeit für sich. Möbel, vergoldete Bronzen, Silber, Glas, Steingut und Steinzeug aus der Epoche des späten 18. Jahrhunderts bilden hier das originale Mobiliar. Zwei weitere Räume enthalten Kunsthandwerk des Klassizismus und des Biedermeier.

Die Parkanlagen wurden in mehreren Etappen angelegt. Schloßpark und Orangerie entstanden um 1730, der Rundpavillon folgte 1789 und der Chinesische Pavillon entstand 1804. Das Palmenhaus folgte schließlich noch 1859. In der Barockzeit war der Lustgarten zwischen Berg- und Wasserpalais der höfische Spiel- und Vergnügungsplatz. Die gut 500 m lange, in Richtung Hosterwitz gelegene Kastanienallee diente ab 1766 als Maille-Bahn. Darauf wurde das golfähnliche, an den Höfen der Renaissance sehr beliebte Maille-Spiel gespielt.

Nach 1786 diente das Schloß Friedrich August III., einem Urenkel von August dem Starken, als ständiger Sommeraufenthaltsort. Unter seiner Regierung erlebte Pillnitz eine zweite Gestaltungsperiode. Sie begann 1778 mit der Anlage eines "Landschaftsgartens" im englischen Stil. Nun wurden gewundene Pfade zwischen stattlichen Busch- und Baumgruppen angelegt, Miniaturkaskaden durften über "Felsstufen" purzeln und die Anlage künstlicher Seen war obligatorisch. Natürlich erhielt der See auch noch eine künstliche Insel, deren Zier eine bronzene Nachbildung des Kopfes der Juno Ludovisi erhielt. Nach Entwürfen des Dresdner Architekten Christian Traugott Weinlig entstand 1789 der Englische Pavillon, der seine nahe Verwandtschaft mit dem Tempietto Bramantes im Klosterhof von San Pietro in Montorio zu Rom nicht verleugnen kann.

Ein weiteres Element des neuen Gartenbaustiles war die Einbeziehung der freien Landschaft in die Gestaltung. Der Pillnitzer Englische Garten erhielt deshalb zwischen 1780 und 1785 eine natürliche Fortsetzung in Richtung Friedrichsgrund bis hin zum Borsberg. Auf der ersten Anhöhe auf dem Weg zum Borsberg entstand dann auch noch 1785 die heute noch erhaltene künstliche Ruine.

Bis 1804 schließlich kam im Norden der heute als "Chinesischer Garten" bezeichnete Parkteil dazu. Der Chinesische Pavillon gilt heute als die beste Nachbildung eines ostasiatischen Bauwerks in Europa. Natürlich steht auch dieser Pavillon wie der Englische an einem verschwiegenen Weiher, der in der Spätromantik einem kleinen Kreis gelehrter Männer, dem sogenannten Dante-Kommitee, als Versammlungsort diente.

Nordöstlich des Parks liegt die von Pöppelmann bis 1727 errichtete, barocke Weinbergkirche. Ihr kostbarstes Ausstattungsstück ist das aus dem Dresdener Schloß stammende, 1648 geschaffene Abendmahlrelief von Johann Georg Kretzschmar.

Die Langgalerie des Dresdner Zwingers zählt alleine 36 Achsen. In ihrem Zentrum trägt das Kronentor die von vier Adlern getragene polnische Krone als Symbol für die Machtfülle von August dem Starken.

Folgende Doppelseite: Das "Lustschloß für Park- und Wasserfeste" in Pillnitz ist ein Kleinod unter den in der Zeit August des Starken geschaffenen Anlagen. Das 1723 fertiggestellte, spätbarocke Bergpalais ist nur ein kleiner Teil der insgesamt riesigen Anlage. Im Inneren des Bergpalais gibt das originale Mobilar Zeugnis von der Wohnkultur des späten 18. Jh.

Die Burg der böhmischen Könige

Die um 1200 auf einem 240 m über die Elbe aufragenden Sandsteintafelberg errichtete und 1241 erstmals erwähnte Burg Königstein der Könige von Böhmen kam 1408 zur Markgrafschaft Meißen und wurde seit dem 16. Jahrhundert zur stärksten sächsischen Landesfestung ausgebaut. Der nie eroberte Königstein diente in Krisenzeiten dem Hof als Fluchtburg, zu normalen Zeiten als Staatsgefängnis. Ein betrügerischer Bürgermeister Leipzigs saß hier 41 Jahre lang, ein als preußischer Spion in der Kanzlei von Graf Brühl enttarnter Hofrat 33 Jahre lang.

Den besten Einblick erhält der Besucher beim Spaziergang entlang der Brustwehr der Festung. Von hier aus bietet sich ein prächtiger Überblick über das Elbsandsteingebirge. Sehenswerte Objekte auf der Festung selbst sind u. a. der ab 1590 errichtete Haupteingang, das Brunnenhaus von 1735 mit dem 152,5 m tiefen Brunnen, das Alte Zeughaus von 1594, das in seinem Erdgeschoß eine Halle mit Kreuzgratgewölben und mächtigen Rundsäulen aufweist. Das Gardehaus, auch Alte Kaserne genannt, stammt von 1598, die Christiansburg, aus der 1721 die Friedrichsburg wurde, entstand 1589. In der Johann-Georgen-Burg hatte Johann Friedrich Böttger, der Erfinder des europäischen Porzellans, Wohn- und Arbeitsräume. Die Magdalenenburg wurde 1623 fertiggestellt, das Neue Zeughaus 1631. In ihm hat der Johannessaal ein dreischiffiges Kreuzgratgewölbe. In der Garnisonskirche sind noch Mauerreste aus dem frühen 13. Jahrhundert, also der Gründungszeit des Königsteins erhalten.

In den Museen der Festung sind im Alten Zeughaus sächsische Geschütze aus dem 15. bis 18. Jahrhundert im Rahmen der Sonderschau "Entwicklung des Artelleriewesens im Kurfürstentum Sachsen" zu besichtigen. Im Neuen Zeughaus findet sich eine Sammlung modernerer Waffen im Rahmen der Ausstellung "Festungsbau und Militärgeschichte von 1806 bis 1945".

Der Jagdsitz von Herzog Moritz

Das barocke Jagdschloß des sächsischen Kurfürsten Herzog Moritz wurde von 1542 bis 1546 am Ostrand des Friedewalds und inmitten zahlreicher künstlich angelegter Fischteiche errichtet. Ihre Anlage geht auf das 10. Jahrhundert zurück, als Sorben hier die ersten Teiche stauten und Fische züchteten. Das damals 30 x 60 m große Jagdschloß wurde von Hans Dehn-Rothfelser errichtet, war der erste Renaissancebau in Sachsen und diente ein Jahrhundert später als Kern für das heutige Schloß.

Die barocke Moritzburg entstand von 1723 bis 1736 unter der Leitung von Matthäus Daniel Pöppelmann für August den Starken. Die führenden Künstler der Zeit wie Longuelune, Knöffel, de Bodt, Le Plat, de Silvestre, Rossi und Thomae statteten die barocke Vierturmanlage mit nicht weniger als vier Prunksälen und mehr als 200 prächtig dekorierten Zimmern aus. Bis 1730 entstand zudem ein großzügig angelegter französischer Park zwischen den ingesamt 35 umliegenden Teichen.

Seit 1947 dient die Moritzburg als Barockmuseum mit Einrichtungsgegenständen aus der Zeit von August dem Starken. Kostbarste Porzellane, vergoldete Ledertapeten, intarsienverzierte Kabinettschränke oder wertvolle Gemälde sind hier zu finden. In der von Wolf Caspar von Klengel bis 1672 eingebauten Schloßkapelle findet sich als eines der kostbarsten Exponate eine Christusfigur von Balthasar Permoser.

Ein Superlativ eigener Art ist die von August dem Starken angelegte Trophäensammlung. Ihre Glanzstücke sind im Audienzsaal ein 66-Ender, den August der Starke 1696 beim Preußenkönig gegen eine Kompanie "langer Kerls" eingetauscht hatte. Der "große Moritzburger 24-Ender" im Speisesaal gilt als der stärkste Rothirsch aller Zeiten.

Berühmt ist die Moritzburg auch als Gestüt, das bereits 1828 zur Zucht von Halb- und Kaltblütern gegründet wurde. Die jährliche traditionelle Hengstparade ist stets ein Höhepunkt für die weitläufigen Anlagen um die Moritzburg. Zu ihnen zählt auch das zweigeschossige Fasanenschlößchen, das Johann Daniel Schade und Johann Gottlieb Hauptmann bis 1782 im Stil des Rokoko errichteten.

Die Festung Königstein war seit dem 16. Jh. die stärkste sächsische Landesfestung. Sie diente dem Hof als Fluchtburg, zu normalen Zeiten wurde sie als Staatsgefängnis benutzt. Das Munitionsladesystem der Batterie VII deutet die Wehrhaftigkeit der Anlage an.

Folgende Doppelseite: Herzog Moritz von Sachsen hatte sich bis 1546 am Ostrand des Friedewaldes als ersten Renaissancebau in Sachsen ein Jagdschloß errichten lassen. Daraus ließ August der Starke bis 1736 die heutige, barocke Moritzburg entstehen. Die Vierturmanlage enthält nicht weniger als vier Prunksäle und mehr als 200, prächtig dekorierte Zimmer.

Burgen am Harz

Die karolingische Curufurdesburg

Die Burg Querfurt zählt zu den ältesten und größten Burgen Deutschlands. Auf dem Gelände der Talrandburg über dem Quernetal ließe sich zum Beispiel die Wartburg beinahe sieben Mal unterbringen. Die gut erhaltenen, mächtigen Mauern und Türme der Burganlage deuten schon von weitem auf ein hohes Alter hin - ein Eindruck, der keineswegs trügt. Schon in den aus dem Jahre 866 stammenden Zehntlisten der Reichsabtei Hersfeld ist die Burg genannt, die zugehörige Siedlung besaß bereits 1198 Mauerrechte und eine städtische Verfassung.

Die Burg selbst war seit dem 10. Jahrhundert Stammsitz der Herren von Querfurt, einem einflußreichen sächsichen Adelsgeschlecht. Als die Herren 1496 ausstarben, kam die Burg an das Erzbistum Magdeburg, das sie bis 1628 halten konnte. Im Dreißigjährigen Krieg regierten für gut sieben Jahre die Schweden, danach kam die Burg 1635 an Kursachsen. Im Zuge der europäischen Neuordnung kam sie schließlich 1815 an Preußen.

Umfangreiche archäologische Untersuchungen ergaben für die Burg Querfurt sechs verschiedene Bauperioden. Für das 9. und 10. Jahrhundert konnte eine ausgedehnte Siedlungstätigkeit nachgewiesen werden, Hinweise auf feste Gebäude dagegen fanden sich nicht. Bereits in der zweiten Periode, im 10. und 11. Jahrhundert jedoch, wurden erste Steinbauten errichtet. Noch aus dem 10. Jahrhundert stammt das älteste Stück einer Burgringmauer. Auch ein querrechteckiger Bau unter dem heutigen "Dicken Heinrich" dürfte um 1000 entstanden sein. Aus der zweiten Hälfte des 10. Jahrhunderts dann stammt der erste Kirchenbau, eine kleine Saalkirche mit Apsis, Stiftergrab und Resten eines Taufbeckenunterbaus. Mitte des 11. Jahrhunderts wurde bereits ein aufwendig gewölbtes Torgebäude errichtet, so daß damals bereits eine autarke Burg großen Ausmaßes bestanden haben muß.

Die dritte Bauperiode umfaßt das 12. und 13. Jahrhundert. Damals entstanden die wichtigsten romanischen Teile der Burg: der Dicke Heinrich, ein größerer Palas unter dem heutigen Kornhaus, ein weiterer Palas westlich der Kirche, eine neue Kirche, ein quadratischer Wohnturm als Kernstück des heutigen "Marterturmes". Auch der Bering in der heutigen Ausdehnung entstand in dieser Bauphase.

Die vierte Bauperiode im 14. und 15. Jahrhundert diente vor allem der wehrtechnischen Verstärkung. Um den romanischen Mauerring entstand ein zusätzlicher Mauerring mit tief in den Fels gehauenen Gräben. Auch ein erstes Westtor wurde errichtet, der Marterturm erhielt seine heutige Höhe, und der Dicke Heinrich erhielt seinen oberen Mauerkranz mit den Schlitzscharten. In der zweiten Hälfte des 15. Jahrhunderts schließlich kamen die der Außenmauer vorgelagerten Bastionen dazu. Bis 1479 wurde die monumentale Westtoranlage mit Zugbrücke fertiggestellt.

Der fünfte Bauabschnitt dauerte bis 1815. Um 1535 entstand das Korn- und Rüsthaus, seit 1635 das Amtshaus und bis 1668 wurde der spätgotische Palas zum Fürstenhaus mit Wendeltreppe umgebaut. Im 18. Jh. wurde die Schloßkirche barockisiert.

Die letzte Bauperiode diente mit Reparaturen und Abbruch überflüssiger Gebäude der Konsolidierung.

Der älteste, heute noch erhaltene Teil der Burg ist der westliche Eckturm, der 27,5 m hohe und 14,5 m starke Dicke Heinrich. Seine gewaltige Rundmauer wurde um 1070 über rechteckigen Umfassungsmauern einer Vorgängerburg errichtet. An der Südseite der Burg dominiert der um 1200 errichtete Marterturm, ein rechteckiger Wohnturm mit einfachem Walmdach. Aus der gleichen Zeit stammt der ebenfalls quadratische Pariser Turm in der Mitte der Nordseite.

Der martialisch wirkende, hinter einem 6 m tief in den Muschelkalk getriebenen Trockengraben aufragende Bering wurde um 1380 fertiggestellt. Die in den Graben hineinragenden doppelgeschossigen Rondelle wurden bis 1469 errichtet. Der Haupteingang der Burg war auf der Westseite, wo die imposante Westbastion eigens zum Schutz des Burgeingangs errichtet worden war.

Wichtigster Baukomplex im Inneren der Burg ist die Anfang des 12. Jahrhunderts erbaute Burgkapelle. Sie steht an der Stelle einer Kirche, die für das 1004 in der Burg gegründete Chorherrenstift er-

Eine der ältesten und größten Burgen Deutschlands steht hoch über dem Quernetal in Querfurt. Der Dicke Heinrich rechts hinten und die Kirche mit ihren drei Apsiden und dem Vierungsturm entstanden im 12. Jahrhundert.

richtet wurde. Der schlichte Bau mit kreuzförmigem Grundriß und drei Apsiden ist mit Rundbogenfries, Ecklisenen und Kantensäulchen verziert. Die Grabkapelle mit der Grabtumba für Gebhard XIV. von Querfurt wurde erst in gotischer Zeit, im 14. Jahrhundert angebaut. Die Tumba ist das einzige, von der ursprünglichen Ausstattung erhaltene Stück. Die heutige Barockausstattung als Residenzkapelle schuf mit Stukkaturen und Ausmalungen Francesco Domenico Minetti von 1716 bis 1719.

Ein weiterer, interessanter Gebäudeteil der Burg ist das unter Kardinal Albrecht von Brandenburg bis 1535 errichtete Korn- und Rüsthaus. Es entstand unter Verwendung von Mauerteilen des ältesten, um die Jahrtausendwende zu datierenden Palas. Auch in dem mit der Burgkirche durch eine Brücke verbundenen Fürstenhaus versteckt sich ein älterer Gebäudeteil. Es dürfte sich um einen zweiten, im 12. Jahrhundert errichteten Palas handeln.

Die Heimat des Sachsenspiegels

Die besterhaltene mittelalterliche Burganlage des Harzes steht über dem Tal der Selke auf einem, den Fluß 135 m überragenden Bergkegel. Burg Falkenstein war ab etwa 1120 der Stammsitz der Herren von Konradsburg, die sich dann ab 1155 als Grafen von Falkenstein in den Urkunden bemerkbar machten.

Weil diese Grafen in den territorialen Machtkämpfen des 12. und 13. Jahrhunderts eine energische Rolle spielten, mußten sie ihre Burg zügig ausbauen. Dies geschah bis 1250, wobei als Kern eine für die damalige Zeit großzügige Dreiflügelanlage entstand.

Im wesentlichen ihre heutige Gestalt erhielt die Burg im 16. Jahrhundert durch die Herren von Asseburg. Sie hatten den Falkenstein 1437 erworben, offensichtlich weil ihnen das luftige Falkennest gefallen hatte. Nur so jedenfalls ist es zu erklären, daß der humanistisch gebildete August I. von Asseburg systematisch daran ging, die Burg zum repräsentativen Wohnschloß auszubauen. Unter seiner Leitung entstanden die beiden Zwerchhäuser auf der Südseite, die Holzausstattung der frühgotischen Burgkapelle sowie die Stukkaturen im Schiefen Saal, im Rittersaal und in der Grünen Stube.

Eine letzte Ausbaustufe gab es 1831, als Friedrich August Stüler im Obergeschoß des Nordtraktes reich ausgestattete Wohngemächer einrichten ließ. Damals entstand der Herrensaal mit einer von Karl Friedrich Schinkel entworfenen Ausstattung als Juwel des Biedermeiers.

Quer durch die Jahrhunderte sah der Falkenstein immer wieder berühmte Zeitgenossen als Gäste. Den Anfang machte der Schöffe Eike von Repgow, als er um 1230 den von Graf Hoyer in Latein verfaßten "Sachsenspiegel" ins Niederdeutsche übersetzte. "Spiegel der Sachsen soll dies Buch sein genannt, denn Sachsenrecht ist hierin bekannt; wie in einem Spiegel der Frauen ihr Antlitz beschauen", heißt es im Vorwort. Damit entstand das bedeutendste deutsche Rechtsbuch des Mittelalters und das Vorbild zahlreicher späterer Gesetzbücher. Gottfried August Bürger, der Dichter und Übersetzer der "Abenteuer des Freiherrn von Münchhausen" war auf der Burg ebenso zu Gast wie Ludwig Richter, der Maler der Romantik. Heute dient Burg Falkenstein als Jagdmuseum.

Das Harzer Märchenschloß

Das hoch über Wernigerode gelegene Schloß ist heute ein Mittelding zwischen einem Wohnschloß und einer "idealen" Ritterburg. Die märchenhafte Mischung mit ihren bizarren Türmen und Erkern entstand zwischen 1862 und 1885 im Auftrag von Graf Otto von Stolberg-Wernigerode, dem damaligen Stellvertreter des Reichskanzlers Bismarck. Baumeister des historisierenden Neubaus war Karl Frühling, dem es beim Neubau gelang, möglichst wenig von der alten Bausubstanz zu erhalten. Dabei wäre gerade dies bei der langen Geschichte der Burg mehr als angemessen gewesen.

Begonnen hatte alles, als die Missionare des Kloster Corvey unter Abt Warin zwischen 836 und 856 Wernigerode als Rodungssiedlung im damals noch unendlichen Wald anlegten. Zwischen 1110 und 1120 entstand auf dem Bergkegel im Südosten der Siedlung die erste Burg des Grafen von Wernigerode. Der war ursprünglich ein Graf Adelbertus von Haimar, stammte aus der Hildesheimer Gegend und gelangte im Gefolge Heinrichs IV. in den Harz, wo er umfangreichen Landbesitz erwarb. Mit der Ansiedelung änderte er seinen Namen zugunsten der kleinen Siedlung Wernigerode zu Füßen seiner Burg.

Die ursprüngliche Burg nutzte die günstige Lage auf der vorgeschobenen Bergkuppe östlich von Wernigerode. Es war eine ringförmige Anlage, bei der alle Gebäude innerhalb der Ringmauer standen. Geschützt war die Burg durch einen Palisadenzaun und einen Trockengraben. Innerhalb des

Die Burg Falkenstein ist die besterhaltene mittelalterliche Burganlage des Harzes. Ab etwa 1120 war sie der Stammsitz der Herren von Konradsburg. Ihr heutiges Aussehen erhielt die Burg Falkenstein im wesentlichen im 15. und 16. Jh. Im 13. Jh. entstand auf Burg Falkenstein der "Sachsenspiegel", das bedeutendste deutsche Rechtsbuch des Mittelalters.

Mauerringes gab es auf der Ostseite Holzbauten für das Gesinde und die Bewirtschaftung, an der West- und Nordseite mehrstöckige, massiv in Stein errichtete und teilweise in die Ringmauer einbezogene Bauwerke. Dazu gehörten ein Torhaus, der Palas und eine erste kleine Burgkapelle.

In den folgenden Jahrhunderten wurde die Burg kontinuierlich ausgebaut. Um 1300 entstand der sogenannte Hausmannsturm unterhalb der Nordwestecke der Burg, im Innenhof wurde ein Treppenturm errichtet. Im späten 14. und frühen 15. Jahrhundert wurden umfangreiche Befestigungsanlagen aus Mauerringen, Toren und Kanonenbastionen gebaut. Dadurch war die Anlage immerhin so gut gesichert, daß sie während der Bauernkriege nicht eingenommen werden konnte. Ab 1429 residierten die Grafen von Stolberg auf dem Burgberg, sie verlegten ihren Wohnsitz jedoch nicht von Stolberg nach Wernigerode, sondern setzten auf der Burg lediglich einen Vogt ein, ohne sich sonst weiter um die Burg zu kümmern. 1449 kam die Grafschaft unter brandenburgische Lehenshoheit. Ab 1714 machte sich preußischer Einfluß bemerkbar.

Der Dreißigjährige Krieg brachte der Burg gefahrvolle Zeiten. Vom Agnesberg aus konnte sie leicht beschossen werden, und die fehlende eigene Wasserversorgung machte sich sträflich bemerkbar. Bereits 1627 waren die Geschütze geraubt, 1634 die Fenster vernagelt und 1638 hauste in den leeren Mauern nur noch ein einsamer Vogt.

Erst ab 1671 regte sich neues Leben, als im Süden das Sommerhaus neu errichtet wurde. Nach und nach wurde nun die Burg zum Barockschloß umgebaut und bot schließlich eine harmonische Ansicht, die in vielfachen Abbildungen überliefert ist. Allerdings hielt das Innere keineswegs, was das Äußere versprach. Als Graf Otto zu Stolberg-Wernigerode 1858 die Regierung der Grafschaft übernahm, sah er sich deshalb gezwungen, die "trostlosen" Räume umfassend zu modernisieren. Der Um- und Neubau begann 1862 mit umfangreichen Abbrucharbeiten, um für Neubauten Raum zu schaffen. Völlig neu errichtet wurden der Nordflügel mit den Wohnräumen des Grafen und der Westflügel mit den Gemächern der Gräfin. Das Treppenhaus zwischen diesen beiden Gebäuden wurde 1869 fertiggestellt. Danach folgten die große Freiterrasse, die neue Schloßkirche, der große Schloßturm und der Saalbau.

Das so entstandene Wohn- und Repräsentationsschloß diente den Fürsten zu Stolberg-Wernigerode bis 1929 als Residenz. Danach konnten erste Schauräume von Besuchern besichtigt werden. Bereits am 16. April 1949 wurde dann das Feudalmuseum Schloß Wernigerode eingerichtet, aus dem das heutige Schloßmuseum hervorging.

Der heutige Besucher findet nur noch wenig von der ursprünglichen Burg, die bereits von Anfang an um einen Innenhof errichtet worden war. Mittelalterliche Teile dieser ersten Anlagen sind noch im Keller des nordöstlichen Teiles des heutigen Schlosses erhalten. Auch der Hausmannsturm an der Terrasse, der Wendelstein im Innenhof, der Hofstubenbau sowie Teile der Burgkapelle stammen noch von unterschiedlichen alten, ursprünglichen Baubeständen.

Das heutige Schloßmuseum zeichnet in seinen Schauräumen die Geschichte der Grafschaft, die Familiengeschichte des Schloßherrn und die Entwicklung der herrschaftlichen Wohnkultur von der Renaissance bis zur Gründerzeit nach.

Ebenfalls einen Besuch wert ist das Gelände des ehemaligen Terrassengartens am nördlichen Fuß des Schloßberges. Hier plante Graf Christian Ernst den Bau einer großen barocken Schloßanlage. Von ihr wurde allerdings nur von 1713 bis 1719 die Orangerie im Gelände des Lustgartens verwirklicht.

Das Harzer Märchenschloß Wernigerode geht auf eine zwischen 1110 und 1112 errichtete Burg zurück. Die heutige Anlage allerdings entstand erst zwischen 1862 und 1885 im Auftrag von Graf Otto von Stolberg-Wernigerode, dem damaligen Stellvertreter des Reichskanzlers Bismarck.

Schlösser rund um Berlin

Die Vestung Spandaw

Als Matthäus Merian 1650 *Die Statt und Vestung Spandaw* in Kupfer stach, konnte die rund 500 Meter nördlich der Mündung der Spree in die Havel gelegene Burg schon auf eine fast 500-jährige Tradition zurückblicken. Aus dem Jahre 1197 nämlich stammt der erste schriftliche Beleg über die Sicherungsburg an der von Magdeburg nach Osten führenden Fernhandelsstraße, die hier die Havel überquerte. Nur 35 Jahre später wird Spandau bereits als Stadt genannt. Bauherren der Burg an der Havel dürften die Askanier unter Albrecht von Ballenstedt gewesen sein, denen es unter anderem am 11. Juni 1157 mit Hilfe des Magdeburger Erzbischofes gelungen war, Brandenburg einzunehmen. Bis heute gilt deshalb dieser Tag als Gründungstag der Mark Brandenburg.

Zur großzügig angelegten Zitadelle ließ Kurfürst Joachim II. die Burg ab 1557 umbauen. Bis 1590 entstand nach den Plänen von Francesco Chiaramella Gandino ein fast gleichseitiges Viereck mit einer Seitenlänge von rund 200 Meter. Die Bastionen an den Ecken wurden wie spitzwinklig zulaufende Pfeilspitzen in das Wasser der Havel hinausgebaut. Entsprechend schwierig und aufwendig waren die Bauarbeiten. Allein für die Bastion "König" wurden 360 Schock, also 24 600 Pfähle verbaut. Nur für diese Gründungsarbeiten wurden 200 italienische Arbeiter nach Spandau geholt.

Gandino schaffte außer der Bastion "König" bis 1578 gerade noch die Bastion "Königin", also die beiden Bastionen links und rechts des Torhauses. Danach löste ihn Rochus Guerini Graf zu Lynar als Bauleiter ab. Er war ursprünglich Generalinspekteur der französischen Festungen gewesen, hatte dann aber als Hugenotte das Land verlassen müssen. Unter seiner Leitung wurden die nördlichen Bastionen "Brandenburg" und "Kronprinz" fertiggestellt.

Während Gandino im Süden gedeckte Gänge als Zugang zu den Bastionen vorgesehen hate, begnügte sich Lynar im Norden mit offenen Höfen. Für das Torhaus nahm sich Lynar die Porta Nuova in Verona zum Vorbild. Die heutige Fassade aus Sandstein wurde mit Ausnahme des Segmentgiebels 1839 vorgebaut. Der Giebel selbst wurde 1701 fertiggestellt und zeigt in der Mitte das Staatswappen mit dem damaligen Besitzstand auf 29 Einzelfeldern, eingefaßt vom Band des Hosenbandordens, darüber die Königskrone flankiert von Adlern und Trophäen.

Ihre "beste" Zeit mit der stärksten Belegung hatte die Zitadelle im Dreißigjährigen Krieg, als sich die Schweden hier festgesetzt hatten. Als 1757 die Österreicher vor Berlin standen, nahm die Festung sogar die Königin samt ihrem gesamten Hofstaat auf. Friedrich der Große dagegen hielt von der strategischen Bedeutung der Festung gar nichts und ließ sie zum Staatsgefängnis verkommen. Die Franzosen konnten sie deshalb auch 1806 kampflos übernehmen und sich noch einmal an einen Ausbau machen. Nach 1813 glaubten die Preußen sogar, sie könnten mit dem Bau von Retranchements und vorgelagerten Lünetten samt den dazugehörigen Forts eine Antwort auf die wachsende Reichweite der Artillerie geben.

Die Spandauer Zitadelle gab es schon 1197 als Sicherungsburg an der von Magdeburg nach Osten führenden Fernhandelsstraße, die hier die Havel überquerte. Zur Zitadelle wurde die Burg unter Kurfürst Joachim II. ab 1557. Während des Dreißigjährigen Krieges hatten sich hier die Schweden festgesetzt, 1757 suchte sogar die Königin samt ihrem Hofstaat in den dicken Mauern Schutz vor den Österreichern. Im kreisrunden, zinnengekrönten und aus Ziegeln errichteten Juliusturm wurde von 1874 bis 1919 der "Reichskriegsschatz" von 120 Millionen Goldstücken verwahrt.

Die ältesten Teile der Anlage sind heute in der südwestlichen Ecke des Palas und der Juliusturm. Der Palas stellt sich heute als unverputzter Ziegelbau mit zwei Obergeschossen vor. Die Unregelmäßigkeiten des Mauerwerks geben eine gute Vorstellung von den unterschiedlichen Entstehungszeiten. So sind an der Südseite etwa dreizehn Bruchstücke jüdischer Grabsteine vermauert, die immerhin aus den Jahren 1244 bis 1347 stammen. Gotische Fensterleibungen konnten ebenso nachgewiesen werden wie eine Bebauung des Standortes bereits im 12. Jahrhundert. Heute befindet sich in dem alten Palas das Spandauer Heimatmuseum mit Dokumenten zur Geschichte Spandaus.

Dem Palas im Südwesten unmittelbar vorgebaut, steht der kreisrunde, aus Ziegelsteinen errichtete Juliusturm. Aller Wahrscheinlichkeit nach stammt er noch von der askanischen Burganlage aus dem 12. Jahrhundert. Seinen Namen erhielt er 1584 zu Ehren Herzog Julius von Braunschweig-Wolfenbüttel. Das Erdgeschoß des Turmes ist von einer Kuppel mit einem kreisrunden Loch in der Mitte überwölbt. Die Spiraltreppe zu dieser Öffnung wurde 1965 eingebaut. Der heutige Zinnenkranz dagegen kam bereits 1838 nach einem Entwurf von Schinkel auf den Turm. Seine Glanzzeit hatte der

Turm, als darin von 1874 bis 1919 der "Reichskriegsschatz", bestehend immerhin aus 120 Millionen Goldstücken, verwahrt war. Bismarck hatte diesen Schatz aus den französischen Reparationszahlungen nach 1871 zusammengekratzt und in den Turm bringen lassen.

Zu allen Zeiten war die Spandauer Zitadelle auch Gefängnis. Schon im 16. Jahrhundert gab es das Drohwort: "Du kommst in den Juliusturm." Vom simplen Deserteur bis zum in Ungnade gefallenen Minister mußte so mancher die Berechtigung dieses Sprichwortes am eigenen Leib erfahren. Ob gemeines Volk oder hoher Adel, niemand war letztlich davor sicher, in der Zitadelle zu landen, wenn es auch stets große Unterschiede gab, ob man als Mittelloser in die feuchten Kasematten geworfen wurde oder als Gefangener "von Stand" ein beheiztes Zimmer mit eigener Ordonnanz bekam. In unserer Zeit landeten schließlich die Hauptschuldigen des Nürnberger Kriegsverbrecherprozesses in Spandau.

Das Schloß für die Gemahlin

Schloß Charlottenburg, heute das historisch bedeutendste Bauwerk Berlins, war einst die Sommerresidenz der preußischen Könige vor den Toren der Hauptstadt. Sein Mittelbau, noch ohne Seitenflügel und Kuppel, wurde von 1695 - 1699 nach den Plänen von Johann Arnold Nering errichtet. In der ländlichen Idylle der waldreichen Umgebung sollte der Bau als Lustschloß für die Kurfürstin dienen und hieß zunächst nach dem östlich in der Nähe gelegenen Dorf Lietzow Lietzenburg. Erst nach dem Tod der Kurfürstin wurde das Schloß 1705 in Charlottenburg umgetauft.

Das ursprüngliche Lustschloß bestand aus dem elfachsigen Mittelbau ohne den hohen Turmaufbau. Vermutlich schon 1697 wurde auf der Nordseite mit der Anlage eines französischen Gartens nach Plänen von Simeon Godeau begonnen. Über die den Park im Osten begrenzende Spree bestand zudem eine Verbindung mit dem Berliner und dem Potsdamer Stadtschloß.

Das entscheidende Jahr für den Ausbau von Schloß Charlottenburg wurde 1701, als sich Friedrich Wilhelm III. in Königsberg selbst als Friedrich I. zum König krönte. Dem neuen Rang entsprechend, mußte Charlottenburg gewaltig erweitert werden. Auf der Stadtseite wurde nun mit zweigeschossigen Anbauten eine hufeisenförmige Anlage als Cour d'honneur gebildet, die vorne durch ein Gitter abgeschlossen wurde. Die den Eingang markierenden beiden Torhäuschen erhielten auf ihre Dächer Kopien des Borghesischen Fechters, einer römischen Skulptur aus dem 1. Jahrhundert v. Chr.

Auf der Parkseite erweiterte der ab 1701 engagierte schwedische Baumeister Johann Friedrich Eosander von Göthe die Fassade auf jeder Seite um je dreizehn Achsen. Zusammen mit dem ursprünglichen System der vier Achsen auf beiden Seiten des vorspringenden Halbovals in der Mitte, ergab sich so eine geschlossene Fassade von imponierender Monumentalität. Allzu große Strenge vermied dabei der Schwede geschickt durch ein Gliederungssystem mit dreiachsigen Risaliten am Anfang und Ende jedes Anbaus. Die jedem Risalit vorgesetzten vier Säulen binden das Mezzanin-Geschoß ebenso elegant ein, wie dies schon im Kernbau auf der Schauseite geschehen war.

Praktisch als optisches Ausrufezeichen und als Betonung der Mitte wurde der mächtige Rundturm über einem auf der Stadtseite vorgezogenen, mittleren Risalit errichtet. Mit seiner majestätischen Kuppel, der als Krone ausgebildeten Laterne und der alles überhöhenden, vergoldeten Fortuna wurde versucht, der neuen Würde von König Friedrich I. gerecht zu werden. Vollendet allerdings war damit das Schloß noch lange nicht. Abgesehen von manchem Mangel bei der Ausstattung im Inneren, fehlten außen noch die eigentlich vorgesehenen Giebelskulpturen und die Statuen auf den Dachbalustraden. Bevor all das in Angriff genommen werden konnte, starb Friedrich I. 1713.

Einen neuen Anlauf zur Erweiterung und Fertigstellung von Schloß Charlottenburg unternahm Friedrich der Große unmittelbar nach seinem Regierungsantritt im Jahre 1740. In den folgenden sieben Jahren errichtete Georg Wenzeslaus von Knobelsdorff auf der Ostseite den zweigeschossigen "Neuen Flügel". Von 1787 bis 1791 schließlich ließ der Nachfolger Friedrichs des Großen, Friedrich Wilhelm II., den von Carl Gotthard Langhans entworfenen, wuchtigen Theaterbau als Verlängerung des Schlosses nach Westen errichten. Damit war das Schloß räumlich vollendet, Änderungen am Außenbau gab es in der Folge nicht mehr.

Nach dem Tod Friedrich Wilhelms IV. wurde es still in den weiten Räumen von Schloß Charlottenburg. Niemand wohnte mehr hier, und niemand wollte sich um den Riesenbau kümmern. Nach dem Ersten Weltkrieg nahm es deshalb die junge Republik in ihre Obhut und unterstellte es der staatlichen Verwaltung. Der Zweite Weltkrieg schließlich schien für die einst so prachtvolle Anlage das Ende zu bringen. 1943 brannte das gesamte Schloß fast vollständig aus, ohne daß allerdings das wichtigste Inventar zerstört worden wäre. Das Gerettete war dann nach dem Krieg wesentliche Hilfe beim Wiederaufbau. Entstanden ist so ein Komplex, in dem die oft aus verschiedenen Epochen stammenden Originale mit Rekonstruktionen oder Nachbildungen wechseln, und wo Sammlungen mit Kunstwerken von Weltrang eine neue Heimat gefunden haben.

Schon beinahe paradigmatisch ist da das Schicksel des heute im Ehrenhof stehenden Reiterdenkmals des Großen Kurfürsten. Die von Andreas von Schlüter 1696 begonnene Arbeit war ein Auftrag von Kurfürst Friedrich Wilhelm III., der die Verdienste seines Vaters verherrlicht sehen wollte. Vier Jahre später war Schlüter so weit, daß die Reiterstatue von Johann Jacobi gegossen werden konnte. Aufgestellt wurde das Ganze aber erst 1703. Die ursprünglich von Schlüter vorgesehenen, an den Sockel gefesselten, vier Sklaven wurden gar erst 1709 von anderen Künstlern geschaffen.

Bereits 1896 kam der mit Reliefs verzierte Sockel ins Museum (auch der heutige Sockel ist eine Kopie). Während des Krieges landete das Reiterdenkmal auf einem Kahn in einer versteckten Ecke des Tegeler Sees. Dort war es dann auch prompt untergegangen, erst 1950 wurde es wieder gehoben, seit 1952 ziert es den Ehrenhof von Schloß Charlottenburg.

Kein Besucher von Schloß Charlottenburg sollte es versäumen, auch einen Spaziergang in den ausgedehnten Park zu machen und seinen drei architektonischen Anziehungspunkten einen Besuch abzustatten: dem Mausoleum, dem Belvedere und dem Neuen Pavillon.

Das Mausoleum für Königin Luise wurde im Sommer 1810, nur vierzehn Tage nach dem Tod der Königin, nach Entwürfen von Karl Friedrich Schinkel begonnen und 1812 fürs erste fertiggestellt. Eine erste Erweiterung gab es bereits 1840, als Friedrich Wilhelm IV. seinen Vater neben Königin Luise in der Gruft beisetzen ließ und dafür auch einen Marmorsarkophag mit der Darstellung des Königs in Uniform in Auftrag gab. Bis 1842 wurde deshalb noch nach einem Entwurf Schinkels ein querschiffartiger Raum mit einer Apsis angebaut. Eine zweite Erweiterung gab es 1891, als auch Wilhelm I. im Mausoleum beigesetzt werden sollte.

Das Belvedere oder Teehaus wurde 1788 von Carl Gotthard Langhans als dreigeschossiges, frühklassizistisches Schlößchen errichtet. Um einen ovalen Kern gruppierte der Architekt vier paarweise, gleichartige Anbauten, so daß der Bau von jeder Seite aus interessant wirkt. Da die Innendekorationen nicht rekonstruiert werden konnten, enthält der Bau heute das Berliner Porzellanmuseum.

Der Neue Pavillon wurde 1824/25 als Sommerhaus für Friedrich Wilhelm III. und seine zweite Gemahlin, Auguste Fürstin zu Liegnitz, errichtet. Der König ließ sich dabei von seiner Erinnerung an die Villa Chiatamone in Neapel leiten, die er 1822 während einer Italienreise bewohnt hatte. Zu Papier brachte die königlichen Vorstellungen wieder Karl Friedrich Schinkel, die Bauausführungen besorgte Albert Dietrich Schadow. Schinkel gelang es, den Pavillon auf das Achsensystem der barocken Schloßanlage zu beziehen und den kleinen kubischen Bau anmutig mit dem Knobelsdorff-Flügel harmonisieren zu lassen. Obwohl der Pavillon 1943 ebenfalls ausbrannte, konnte er dank einer guten Dokumentation der Dekoration im Inneren vollständig wiederhergestellt werden. Heute ist in den restaurierten Räumen hauptsächlich Kunst und Kunstgewerbe der Schinkelzeit ausgestellt.

Das "sorgenfreie" Sommerschloß

Als Friedrich II. 1740 den Thron bestieg, gab es in Potsdam einen "wüsten Berg", den sich der König als Bauplatz für sein Sommerschloß Sanssouci erkor. Nur vier Jahre nach der Thronbesteigung war der Berg vom Baumeister Diterich terrassiert und in einen Weinberg verwandelt worden. In nur zwei Jahren, von 1745 - 1747 entstand dann auf dem Weinberg, ganz nach den Wünschen des Königs, der hier "ohne Sorge" seinen privaten Neigungen nachgehen wollte, ein Sommerschloß. Georg Wenzeslaus von Knobelsdorff gestaltete das "private" Rückzugsgebiet Friedrichs II. - Schloß und Park - nach dessen Skizzen, Vorstellungen und Wünschen.

Der breit gelagerte, 97 m lange und 12 m hohe, eingeschossige Bau im Pavillonstil mit vorspringendem kuppelgekrönten, halbrundem Mittelteil und großen, bis zur Erde reichenden Fenstern gelang dabei zu einer solchen Leichtigkeit, Klarheit und Heiterkeit, daß man die Stilbezeichnung "friederizianisches Rokoko" geprägt hat. Hauptursache für den Eindruck der Leichtigkeit sind die von Friedrich Christian Glume geschaffenen, üppigen Figuren an der Fassade. Sie stellen als Begleiter des Weingottes Bacchus den Bezug zum Weinberg her.

Auch im Inneren wirken die Räume eher leicht und heiter als repräsentativ und prunkvoll. Zur Gartenseite hin betont ein Kuppelsaal die Mitte des weiten, eleganten Bauwerks. Dieser wunderschön in

Folgende Doppelseite: Schloß Charlottenburg war einst die Sommerresidenz der preußischen Könige vor den Toren der Hauptstadt Berlin. Die Anlage sollte vor allem als Lustschloß für die Kurfürstin dienen und hieß zunächst nach dem östlich in der Nähe gelegenen Dorf Lietzow Lietzenburg. Seinen endgültigen Namen erhielt das Schloß nach dem Tod der Kurfürstin im Jahre 1705. Vollendet wurde das Gesamtschloß 1791 unter Friedrich Wilhelm II. Im II. Weltkrieg völlig zerstört, ist das Schloß inzwischen wieder vorbildlich restauriert.

Marmor gearbeitete Saal wirkt durch die Verwendung des edlen Materials und die klassischen Säulen kühler und zurückhaltender als die übrigen Räume des Schlosses. In diesem Saal hielt Friedrich der Große seine berühmt gewordenen Tafelrunden ab. Die Bibliothek und das mit vergoldeten Rokokostukkaturen verzierte Musikzimmer zählt zu den wohl künstlerisch vollendetsten Räumen des Schlosses. Verantwortlich für das Zusammenspiel von Ornamenten und Gemälden, von Spiegeln und edlen Holzverkleidungen waren die Brüder J.M. und J.C. Hoppenhaupt sowie J.A. Nahl.

Die übliche Ansicht von Sanssouci zeigt die Gartenseite des Schlosses mit den Terrassen und der großen Fontäne. Hier reifen an den nach Süden ausgerichteten Mauern der Wein und in den verglasten Nischen die Feigen. Taxuspyramiden sowie die kugeligen Orangen- und Lorbeerbäume nehmen die Fassadengliederung des Schlosses auf. Am Fuß des Weinberges bildet das breite Gartenparterre die Basis für Terrassen und Schloß. Das Rund des Fontänebeckens beleben die Götterfiguren Venus, Merkur, Apoll, Diana, Juno, Jupiter, Mars und Minerva sowie allegorische Darstellungen der vier Elemente Feuer, Wasser, Luft und Erde.

Nächstes größeres Bauprojekt in Sanssouci war die von 1755 - 1763 von Johann Gottfried Bühring gestaltete Große Bildergalerie. Wie das Schloß selbst wurde auch sie eingeschossig und ebenerdig errichtet. Sie ist das älteste, nur zu diesem Zweck errichtete deutsche Gemäldemuseum. In einem einzigen, das gesamte Gebäude einnehmenden Raum sind vor allem italienische und niederländische Meister zu sehen.

Ab 1763 entstand das Neue Palais mit 400, zumeist mit prunkvollem Rokoko ausgestatteten Räumen, die sowohl den Wohnzwecken der königlichen Familie wie auch für Festlichkeiten des Hofes dienten. Mit dieser Barockresidenz sollte die ungebrochene Machtpostion Preußens nach dem siebenjährigen Krieg demonstriert werden - was den großen König jedoch nicht hinderte, das Bauwerk als "Fanfaronade" (Prahlerei) zu bezeichnen.

Baumeister des über 200 m langen Prachtbaus waren J.G. Bühring, H.L. Manger und K. von Gontard. Der äußere Reichtum aus mehr als 400 Putten und Großfiguren entspricht der prächtigen Innenausstattung in prunkvollstem Rokoko. Zu sehen ist eine reiche Sammlung von Intarsienmöbeln des 18. Jahrhunderts, eine umfangreiche Gemäldesammlung mit Werken italienischer, niederländischer und französischer Meister des Barock und Rokoko sowie Deckengemälde des 18. Jahrhunderts. Besonders gelungen sind die Marmorgalerie, der Marmorsaal und das 1768 fertiggestellte Schloßtheater. Es gehört mit seinen nach antikem Muster gefertigten Sitzreihen und den figurenbetonten Holzschnitzereien zu den schönsten Theatersälen des Rokoko.

Das Chinesische Teehaus wurde 1754 nach der aus England importierten Chinamode errichtet. Die für uns heute etwas bizarre Verspieltheit im Detail entsprach durchaus dem Ideal des Rokoko ebenso wie die künstlichen Ruinen auf dem nördlich des Schlosses gelegenen Höhneberg.

Den heutigen weiten Landschaftspark gestaltete Peter Joseph Lenné, der Gartendirektor von Friedrich Wilhelm IV. Ebenfalls ein Werk des 19. Jahrhunderts sind das Schloß Charlottenhof, die römischen Bäder und die Orangerie.

Das Neue Palais im Park von Schloß Sanssouci wurde ab 1763 errichtet. Es enthält 400 zumeist mit prunkvollem Rokoko ausgestattete Räume, die sowohl den Wohnzwecken der königlichen Familie wie auch für Festlichkeiten des Hofes dienten. Sogar Friedrich der Große empfand das Bauwerk jedoch als "Prahlerei".

Folgende Doppelseite:
Schloß Sanssouci entstand bis 1747 als "privates" Rückzugsgebiet für Friedrich II. Der breit gelagerte, 97 m lange und 12 m hohe, eingeschossige Bau im Pavillonstil verkörpert hervorragend die von Friedrich II. persönlich gewünschte Leichtigkeit.

Schlösser hoch im Norden

Das Schloß auf der Insel

Die heutige Schloßinsel von Schwerin trug bis 1160 die Hauptburg der slawischen Obotriten. Mit dem Namen "Zuarin" wird sie erstmals 1018 in der Chronik von Bischof Thiemar von Merseburg erwähnt. Niklot, ihr letzter Fürst, wurde 1160 vom Sachsenherzog Heinrich dem Löwen besiegt. Das gleiche Jahr gilt als Gründungsdatum der Stadt, weil damals der aus Braunschweig stammende Statthalter Heinrichs, Ritter Gunzelin von Hagen, auf den Ruinen des slawischen Burgwalles auf der heutigen Schloßinsel eine neue Burg errichtete.

Weil die neue Siedlung einen ausgezeichneten natürlichen Schutz bot, wurde sie nicht nur Zentrum der neuen Grafschaft Schwerin sondern erhielt auch bereits 1171 den Bischofssitz, der zuvor in Burg Mecklenburg bei Wismar war. Immerhin bis 1648 blieb Schwerin dann Bischofssitz und damit geistliches Zentrum von Mecklenburg. Im Jahr als der Bischof kam, wurde auch bereits der Grundstein für die erste Domkirche gelegt. Sie war damals Zentrum der ersten Kaufmannssiedlung, die zunächst durch eine Holzplankenbefestigung geschützt wurde. Bis 1340 wurde sie durch eine massive Stadtmauer ersetzt.

Bis 1756 residierte der mecklenburgische Hof in Schwerin. Danach zog er zwar bis 1837 nach Ludwigslust, Schwerin blieb jedoch die offizielle Landeshauptstadt. Mit der Rückverlegung der Residenz durch Großherzog Paul Friedrich begann dann für die alte und neue Residenzstadt mit einem wahren Bauboom eine völlig neue Epoche.

Nun erhielt der Hofarchitekt Georg Adolph Demmler, ein Schüler von Carl Friedrich Schinkel, den Auftrag, die Residenzstadt repräsentativer zu gestalten. In der Folge lieferte der Hofarchitekt die Pläne für den Um-, Aus- oder Neubau des Schlosses, des Arsenals, des Regierungsgebäudes in der Schloßstraße, der Torhäuser und der Wohnhäuser am Bahnhof. Das Schloß gestaltete Demmler nach dem Vorbild des Loireschlosses Chambord südlich von Orléans.

Das von Demmler gestaltete, fünfeckige Gebäude zählt mit seinen 15 Türmen und zahllosen Zacken und Spitzen zu den schönsten Bauwerken des Historismus in Europa. Während die drei zum Schweriner See hin gelegenen rückwärtigen Flügel mit der Schloßkapelle und der "Hofdornitz" noch weitgehend aus der Mitte des 16. Jahrhunderts stammen, wurden die drei vorderen Flügel gegen den Burgsee hin samt der aufwendigen Eingangsfront ganz im Sinne der französischen Renaissanceschlösser an der Loire errichtet.

Im Inneren beeindrucken besonders die großen Repräsentationsräume wie etwa der Thronsaal, die Ahnengalerie, das Rauchzimmer und das Adjutantenzimmer. Der Thronsaal gibt mit seiner Innendekoration Auskünfte über das Land Mecklenburg, seine Geschichte und den Landesherrn. Alle Städte des ehemaligen Großherzogtums Mecklenburg-Schwerin sind mit ihren Wappen vertreten. Die Haupterwerbszweige der mecklenburgischen Bevölkerung wie Fischerei, Pferdezucht, Ackerbau, Viehzucht, aber auch Jagd und Handel sind in allegorischen Figuren dargestellt. Uhrenportraits zeigen das Herrscherpaar zur Schloßbauzeit im 19. Jahrhundert. Die Ahnengalerie enthält in lückenloser Reihenfolge Gemälde aller Herzöge der Dynastie Mecklenburgs. Während für die Darstellung des 14. und 15. Jahrhundert auf Vorlagen von Wandgemälden und Statuen zurückgegriffen wurde, konnten ab dem 16. Jahrhundert zum überwiegenden Teil Originale, u.a. von Daniel Bock, Balthasar Denner und Georg David Matthieu aus anderen Schlössern oder Kirchen in Mecklenburg zusammengetragen werden. Das Rauchzimmer befindet sich im 70 m hohen Hauptturm. Im Raum steht die Marmorgruppe "Genoveva von Brabant", eine Sagengestalt des Mittelalters, geschaffen von Carl Steinhäuser. Im Billardzimmer steht ein Modell des alten Schweriner Schlosses vor dem Umbau, das im Auftrag des Baumeisters Demmler entstand. Gemälde mit Ansichten des Alten und des Neuen Schlosses schmücken die Wände. In der oberen Wandzone gestaltete der Bildhauer F.W. Dankberg einen Puttofries zu Sagen und Legenden der Weltgeschichte, u.a. Romulus und Remus sowie Orpheus und Prometheus.

Im Schloßmuseum sind heute Möbel des 18. und 19. Jahrhunderts, Porzellane aus der Berliner Manufaktur sowie Gemälde der Schweriner Hofmaler zu sehen. In den ehemaligen Kinderzimmern ist heute die Galerie "Malerei aus Mecklenburg" mit Werken vom 18. bis 20. Jahrhundert untergebracht.

Die Schloßkirche ist in ihrer Grundsubstanz der älteste, erhaltene Raum des Schlosses. Ihre Mauern, Pfeiler und Gewölbe entstanden bis 1563 nach Plänen von Johann Baptista Parr. Von der ursprünglichen Ausstattung ist noch die Steinkanzel von Simon Schröter mit ihren neutestamentlichen Reliefs erhalten. Die reiche Ausmalung behandelt in den figürlichen und szenischen Darstellungen kirchengeschichtliche Themen. Der neugotische Choranbau stammt von 1855 und beeindruckt mit feinteiligen Architekturformen am Triumphbogen und an der Loge für die fürstliche Familie.

Die Hofdornitz im "Großen Neuen Haus" war der Festsaal des Renaissanceschlosses und wurde 1555 fertiggestellt. Ihr Sterngewölbe wird von einer mittleren Pfeilerreihe getragen, deren Ummantelung aus im 19. Jahrhundert nach historischem Vorbild erneuerten Terrakottaplatten mit floraler Ornamentik besteht. In den Fenstern finden sich Glasgemälde von 1857 mit Darstellungen mecklenburgischer Herzöge.

Ein besonderes Schmückstück ist der Park südwestlich von der Schloßinsel. Er entstand von 1748 bis 1756 nach Entwürfen von J.L. Legeays als reiner Barockgarten mit Kanälen, Gartenplastiken, Rabatten und gestalteten Hecken. Am doppelarmigen Kreuzkanal stehen 14 Gartenplastiken aus der Werkstatt B. Permosers. Die 14 Sandsteinplastiken stellen antike Götter und die vier Jahreszeiten dar.

Das Jagdhaus "Ludwigs Lust"

Als Herzog Christian Ludwig von Mecklenburg-Schwerin noch Prinz war, ließ er sich 1724 bei Klenow ein kleines Jagdhaus bauen. Während seiner Regentschaft baute er es zum stattlichen Jagdschloß aus. Sein Sohn und Nachfolger, Herzog Friedrich, verlegte dann 1765 sogar seine Residenz aus der Landeshauptstadt Schwerin ins väterliche Jagdschloß. Damit aber wurde der Bau eines repräsentativeren Schlosses nötig, für dessen Gestaltung Johann Joachim Busch herangezogen wurde. Er errichtete bis 1776 den heutigen Schloßbau, bei dem er barocke und klassizistische Stilelemente verband.

Kernstück des Raumprogrammes ist der im Obergeschoß des überhöhten Mitteltraktes plazierte Goldene Saal. Seinen Namen erhielt der Festsaal von seiner vergoldeten Ausstattung, die als Pappmaché-Dekor Wände und Decke überzieht. Während diese Dekoration von heimischen Handwerkern stammt, sind die 40 allegorischen Statuen der Attika des Schlosses das Werk des böhmischen Bildhauers Rudolf Kaplunger.

Ebenfalls ein Werk von Johann Joachim Busch ist die bereits 1770 fertiggestellte Schloß- und Residenzkirche. Sie weist an der zum Schloß gerichteten Schaufront eine Säulenhalle auf, auch ihre Seiten sind mit Säulenreihen geschmückt. Der großzügige Innenraum ist mit einer zweigeschossigen Hofloge gegliedert. Der Altar erinnert mit seinen zwei Freitreppen als Zugängen geradezu an eine Theaterbühne. Dieser Eindruck wird noch verstärkt durch die illusionistisch bemalte Altarwand, auf der die Verkündigung an die Hirten zu sehen ist. Geschaffen wurde diese Altarwand 1772 von Dietrich Findorff.

Heute spiegeln die Räume des Schloßmuseums Ludwigslust höfische Kunst und Wohnkultur des 18. und frühen 19. Jahrhunderts wider. Von der ursprünglichen Ausstattung haben sich in den bisher noch nicht restaurierten Räumen Kamine, Spiegel und Supraporten, Intarsienparketts und Kronleuchter sowie Ornamente und Dekorationen aus Ludwigsluster Carton (Papiermaché) erhalten.

Von besonderer Kostbarkeit ist ein kleines Kabinett, in dem 125 kleine Gemälde, Pietra-dura-arbeiten und Bildnisminiaturen ausgestellt sind. Im angrenzenden Wohnzimmer des Herzogs zeigen Möbel, Gemälde des französischen Hofmalers Jean Baptiste Oudry und Uhren die Wohnkultur des ausgehenden 18. Jahrhunderts. Ein Tafelaufsatz, Prunkvase, Büste und ein Schrank aus Papiermaché künden vom Geschick der Hofbildhauer und Handwerker der herzoglichen Cartonfabrik.

Auch der nördlich und westlich vom Schloß angelegte barocke Park um das ehemalige Jagdschloß ist ein Werk von Johann Joachim Busch. Er leitete das Wasser der Lewitz zur Schloßkaskade und schuf die großen Figurengruppen. Der sich heute anschließende, weite Landschaftspark stammt aus der Mitte des 19. Jahrhunderts und wurde von Peter Joseph Lenné entworfen. Der Klassizismus schließlich brachte dem Park noch diverse Kleinarchitekturen. Heute ist der Schloßpark Ludwigslust mit 125 ha der größte Mecklenburgs und gilt dank seiner barocken Wasserspiele, seiner Gartenarchi-

Folgende Doppelseite: Die Schweriner Schloßinsel war zu allen Zeiten ein Zentrum der Macht. Bis 1160 trug sie die Hauptburg der slawischen Obotriten, ab 1171 residierten hier Graf und Bischof von Schwerin. Das heutige Schloß entstand ab 1837 nach dem Vorbild des Loireschlosses Chambord südlich von Orléans. Hofarchitekt Demmler machte aus dem fünfeckigen Gebäude mit seinen 15 Türmen und zahllosen Zacken und Spitzen das schönste Bauwerk des Historismus in Europa.

tekturen und seiner dendrologischen Besonderheiten als einer der schönsten Parks im Norden Deutschlands.

Selbst bei der Gestaltung der symmetrisch angelegten Stadtanlage war Johann Joachim Busch federführend. Er folgte dabei allerdings Entwürfen des Hamburger Architekten Sonnin und realisierte zweigeschossige Häuser aus unverputztem Backstein unter heimeligen Walmdächern. Einzige Schmuckelemente sind Pilaster und rustizierende Zonen.

Schloß Ludwigslust war von 1765 bis 1837 Residenz der Herzöge von Mecklenburg. Das dafür unbedingt nötige, repräsentativere Schloß wurde bis 1776 in der heutigen Form fertiggestellt. Dabei wurden barocke und klassizistische Stilelemente glücklich miteinander verbunden. Die Attika des Schlosses zieren nicht weniger als 40 allegorische Statuen.

Nächste Seite:
Die 154 Stufen der Wendeltreppe im Jagdschloß Granitz sind ein besonders schönes Beispiel des Eisenkunstgusses des 19. Jh.

Übernächste Seite:
Auf Rügens höchstem Punkt steht Schloß Granitz, das Jagdschloß des Fürsten Malte von Putbus. Seine zinnenbekrönten Türme geben dem Schloß einen burgähnlichen Charakter, den der im Zentrum errichtete, 38 m hohe Aussichtsturm noch verstärkt.

Das Jagdschloß des Fürsten Malte

Rügens prägnantestes Kennzeichen ist die wunderbare Verwobenheit von Land, See und Bodden. Die Gliederung des Landes ist von einzelnen Inselkernen bestimmt. Einer ihrer wichtigsten ist der breite Höhenrücken der Granitz. Ihr höchster Punkt ist der 107 m hohe Tempelberg, auf dem Fürst Malte I. von Putbus 1836 das zinnenbewehrte Jagdschloß Granitz errichten ließ. Das hatte allerdings schon 1726 einen Vorgängerbau des Putbuser Fürstenhauses gehabt. 1730 war ein erster Aussichtsturm errichtet worden, sein Nachfolger ist der erst 1844 von Schinkel eingefügte, heutige zentrale Aussichtsturm von Schloß Granitz.

Das Schloß selbst ist ein historistischer Vierflügelbau aus verputztem Backstein, der auf quadratischem Grundriß um einen Innenhof errichtet wurde. Den Entwurf dafür lieferte Johann Gottfried Steinmeyer. Die vier zinnenbekrönten Ecktürme geben dem Bau einen burgähnlichen Charakter, den der 38 m hohe, runde, im Zentrum errichtete Aussichtsturm noch verstärkt. In ihm schraubt sich eine Wendeltreppe über 154 Stufen nach oben. Sie sind ein besonders schönes Beispiel des Eisenkunstgusses des 19. Jahrhunderts. Vom Turm bietet sich eine großartige Aussicht über die Boddenlandschaft Rügens.

Das Innere des Schlosses wird zur Zeit restauriert und als Jagdmuseum eingerichtet. Teile davon sind bereits zu besichtigen.

Inhalt

Inhalt

Inhalt

Inhalt

Bildnachweis

SV Albrechtsburg: Seite 192; SV Schloß Augustusburg: Seite 188; SV Burg Königstein: Seite 201; Foto Löbl-Schreyer, Bad Tölz: Frontispiz und Seiten 4, 15, 19, 25, 26/27, 30, 46/47, 64/65, 73 o., 84, 87, 98, 112/113, 118, 121, 122, 124/125, 128/129, 130 o. und u., 135, 140, 142/143, 144, 146/147, 151, 158, 160/161, 164, 168/169, 174, 210, 214/215; Deutsche Luftbild, Hamburg: Seiten 16/17, 56, 102/103, 110, 132/133; SV Sigmaringen: Seite 144
Dieter Maier, Weßling: alle übrigen

Impressum

Genehmigte Lizenzausgabe für Edition DÖRFLER
im NEBEL VERLAG GmbH, Eggolsheim

Umschlaggestaltung: Andreas Dorn
Umschlagbilder: Dieter Maier